游资操盘核心机密

陈铭逊◎著

解读游资操盘的经典案例

中册

国际热钱、产业资本、地下钱庄、私募基金……
狼出没注意！

中国A股大地上，游走着**神秘**、**敏锐**、**凶猛**的**野狼军团**……

独家揭露在游资主导时代的投资者**生存法则**，精深防狼术**全程解密**！

廣東省出版集團
广东经济出版社

图书在版编目（CIP）数据

游资操盘核心机密．中册：解读游资操盘的经典案例／陈铭逊著．—广州：广东经济出版社，2011.5
ISBN 978－7－5454－0772－3

Ⅰ.①游… Ⅱ.①陈… Ⅲ.①流动资金—关系—股票市场—研究 Ⅳ.①F830.91

中国版本图书馆CIP数据核字（2011）第074100号

出版发行	广东经济出版社（广州市环市东路水荫路11号11～12楼）
经销	全国 新华书店
印刷	广东信源彩色印务有限公司（广州市番禺区南村村东兴工业园）
开本	787毫米×1092毫米 1/16
印张	13.75
字数	189 000字
版次	2011年5月第1版
印次	2011年5月第1次
印数	1～6 000册
书号	ISBN 978－7－5454－0772－3
定价	66.00元

如发现印装质量问题，影响阅读，请与承印厂联系调换。

发行部地址：广州市环市东路水荫路11号11楼

电话：（020）38306055 38306107 邮政编码：510075

邮购地址：广州市环市东路水荫路11号11楼

邮购电话：（020）37601950 邮政编码：510075

营销网址：**http：//www.gebook.com**

广东经济出版社常年法律顾问：何剑桥律师

目 录

前言　活跃游资逐个数

在中册里，我们将选择一些有代表性的游资实战案例进行讲解，进一步学习了解游资操盘的特点。首先我们要做的，就是熟悉比较活跃的游资。下面列出的表格，是当前比较活跃的游资，供各位读者参考。

最近一周游资上榜席位排名（截至 2011 年 3 月 18 日）

名次	席位名称	上榜次数
1	国信证券股份有限公司深圳泰然九路证券营业部	37 次
2	国信证券股份有限公司上海北京东路证券营业部	25 次
3	财通证券有限责任公司绍兴人民中路证券营业部	21 次
4	国信证券股份有限公司广州东风中路证券营业部	19 次
5	华泰证券股份有限公司江阴福泰路证券营业部	17 次
6	光大证券股份有限公司宁波解放南路证券营业部	17 次
7	东吴证券有限责任公司杭州文晖路证券营业部	14 次
8	光大证券股份有限公司金华双溪西路证券营业部	12 次
9	中信建投证券有限责任公司苏州市东环路证券营业部	11 次
10	华泰证券股份有限公司昆山黑龙江北路证券营业部	10 次
11	西藏证券经纪有限责任公司上海东方路证券营业部	10 次
12	广发证券股份有限公司南京北京东路证券营业部	9 次
13	招商证券股份有限公司深圳益田路免税商务大厦证券营业部	9 次
14	安信证券股份有限公司上海世纪大道中建大厦证券营业部	9 次
15	光大证券股份有限公司佛山季华路证券营业部	9 次
16	国泰君安证券股份有限公司上海江苏路证券营业部	8 次

（续表）

名次	席位名称	上榜次数
17	金元证券股份有限公司成都二环路证券营业部	8 次
18	国泰君安证券股份有限公司深圳益田路证券营业部	8 次
19	宏源证券股份有限公司长沙韶山北路证券营业部	8 次
20	国信证券股份有限公司北京平安大街证券营业部	8 次
21	中国银河证券股份有限公司杭州解放路证券营业部	7 次
22	国泰君安证券股份有限公司广州人民中路证券营业部	7 次
23	中信证券股份有限公司上海淮海中路证券营业部	7 次
24	中国银河证券股份有限公司杭州凯旋路证券营业部	7 次
25	东方证券股份有限公司上海新川路证券营业部	7 次
26	平安证券有限责任公司上海零陵路证券营业部	7 次
27	江南证券有限责任公司武汉新华路证券营业部	7 次
28	中信证券股份有限公司上海东方路证券营业部	7 次
29	财通证券有限责任公司温岭东辉北路证券营业部	6 次
30	湘财证券有限责任公司杭州教工路证券营业部	6 次

最近一月游资上榜席位排名（截至 2011 年 3 月 18 日）

名次	席位名称	上榜次数
1	国信证券股份有限公司深圳泰然九路证券营业部	134 次
2	财通证券有限责任公司绍兴人民中路证券营业部	77 次
3	国信证券股份有限公司上海北京东路证券营业部	76 次
4	光大证券股份有限公司宁波解放南路证券营业部	74 次
5	方正证券有限责任公司广州小北路证券营业部	52 次
6	东吴证券有限责任公司杭州文晖路证券营业部	50 次
7	中信金通证券有限责任公司义乌化工路证券营业部	49 次
8	国信证券股份有限公司广州东风中路证券营业部	44 次
9	西藏证券经纪有限责任公司上海东方路证券营业部	44 次
10	光大证券股份有限公司深圳深南大道证券营业部	38 次
11	华泰证券股份有限公司江阴福泰路证券营业部	37 次
12	光大证券股份有限公司金华双溪西路证券营业部	36 次
13	金元证券股份有限公司成都二环路证券营业部	31 次
14	财通证券有限责任公司温岭东辉北路证券营业部	30 次
15	招商证券股份有限公司深圳南山南油大道证券营业部	30 次

（续表）

名次	席位名称	上榜次数
16	华泰证券股份有限公司昆山黑龙江北路证券营业部	27 次
17	中国银河证券股份有限公司绍兴证券营业部	27 次
18	国泰君安证券股份有限公司深圳益田路证券营业部	27 次
19	华泰证券股份有限公司无锡解放西路证券营业部	27 次
20	中信建投证券有限责任公司苏州市东环路证券营业部	27 次
21	中国银河证券股份有限公司厦门美湖路证券营业部	26 次
22	东方证券股份有限公司上海新川路证券营业部	26 次
23	华泰证券股份有限公司绍兴上大路证券营业部	24 次
24	宏源证券股份有限公司深圳上步中路证券营业部	24 次
25	国泰君安证券股份有限公司上海江苏路证券营业部	23 次
26	招商证券股份有限公司杭州文三路证券营业部	23 次
27	广发证券股份有限公司南京北京东路证券营业部	22 次
28	湘财证券有限责任公司杭州教工路证券营业部	22 次
29	兴业证券股份有限公司福州湖东路证券营业部	21 次
30	中国国际金融有限公司深圳福华一路证券营业部	20 次

从上面的上榜数据可以看到，下面的营业部属于游资活跃程度较高的营业部：

第一组　国信系游资

（一）国信证券股份有限公司深圳泰然九路证券营业部

（二）国信证券股份有限公司上海北京东路证券营业部

（三）国信证券股份有限公司广州东风中路证券营业部

第二组　国泰系游资

（一）国泰君安证券股份有限公司上海江苏路证券营业部

（二）国泰君安证券股份有限公司深圳益田路证券营业部

（三）国泰君安证券股份有限公司上海杨树浦路证券营业部

第三组　银河系游资

（一）中国银河证券股份有限公司绍兴证券营业部

（二）中国银河证券股份有限公司厦门美湖路证券营业部

第四组　金通系游资

（一）中信金通证券有限责任公司金华中山路证券营业部

（二）中信金通证券有限责任公司义乌化工路证券营业部

第五组　其他系游资

（一）平安证券有限责任公司上海零陵路证券营业部

（二）湘财证券有限责任公司杭州教工路证券营业部

（三）财通证券有限责任公司绍兴人民中路证券营业部

（四）兴业证券股份有限公司福州湖东路证券营业部

（五）招商证券股份有限公司深圳益田路免税商务大厦证券营业部

（六）广发证券股份有限公司辽阳民主路证券营业部

（七）中信建投证券有限责任公司武汉市中北路证券营业部

（八）金元证券股份有限公司成都二环路证券营业部

（九）安信证券股份有限公司嘉兴中山东路证券营业部

（十）渤海证券股份有限公司上海彰武路证券营业部

第一章　国信系游资操盘实战案例

第一节　国信系游资操盘的基本特征

国信系游资是目前市场上最著名的游资，堪称绝对的大佬级游资。

现在人们提及游资，必然首先提到国信系，尤其是国信系三剑客，即国信证券上海北京东路、国信证券深圳泰然九路、国信证券广州东风中路这三家营业部。据不完全统计，2010 年国信证券广州东风中路、上海北京东路、深圳泰然九路三大证券营业部的上榜次数，几乎超出了其他证券营业部的总上榜次数。国信系游资的威名，由此可见一斑。

在国信系游资中，国信证券深圳泰然九路证券营业部上榜次数最多，自有统计数字的 2008 年以来，截至 2011 年 2 月 9 日，已经累计上榜 4352 次。2010 年在深市上榜的次数居然高达惊人的 1053 次，在沪市上榜次数高达 218 次，上榜次数于 2010 年在深市和沪市都排在第一位。从上榜的个股构成来看，国信系的游资似乎更加偏好新股，而 2010 年新股发行高峰到来，恰好给这些游资提供了打新和炒作的机会。

在国信系游资中，下面几个营业部需要特别留意：

（一）国信证券股份有限公司深圳泰然九路证券营业部

（二）国信证券股份有限公司上海北京东路证券营业部

（三）国信证券股份有限公司广州东风中路证券营业部

（四）国信证券股份有限公司深圳福中一路证券营业部

（五）国信证券股份有限公司深圳红岭中路证券营业部

（六）国信证券股份有限公司深圳深南中路证券营业部

（七）国信证券股份有限公司义乌稠州北路证券营业部

（八）国信证券股份有限公司杭州体育场路证券营业部

相关内容，请参见《游资操盘核心机密》（上册）有关章节，在此不再赘述。

第二节　国信证券深圳泰然九路证券营业部实战案例

国信证券股份有限公司深圳泰然九路证券营业部（简称国信泰然九路）是近年来异军突起的著名游资，截至 2011 年 3 月 18 日，该营业部上榜次数高达 4416 次，位居所有游资营业部的第一位，堪称最为活跃的游资营业部。下面列举的是该营业部近来的部分上榜数据。

国信证券股份有限公司深圳泰然九路证券营业部近期上榜数据一览表

日期	股票	营业部买入	营业部卖出	总成交金额	比例	排名
2011－3－18	新宙邦 300037	409093.00	2333768.98	14493 万元	1.89%	卖出 4 名
2011－3－18	N 益盛 002566	1183332.00	2344130.31	46748 万元	0.754%	卖出 3 名
2011－3－18	N 上绿新 002565	1083965.06	1459820.60	22535 万元	1.12%	卖出 2 名
2011－3－18	南方轴承 002553	1606503.00	1529073.86	15838 万元	1.97%	买入 5 名
2011－3－18	南风化工 000737	3335424.00	1105398.00	36602 万元	1.21%	买入 3 名
2011－3－18	兰太实业 600328	5848397.80	0	96611.11 万元	0.605%	买入 4 名
2011－3－17	中核科技 000777	3756403.50	5404660.79	64210 万元	1.42%	买入 3 名
2011－3－17	中核科技 000777	3756403.50	5404660.79	64210 万元	1.42%	卖出 2 名
2011－3－17	N 江南水 601199	0	3589168.50	2.15 万元	1669%	卖出 3 名
2011－3－16	N 潜能恒 300191	2795344.69	3090398.62	51864 万元	1.13%	卖出 2 名
2011－3－16	N 神农 300189	4164956.15	3577817.34	64283 万元	1.20%	卖出 2 名
2011－3－16	N 维尔利 300190	1895915.84	3142555.20	54498 万元	0.924%	卖出 2 名
2011－3－16	N 美亚柏 300188	819323.70	2322935.20	45101 万元	0.696%	卖出 2 名
2011－3－16	中色股份 000758	6867369.99	11632242.08	132499 万元	1.39%	卖出 2 名
2011－3－16	凯诺科技 600398	8631175.25	0	106129.22 万元	0.813%	买入 3 名
2011－3－16	际华集团 601718	17795752.07	0	232001.08 万元	0.767%	买入 4 名
2011－3－15	光正钢构 002524	1329807.00	2141253.00	25511 万元	1.36%	卖出 4 名
2011－3－15	包钢股份 600010	0	22438197.01	302058.36 万元	0.742%	卖出 3 名
2011－3－15	红豆股份 600400	0	2566138.50	38158.51 万元	0.672%	卖出 5 名
2011－3－15	恒源煤电 600971	4059961.00	0	45224.62 万元	0.897%	买入 2 名

（续表）

日期	股票	营业部买入	营业部卖出	总成交金额	比例	排名
2011-3-15	际华集团 601718	0	5418112.00	108634.26 万元	0.498%	卖出 5 名
2011-3-15	包钢股份 600010	0	19303074.01	272975.45 万元	0.707%	卖出 4 名
2011-3-7	靖远煤电 000552	2044467.29	3203708.65	32143 万元	1.63%	卖出 3 名
2011-3-7	漳州发展 000753	703061.00	2671499.00	34463 万元	0.979%	卖出 3 名
2011-3-7	国阳新能 600348	0	19230540.06	361791.31 万元	0.531%	卖出 5 名
2011-3-3	N 亚威 002559	822254.00	1250057.42	24275 万元	0.853%	卖出 3 名
2011-3-3	N 通达 002560	2661394.00	2720740.15	40878 万元	1.31%	卖出 1 名
2011-3-3	N 徐家汇 002561	6212670.53	5763890.05	93351 万元	1.28%	卖出 2 名
2011-3-3	南方轴承 002553	1970167.79	953444.50	14612 万元	2.00%	买入 1 名
2011-3-2	N 辉隆 002556	4117542.70	4234793.58	76839 万元	1.08%	卖出 1 名
2011-3-2	N 洽洽 002557	2494260.00	2588066.70	46539 万元	1.09%	卖出 1 名
2011-3-2	N 顺荣 002555	1570494.00	1635946.50	33038 万元	0.970%	卖出 3 名
2011-3-2	N 世纪游 002558	2052543.02	1923616.14	36961 万元	1.07%	卖出 2 名
2011-3-2	ST 康达尔 000048	17931583.00	4187865.25	40555 万元	5.45%	买入 2 名
2011-3-2	莱茵置业 000558	2455915.00	436093.00	17947 万元	1.61%	买入 4 名
2011-3-2	N 三江 601116	0	4414434.01	9.45 万元	4671%	卖出 3 名
2011-3-1	南方轴承 002553	2818278.40	909808.87	29687 万元	1.25%	买入 1 名
2011-3-1	华侨城 A000069	4034606.60	41789695.87	193475 万元	2.36%	卖出 3 名
2011-3-1	天方药业 600253	0	2898993.50	12874.80 万元	2.25%	卖出 4 名
2011-3-1	江苏吴中 600200	0	995879.00	10814.28 万元	0.920%	卖出 5 名

经典实战案例解读：南方轴承（002553）

相关数据

日期	股票	营业部买入	营业部卖出	总成交金额	比例	排名
2011-3-3	南方轴承 002553	1970167.79	953444.50	14612 万元	2.00%	买入 1 名

背景资料

南方轴承（002553）是近期上市的次新股，该股上市 1760 万股，发行价格为 17 元每股，对应市盈率为 60.71 倍。南方轴承是国内滚针轴承和超越离合器产量最大的生产企业之一，也是细分行业龙头。从题材来说，属于传统行业题材，并没有什么特别的靓丽之处。从招股说明书了解到，本次募集资金用于精密滚针轴承及单向轴承总成项目，投资总额1.9亿元。游资为了炒作的需要，赋予了该公司特别的概念：具有客户、技术、管理、产量和区域五方面的优势，作为国内唯一一家进入法雷奥等国际汽车零部件巨头配套体系的内资滚针轴承企业，公司拥有优质的高端客户资源，先发优势明显，未来有望进入更多国际汽车零部件商的全球采购体系。这些说法就很叫人心动了。而且，游资在炒作计划中，还添上了这一句：募投项目将缓解目前的产能不足问题，新产品OAP将为公司带来新的增长点。看吧，这是多么富有想象力的题材啊！

炒作过程

南方轴承（002553）上市以来，各路游资就反复炒作，股价不断攀升，令人咋舌。下面列举截至2011年3月18日游资炒作的部分资料，供各位读者参考。

南方轴承（002553）上市以来部分炒作数据一览表

日期	席位	买入金额	卖出金额	占总成交额
2011-3-18	上海证券有限责任公司温州谢池商城证券营业部	2068418.20元	608737.52元	1.305%
2011-3-18	国信证券股份有限公司义乌稠州北路证券营业部	1877042.10元	259374.04元	1.185%
2011-3-18	中国银河证券股份有限公司深圳福华一路证券营业部	1820290.00元	0.00元	1.149%
2011-3-18	光大证券股份有限公司广州林和西路证券营业部	1709114.00元	0.00元	1.079%
2011-3-18	国信证券股份有限公司深圳泰然九路证券营业部	1606503.00元	1529073.86元	1.014%
2011-3-18	方正证券股份有限公司北京阜外大街证券营业部	6180.00元	2993086.99元	1.889%
2011-3-18	方正证券股份有限公司深圳怡景路证券营业部	0.00元	2508704.92元	1.583%
2011-3-18	华宝证券有限责任公司舟山解放西路证券营业部	9662.00元	2071036.80元	1.307%

（续表）

日期	席位	买入金额	卖出金额	占总成交额
2011-3-18	广发华福证券有限责任公司厦门湖滨南路证券营业部	57007.00元	1724325.00元	1.088%
2011-3-18	长城证券有限责任公司长沙五一中路证券营业部	44682.00元	1589850.00元	1.003%
2011-3-17	华林证券有限责任公司广州体育西路证券营业部	1605239.00元	1408756.00元	1.204%
2011-3-17	财通证券有限责任公司上虞市民大道证券营业部	1175296.14元	0.00元	0.8818%
2011-3-17	国信证券股份有限公司广州东风中路证券营业部	1148890.31元	941218.56元	0.8620%
2011-3-17	中国银河证券股份有限公司福州证券营业部	1018246.00元	34995.00元	0.7640%
2011-3-17	中国建银投资证券有限责任公司广州体育东路证券营业部	960074.00元	405799.00元	0.7203%
2011-3-17	华泰联合证券有限责任公司广州番禺繁华路证券营业部	69934.00元	8830082.24元	6.625%
2011-3-17	光大证券股份有限公司天津友谊路证券营业部	6258.00元	2218699.70元	1.664%
2011-3-17	安信证券股份有限公司广州体育西路证券营业部	9470.00元	1914361.75元	1.436%
2011-3-17	信达证券股份公司丹东振五街证券营业部	0.00元	1770531.49元	1.328%
2011-3-17	西南证券股份有限公司深圳滨河大道证券营业部	955200.00元	1587600.00元	1.191%
2011-3-16	华泰联合证券有限责任公司广州番禺繁华路证券营业部	9387879.35元	59047.00元	4.629%
2011-3-16	安信证券股份有限公司广州体育西路证券营业部	1983960.69元	0.00元	0.9784%
2011-3-16	海通证券股份有限公司杭州环城西路证券营业部	1739977.57元	166260.00元	0.8581%
2011-3-16	广发证券股份有限公司肇庆黄塘路证券营业部	1719087.12元	25640.00元	0.8478%

（续表）

日期	席位	买入金额	卖出金额	占总成交额
2011－3－16	中银国际证券有限责任公司深圳中心四路证券营业部	1608930.70元	29782.00元	0.7934%
2011－3－16	长城证券有限责任公司郑州健康路证券营业部	16960.00元	2581190.00元	1.272%
2011－3－16	广发证券股份有限公司广州洛溪新城证券营业部	19798.00元	2580505.79元	1.272%
2011－3－16	华宝证券有限责任公司舟山解放西路证券营业部	9972.00元	2561900.30元	1.263%
2011－3－16	中国银河证券股份有限公司深圳福华一路证券营业部	0.00元	1955304.75元	0.9642%
2011－3－16	东吴证券股份有限公司苏州西北街证券营业部	36070.00元	1840621.20元	0.9077%
2011－3－15	华宝证券有限责任公司舟山解放西路证券营业部	2493522.71元	41518.00元	1.492%
2011－3－15	长城证券有限责任公司郑州健康路证券营业部	2458555.25元	39845.00元	1.471%
2011－3－15	光大证券股份有限公司天津友谊路证券营业部	2121031.00元	0.00元	1.269%
2011－3－15	东吴证券股份有限公司苏州西北街证券营业部	1774345.05元	6280866.67元	1.061%
2011－3－15	广发华福证券有限责任公司南安水头证券营业部	1623612.75元	0.00元	0.9716%
2011－3－15	东吴证券股份有限公司苏州西北街证券营业部	1774345.05元	6280866.67元	3.758%
2011－3－15	东吴证券股份有限公司苏州工业园区现代大道证券营业部	1184430.42元	3794769.51元	2.271%
2011－3－15	广发证券股份有限公司苏州干将东路证券营业部	84596.00元	3360525.84元	2.011%
2011－3－15	华泰证券股份有限公司苏州何山路证券营业部	0.00元	2938616.42元	1.758%
2011－3－15	中信证券股份有限公司天津友谊路证券营业部	41128.00元	2317492.00元	1.386%

（续表）

日期	席位	买入金额	卖出金额	占总成交额
2011－3－3	国信证券股份有限公司深圳泰然九路证券营业部	1970167.79元	953444.50元	1.348%
2011－3－3	财通证券有限责任公司杭州体育馆证券营业部	1595766.70元	0.00元	1.092%
2011－3－3	中国银河证券股份有限公司深圳罗湖证券营业部	1591496.00元	0.00元	1.089%
2011－3－3	中国银河证券股份有限公司温州证券营业部	1551922.00元	1366769.62元	1.062%
2011－3－3	宏源证券股份有限公司厦门厦禾路证券营业部	1523598.29元	39778.00元	1.042%
2011－3－3	长城证券有限责任公司杭州文华路证券营业部	0.00元	9370807.68元	6.412%
2011－3－3	国元证券股份有限公司淮北淮海路证券营业部	23859.00元	2849301.54元	1.949%
2011－3－3	万联证券有限责任公司内江交通路证券营业部	23919.30元	2032954.90元	1.391%
2011－3－3	中国建银投资证券有限责任公司阳江阳东证券营业部	0.00元	1722394.00元	1.178%
2011－3－3	东兴证券股份有限公司三明列东街证券营业部	15994.00元	1573835.02元	1.077%
2011－3－2	国信证券股份有限公司长春解放大路营业部	3822049.28元	2820.00元	2.262%
2011－3－2	华泰证券股份有限公司江阴福泰路证券营业部	3788816.00元	87610.00元	2.242%
2011－3－2	国元证券股份有限公司淮北淮海路证券营业部	3077962.52元	14072.00元	1.821%
2011－3－2	中国银河证券股份有限公司温州证券营业部	2166042.78元	735206.00元	1.282%
2011－3－2	华林证券有限责任公司深圳振华路证券营业部	1765830.00元	55855.00元	1.045%
2011－3－2	华泰证券股份有限公司南京户部街证券营业部	13600.00元	2172844.00元	1.286%

（续表）

日期	席位	买入金额	卖出金额	占总成交额
2011－3－2	国元证券股份有限公司合肥寿春路第一证券营业部	0.00元	1405537.00元	0.8319%
2011－3－2	华泰证券股份有限公司常熟枫林路证券营业部	0.00元	1387036.00元	0.8209%
2011－3－2	兴业证券股份有限公司成都航空路证券营业部	279970.00元	1130747.00元	0.6692%
2011－3－2	国信证券股份有限公司广州东风中路证券营业部	654476.40元	1068328.50元	0.6323%
2011－3－1	国信证券股份有限公司深圳泰然九路证券营业部	2818278.40元	909808.87元	0.9492%
2011－3－1	长城证券有限责任公司南昌福州路证券营业部	2206483.20元	70418.00元	0.7432%
2011－3－1	长江证券股份有限公司郑州金水路证券营业部	2170921.45元	1033564.00元	0.7312%
2011－3－1	中国建银投资证券有限责任公司阳江阳东证券营业部	1911157.70元	1259458.50元	0.6437%
2011－3－1	国信证券股份有限公司广州东风中路证券营业部	1652327.45元	653684.75元	0.5565%
2011－3－1	国泰君安证券股份有限公司上海福山路证券营业部	46032.00元	5824599.95元	1.961%
2011－3－1	东方证券股份有限公司上海新川路证券营业部	0.00元	5329804.30元	1.795%
2011－3－1	光大证券股份有限公司宁波中山西路证券营业部	14417.00元	5263354.65元	1.772%
2011－3－1	五矿证券有限公司深圳金田路证券营业部	16291.00元	4093225.75元	1.378%
2011－3－1	华泰证券股份有限公司苏州何山路证券营业部	38362.00元	3005776.71元	1.012%
2011－2－28	国泰君安证券股份有限公司上海福山路证券营业部	6169344.12元	121422.00元	1.915%
2011－2－28	光大证券股份有限公司宁波中山西路证券营业部	5274692.86元	136397.00元	1.637%

（续表）

日期	席位	买入金额	卖出金额	占总成交额
2011-2-28	东方证券股份有限公司上海新川路证券营业部	5167856.00元	0.00元	1.604%
2011-2-28	五矿证券有限公司深圳金田路证券营业部	3918127.98元	5200.00元	1.216%
2011-2-28	中原证券股份有限公司许昌南关大街第一证券营业部	3211017.91元	37017.00元	0.9969%
2011-2-28	华泰联合证券有限责任公司深圳益田路荣超商务中心证券营业部	0.00元	8688322.00元	2.697%
2011-2-28	华林证券有限责任公司广州体育西路证券营业部	449783.00元	3188406.50元	0.9899%
2011-2-28	联讯证券有限责任公司南通工农路证券营业部	0.00元	3175210.08元	0.9858%
2011-2-28	宏源证券股份有限公司长沙韶山北路证券营业部	0.00元	3012404.90元	0.9352%
2011-2-28	广发华福证券有限责任公司南平滨江中路证券营业部	0.00元	2767768.59元	0.8593%
2011-2-28	国泰君安证券股份有限公司上海福山路证券营业部	6169344.12元	121422.00元	1.915%
2011-2-28	光大证券股份有限公司宁波中山西路证券营业部	5274692.86元	136397.00元	1.637%
2011-2-28	东方证券股份有限公司上海新川路证券营业部	5167856.00元	0.00元	1.604%
2011-2-28	五矿证券有限公司深圳金田路证券营业部	3918127.98元	5200.00元	1.216%
2011-2-28	中原证券股份有限公司许昌南关大街第一证券营业部	3211017.91元	37017.00元	0.9969%
2011-2-28	华泰联合证券有限责任公司深圳益田路荣超商务中心证券营业部	0.00元	8688322.00元	2.697%
2011-2-28	华林证券有限责任公司广州体育西路证券营业部	449783.00元	3188406.50元	0.9899%
2011-2-28	联讯证券有限责任公司南通工农路证券营业部	0.00元	3175210.08元	0.9858%

（续表）

日期	席位	买入金额	卖出金额	占总成交额
2011－2－28	宏源证券股份有限公司长沙韶山北路证券营业部	0.00 元	3012404.90 元	0.9352%
2011－2－28	广发华福证券有限责任公司南平滨江中路证券营业部	0.00 元	2767768.59 元	0.8593%
2011－2－28	国泰君安证券股份有限公司上海福山路证券营业部	6169344.12 元	121422.00 元	1.915%
2011－2－28	光大证券股份有限公司宁波中山西路证券营业部	5274692.86 元	136397.00 元	1.637%
2011－2－28	东方证券股份有限公司上海新川路证券营业部	5167856.00 元	0.00 元	1.604%
2011－2－28	五矿证券有限公司深圳金田路证券营业部	3918127.98 元	5200.00 元	1.216%
2011－2－28	中原证券股份有限公司许昌南关大街第一证券营业部	3211017.91 元	37017.00 元	0.9969%
2011－2－28	华泰联合证券有限责任公司深圳益田路荣超商务中心证券营业部	0.00 元	8688322.00 元	2.697%
2011－2－28	华林证券有限责任公司广州体育西路证券营业部	449783.00 元	3188406.50 元	0.9899%
2011－2－28	联讯证券有限责任公司南通工农路证券营业部	0.00 元	3175210.08 元	0.9858%
2011－2－28	宏源证券股份有限公司长沙韶山北路证券营业部	0.00 元	3012404.90 元	0.9352%
2011－2－28	广发华福证券有限责任公司南平滨江中路证券营业部	0.00 元	2767768.59 元	0.8593%
2011－2－25	华泰联合证券有限责任公司深圳益田路荣超商务中心证券营业部	9265799.14 元	95474.50 元	2.537%
2011－2－25	长城证券有限责任公司杭州文华路证券营业部	5928071.45 元	205513.00 元	1.623%
2011－2－25	中原证券股份有限公司许昌南关大街第一证券营业部	4269544.40 元	61120.00 元	1.169%
2011－2－25	联讯证券有限责任公司南通工农路证券营业部	3263679.60 元	149089.99 元	0.8937%

（续表）

日期	席位	买入金额	卖出金额	占总成交额
2011－2－25	华林证券有限责任公司广州体育西路证券营业部	3187338.00 元	150689.00 元	0.8728%
2011－2－25	国信证券股份有限公司上海北京东路证券营业部	470705.10 元	2578358.90 元	0.7060%
2011－2－25	国信证券股份有限公司深圳泰然九路证券营业部	2491674.50 元	1836201.32 元	0.5028%
2011－2－25	财通证券有限责任公司绍兴人民中路证券营业部	435682.00 元	1508190.66 元	0.4130%
2011－2－25	华泰证券股份有限公司江阴福泰路证券营业部	171135.00 元	1402550.50 元	0.3840%
2011－2－25	国信证券股份有限公司广州东风中路证券营业部	1500734.20 元	1255656.82 元	0.3438%

2011 年 2 月 25 日

2011 年 2 月 25 日，南方轴承（002553）上市，该股发行价为 17 元，当天以 20.50 元开盘，略微下探至 20.30 元之后，便一路快速拉升，至 9 时 52 分，股价已拉升到 24.60 元，拉升的幅度高达 44.71%，令人咋舌。因为达到了深交所规则的限制幅度，而被临时特停，参见下面的特停公告。

南方轴承盘中临时停牌

"N 南方轴"（002553）盘中成交价格较开盘价上涨已达到或超过 20%，根据《关于完善中小企业板首次公开发行股票上市首日交易监控和风险控制的通知》有关规定，本所自今日 9 时 52 分 17 秒起对该股实施临时停牌，于 10 时 23 分复牌。

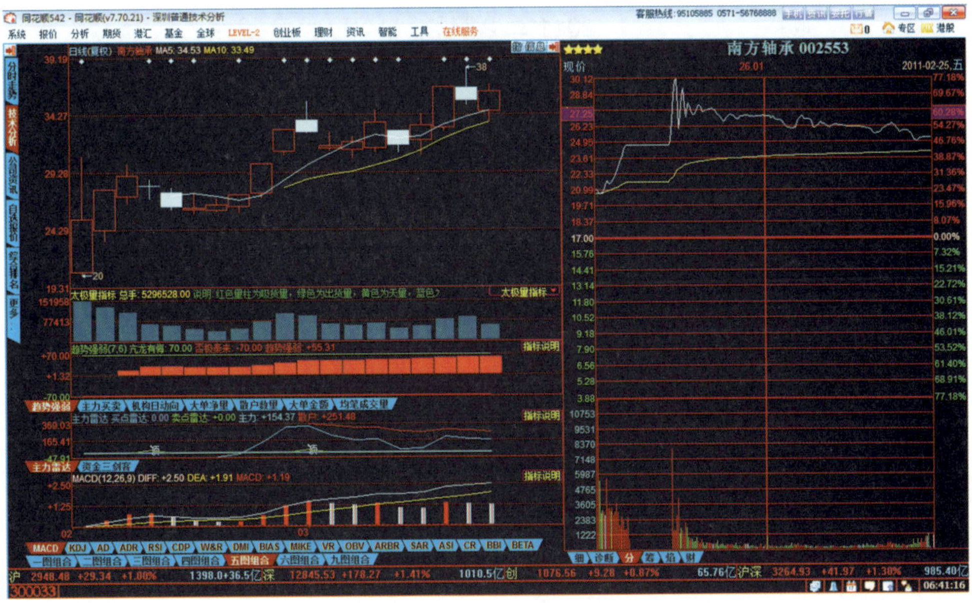

图例 1　南方轴承（002553）上市第一天被特停

复牌后，该股股价继续飙升，最高价达到 30.58 元，远远超出了相关机构给出的上市预测价位，令不少测评机构大跌眼镜。随后，逐步盘跌，最终收盘价为 25.16 元，换手率 86.34%。

当天，大盘的走势并不理想，而南方轴承（002553）却如此疯狂，为什么呢？是谁如此张狂，制造了当天高达 48% 的涨幅呢？

通过深交所提供的公开信息，我们查阅到，原来是一批游资在恶炒该股。见下表。

南方轴承（002553）上市第一天公开信息列表

席位名称	性质	买入金额（万元）	卖出金额（万元）	净资金流（万元）	净资金流占流通市值比例（%）	净资金流占总成交额比例（%）
华泰联合证券有限责任公司深圳益田路荣超商务中心证券	券商	926.58	9.55	917.03	2.07	2.51
长城证券有限责任公司杭州文华路证券营业部	游资	592.81	20.55	572.26	1.29	1.57
中原证券股份有限公司许昌南关大街第一证券营业部	游资	426.95	6.11	420.84	0.95	1.15
联讯证券有限责任公司南通工农路证券营业部	游资	326.37	14.91	311.46	0.70	0.85
华林证券有限责任公司广州体育西路证券营业部	游资	318.73	15.07	303.66	0.69	0.83
国信证券股份有限公司上海北京东路证券营业部	活跃游资	47.07	257.84	-210.77	-0.48	-0.58
国信证券股份有限公司深圳泰然九路证券营业部	活跃游资	249.17	183.62	65.55	0.15	0.18
财通证券有限责任公司绍兴人民中路证券营业部	次活跃游资	43.57	150.82	-107.25	-0.24	-0.29
华泰证券股份有限公司江阴福泰路证券营业部	游资	17.11	140.26	-123.15	-0.28	-0.34
国信证券股份有限公司广州东风中路证券营业部	活跃游资	150.07	125.57	24.50	0.06	0.07
南方轴承[002553]合计：		3098.43	924.30	2174.13	4.91	5.95

2011 年 2 月 26 日

如此疯狂的走势引起了我们的注意，随后，周末复盘，我们特意指令相关交易员密切关注该股的后续走势，并尽可能收集有关资料，深入研究跟踪。下面是某财经记者采写的一则文章，录以备忘。

南方轴承：受到市场活跃资金青睐

南方轴承（002553）是本周五上市交易的新股，开盘价 20.5 元，并一度下探至20.3 元后就一路震荡走高，最高摸至30.58 元，盘中一度因过分异动而停牌。不过，该股在复牌后仍然相对强硬，似乎已得到活跃资金的青睐。但就目前来看，可能是游资而非基金，一是因为基金建仓新股时，并不会高举高打，而是将股价压在一个相对狭窄的空间里。而以往经验也显示出，只有游资热钱才愿意高举高打，其目的是炒一把就走人。二是公司的行业属性一般。公司是国内滚针轴承和超越离合器产量最大的生产企业之一，产品广泛应用于汽车、摩托车主机市场等领域；具备年产 4350 万套滚针轴承和 470 万套超越离合器的生产能力，年产量在国内滚针轴承制造商中位列第一，在摩托车用超越离合器厂商中位列前三，由此可见，行业地位虽然突出，但行业的前景相对一般，故难以成为基金关注的品种。因此，该股在下周一的走势不宜乐观，需谨慎。

在上面这则文章的最后，赫然写着“该股在下周一的走势不宜乐观”！当时我们看到这句话就笑了。呵呵，既然不宜乐观，那么，经这么引导，大多数人必定会不看好、不跟进，游资就必然会反其意而用之，反而发力拉升！随后的走势验证了我们的推断是完全正确的。这种操盘手法，就属于反向博弈的范畴。

2011 年 2 月 27 日

随后，我们继续收集相关的评论文章，发现一些分析师写得很有趣，也收录在这里，供各位读者研读，体会其中的意趣。

兔年新股首现破发　下周新股数量骤减至3只

周五，本周二上市的新股华峰超纤成为兔年首只破发的新股。不过新股市场并没有显得太低迷，昨天上市新股N南方轴一度因盘中上涨幅度超过20%而被交易所临时停牌。

上市首日上演高开低走的华峰超纤，昨日如期破发。分析人士认为，华峰超纤的破发只是时间问题。

大同证券刘云峰认为："从该股上市以来相对较低的换手率来看，一方面是前期申购资金被小套惜售，但也可以理解为场外参与热情不高，其后市走势很大程度上将取决于大盘的强弱。"

与华峰超纤相反，南方轴承首秀抢眼。

昨日深交所有4个新股上市交易，其中南方轴承表现最佳，高开20.59%，仅仅20分钟，该股即因日内涨幅达到20%而被深交所特别停牌，半小时后复牌，最终以48%的涨幅收盘，位居两市榜首，换手率高达86.34%。

从深交所盘后龙虎榜数据来看，南方轴承的靓丽首秀主要是游资在推动。其中不乏像国信证券深圳泰然九路营业部等著名游资大鳄的参与。某著名私募人士告诉记者："该股在暂停交易前的放量明显大过相当长一段时间之和，是典型的短线操作手法，股价很可能会在近期出现冲高后快速下挫。"

2011年2月28日

2011年2月28日，星期一。南方轴承（002553）果然如测评人士所料，以24.11元小幅度低开，并在早盘的上半段放量下挫。最大跌幅超过7%，十分恐怖。

但是，随后的走势却大大地出人意料！

参见图例2，从分时图上可以看到，大约在上午9时37分，股价创下当天的新低之后，便快速掉头，转身向上，三波快速拉升，股价重新回到了前收盘价之上。

随后，略作整理，构筑分时图上的楔形整理形态。

此时，分时图量峰有些凌乱，受媒体影响的投资者，纷纷在此处出局。

而股价也呈现为横盘走势，似乎拉升乏力，还有向下的嫌疑。

如果你们熟悉游资的操盘手法，就不会在此时卖出。

因为，此时的操盘手法，属于典型的刻意诱空，引诱投资者抛出。

关于游资的操盘手法，可以参见本书的下册，有详细的介绍。

一番整理之后，股价两波快速拉升，直奔涨停板而去。

但是，游资并没有牢牢封死涨停板，而是反复盘跌，竭力做出一副出货样子。

这是典型的盘中快速洗盘手法，参见图例 2 所示。

至尾盘，股价再次封死在涨停板上。

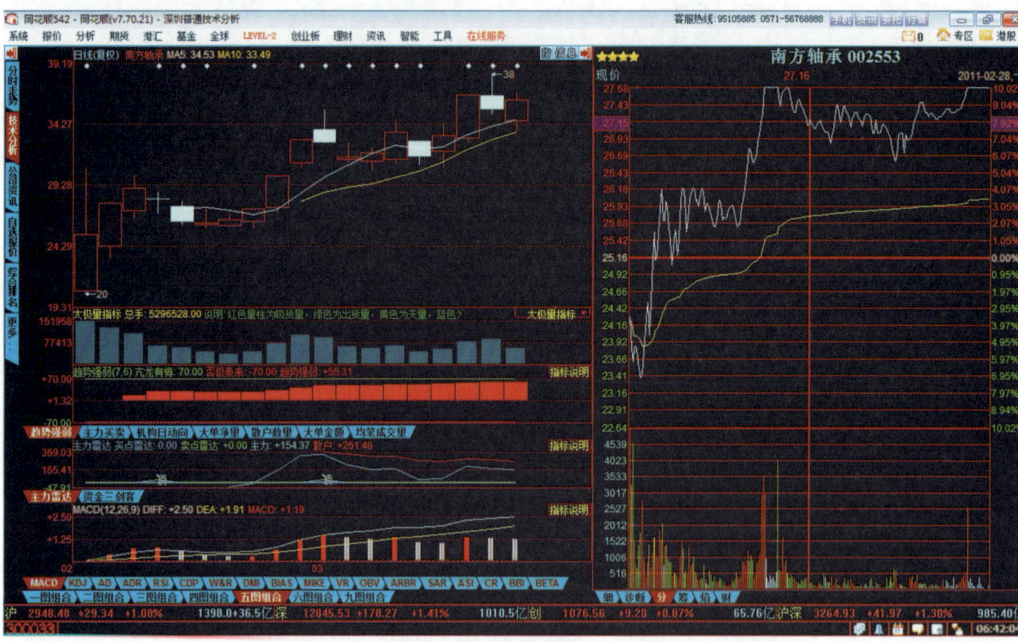

图例 2　盘中快速洗盘示意图

2011 年 3 月 1 日

收盘后，回顾南方轴承（002553）当天的走势，心里还是有些不踏实。毕竟该股从上市以来，短期内拉升的幅度已经很大，而且，当天的涨停板具有明显的投机色彩，尤其是盘中开板之后，停留的时间过长，绝对不是什么好事。

通过对盘后统计数据的研究，我们发现，当天该股的买卖数据显示，主动卖出的大单（以 300 手为门限）为 15%，主动买入的大单是 13%，很显然，卖盘略占上风。而主动卖出的小单为 38%，主动买入的小单为 34%，说明无论是大单还是小单，均以卖出为主。

这样的统计数据表明，短期内，股价将面临调整风险。

那么，我们的操作策略就要相应做出修正。

当天早上晨会，我们就给交易员下达这样的指令：在前收盘价上方逢高分批减仓，不得有任何幻想。

当天，南方轴承（002553）集合竞价时间段就显示出有些不妙，早盘阶段，通过观察开盘三线，我们发现，在前收盘价下方，股价屡次击穿当天的均价线。这是不祥之兆。参见图例 3 所示。

于是，我们把交易计划修正为：如果当天 10 时 30 分出现快速拉升，坚决大规模减仓。

随后的走势果然正如我们所料，在 10 时 30 分左右，股价大幅度蹿升，并在分时图上出现典型的卖出形态。而我们因为早有准备，在这个卖出信号出现后，已经迅速及时完成了大规模减仓，只剩下极小的底仓，以备滚动需要。

图例 3　盘中快速拉升示意图

2011 年 3 月 2 日

2011 年 3 月 2 日，南方轴承（002553）的走势跟我们预料的基本吻合，出现了典型的孕十字星（也叫低开十字星），参见图例 4 所示。这是常见的整理走势。

观察分析这样的走势，可以发现主力的操盘意图。

图例 4　孕十字星走势示意图

应该怎样观察分析阳线之后的低开十字星呢？

一是观察股价低开的幅度。如果低开幅度比较小，说明主力并不打算大幅度杀跌。如果低开幅度过大，甚至完全在前一阳线的实体部分下方开盘，那么麻烦就大了，说明空头的实力过于强大，后市不容乐观。此时股价虽然低开，但却在前一阳线的实体之内，说明空方的实力比较弱小，不足惧。

二是观察低开时量能配合情况。如果缩量低开，说明此时主力并没有大规模出货的打算，低开仅仅是为了配合洗盘的需要，仅此而已。相反，如果带量甚至暴量低开，就要特别小心，要百倍警惕主力的出货行为。

三是观察当天股价高低点的变化情况。如果当天股价继续创出新高，说明主力的攻击意愿尚在，预计洗盘的时间不会太长。如果股价当天不能创出新高，说明主力攻击性拉升的意愿已经不强烈，股价调整的时间难以预料。

四是观察当天换手率的高低。对于刚上市不久的次新股来说，换手率最好保持在比较大的数值，如果换手率突然变得过小，并不是什么好事。

通过观察分析，我们发现南方轴承（002553）当天的走势具有以下特征：

一是低开的幅度比较适中，还属于合理范畴。

二是低开后量能有所放大，短期出货的迹象比较明显。

三是当天股价不能创出新高，说明攻击力度偏弱，上攻意愿不足。

四是当天的换手率高达34.55%，说明还处于交投活跃阶段。

下面是南方轴承（002553）当天的上榜数据。

南方轴承（002553）2011年3月2日公开信息

席位名称	性质	买入金额(万元)	卖出金额(万元)	净资金流(万元)	净资金流占流通市值比例(%)	净资金流占总成交额比例(%)
国信证券股份有限公司长春解放大路营业部	游资	382.20	0.28	381.92	0.78	2.26
华泰证券股份有限公司江阴福泰路证券营业部	游资	378.88	8.76	370.12	0.75	2.19
国元证券股份有限公司淮北淮海路证券营业部	游资	307.80	1.41	306.39	0.62	1.81
中国银河证券股份有限公司温州证券营业部	游资	216.60	73.52	143.08	0.29	0.85
华林证券有限责任公司深圳振华路证券营业部	游资	176.58	5.59	170.99	0.35	1.01
华泰证券股份有限公司南京户部街证券营业部	游资	1.36	217.28	-215.92	-0.44	-1.28
国元证券股份有限公司合肥寿春路第一证券营业部	游资	0.00	140.55	-140.55	-0.29	-0.83
华泰证券股份有限公司常熟枫林路证券营业部	游资	0.00	138.70	-138.70	-0.28	-0.82
兴业证券股份有限公司成都航空路证券营业部	游资	28.00	113.07	-85.07	-0.17	-0.50
国信证券股份有限公司广州东风中路证券营业部	活跃游资	65.45	106.83	-41.38	-0.08	-0.24
南方轴承[002553]合计：		1556.87	805.99	750.88	1.53	4.45

收盘后，通过查阅深交所发布的交易公开信息，我们发现，南方轴承（002553）很有意思，在买卖力量对比上，居然买方还占据上风！很有趣啊！

更叫人拍案惊叹的是，游资新秀华泰系居然也买入了378万元。

很显然，他们选择此时介入，是看好该股的后续走势。

于是，我们决定当天晚上开会，深入研究南方轴承（002553）。

2011年3月3日

2011年3月3日，南方轴承（002553）以27.46元直接低开，略作上冲后，一路盘跌不止，水银泻地般走势，直至收盘，全天换手率高达31.16%，跌幅高达6.57%，振幅高达7%，成交1.5亿元。观察当天的走势，具有以下特点，见图例5：

一是直接低开，说明空头占据上风。

二是全天运行在前收盘价之下，弱势特征明显。

三是比前一交易日再创新低，说明调整尚未结束。

四是成交量略有萎缩，说明价跌量缩，空头貌似凶狠，却外强中干。

通过分析这样的盘面，当天我们决定暂时观望，择机而动。

图例5　水银泻地般走势示意图

收盘后，通过深交所发布的交易公开信息，我们发现，国信系游资大佬深圳泰然九路营业部赫然出现在买一的位置上，买入金额197万元，虽然不多，却是很需要勇气的。

现在我们再来回顾一下该营业部游资的操盘特点：

国信证券深圳泰然九路营业部是近年来上榜次数最多的，是最近两年来蜚声国内的游资后起之秀，尤其是在2010年，该营业部成交金额一直在国内诸多营业部中首屈一指，上榜次数之多，成交金额之大，无人能出其右。它是广东游资出没的主战场，也是2010年以来全国最活跃的营业部。在所有游资交易席位中，排名第一。

国信证券深圳泰然九路营业部最具有个性化的特点是：

（一）选股方面，偏好炒作新股及重组题材，多是以自买自卖的形式出现在龙虎榜上。

（二）选股方面，喜欢选择盘子比较小的非基金重仓股，前期没有大资金关照的痕迹。

（三）操作方面，具有间歇性，第一次拉升涨停之后，往往时隔数日才会再次拉升。

（四）操作方面，交易计划和实施方案都很周密完善，有详细的止盈计划和止损计划。

（五）盈利预期，大盘环境良好，一般设定为15%；大盘环境恶劣，一般设定为5%。

（六）风控方面，止损很坚决，经常出现砍仓，一旦亏损5%，就会果断止损出局。

南方轴承（002553）2011年3月3日公开信息

席位名称	性质	买入金额(万元)	卖出金额(万元)	净资金流(万元)	净资金流占流通市值比例(%)	净资金流占总成交额比例(%)
国信证券股份有限公司深圳泰然九路证券营业部	活跃游资	197.02	95.34	101.68	0.22	0.70
财通证券有限责任公司杭州体育馆证券营业部	游资	159.58	0.00	159.58	0.35	1.09
中国银河证券股份有限公司深圳罗湖证券营业部	游资	159.15	0.00	159.15	0.35	1.09
中国银河证券股份有限公司温州证券营业部	游资	155.19	136.68	18.51	0.04	0.13
宏源证券股份有限公司厦门厦禾路证券营业部	游资	152.36	3.98	148.38	0.32	1.02
长城证券有限责任公司杭州文华路证券营业部	游资	0.00	937.08	-937.08	-2.04	-6.41
国元证券股份有限公司淮北淮海路证券营业部	游资	2.39	284.93	-282.54	-0.61	-1.93
万联证券有限责任公司内江交通路证券营业部	游资	2.39	203.30	-200.91	-0.44	-1.37
中国建银投资证券有限责任公司阳江阳东证券营业部	游资	0.00	172.24	-172.24	-0.37	-1.18
东兴证券股份有限公司三明列东街证券营业部	游资	1.60	157.38	-155.78	-0.34	-1.07
南方轴承[002553]合计：		829.68	1990.93	-1161.25	-2.52	-7.93

2011年3月4日

既然国信系游资大佬看上了此股，我们也不敢懈怠。2011年3月4日，我们全天都在紧紧盯住南方轴承（002553）的盘面，想从中寻找该游资操盘的蛛丝马迹。

如图例6所示，通过看盘，还真的发现了一点奥妙。

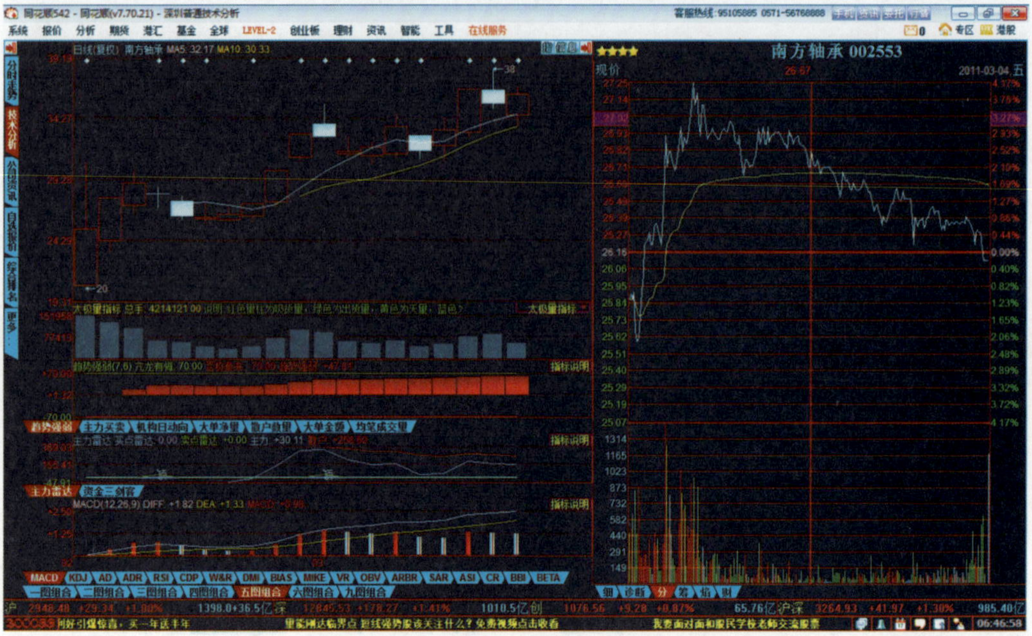

图例6　利用回头波建仓示意图

当天，南方轴承（002553）的走势很怪异，集合竞价时间段，该股以25.90元小幅度低开，属于意料中的开盘定式。开盘后，略作停顿，便快速向下打压，也在意料之中。怪异的是翻身向上之后，三波向上攻击，貌似要发动很猛烈的拉升，却在27.30元嘎然而止，连前一天的开盘价27.46元也没有触及，就停住了。

为什么呢？

很耐人寻味。

随后的走势叫人很不爽。参见图例6所示。股价在上摸27.30元之后，快速掉头向下，此时抛盘蜂拥而出，股价快速回落。10时45分，触及当天的均价线，稍稍出现反弹，但是并没有出现新高，迅即拐头向下，随后，逐波盘低，下午开盘后不久，再次击穿均价线，一路下行，再也没有回到均价线之上。最终以微跌0.23%点收盘。

从盘口来看，貌似跌势汹汹，但跌幅却很有限。说明空头势力看似凶猛，实际上并不可怕，装腔作势，吓人而已。

从盘口波形来看，貌似利用回头波出货，实际上，仔细辨析，就会发现，在回头波下跌的过程中，却不时出现典型的向上冲击波形，主动吃进筹码的次数还不少！

很显然，有人在此时悄悄吃进筹码。

那个悄悄吃货的是谁呢？

当时不得而知。

收盘后，我们通过查阅深交所发布的交易公开信息，终于找到了答案。

南方轴承（002553）2011 年 3 月 4 日公开信息

席位名称	性质	买入金额(万元)	卖出金额(万元)	净资金流(万元)	净资金流占流通市值比例(%)	净资金流占总成交额比例(%)
方正证券股份有限公司绍兴胜利东路证券营业部	游资	231.30	2.36	228.94	0.50	2.06
国信证券股份有限公司深圳泰然九路证券营业部	活跃游资	218.16	86.35	131.81	0.29	1.19
浙商证券有限责任公司绍兴人民路证券营业部	游资	145.04	0.00	145.04	0.32	1.30
中信建投证券有限责任公司福州市东街证券营业部	游资	126.08	0.00	126.08	0.27	1.13
财通证券有限责任公司杭州解放路证券营业部	游资	123.51	0.00	123.51	0.27	1.11
国信证券股份有限公司长春解放大路营业部	游资	0.00	423.23	-423.23	-0.92	-3.81
中国银河证券股份有限公司温州证券营业部	游资	10.11	276.36	-266.25	-0.58	-2.39
长江证券股份有限公司郑州金水路证券营业部	游资	26.21	204.40	-178.19	-0.39	-1.60
财通证券有限责任公司杭州体育馆证券营业部	游资	0.00	163.98	-163.98	-0.36	-1.47
中国银河证券股份有限公司深圳罗湖证券营业部	游资	0.00	158.08	-158.08	-0.34	-1.42
南方轴承[002553]合计：		880.41	1314.76	-434.35	-0.94	-3.90

2011 年 3 月 7 日

上面我们提到，在分析 2011 年 3 月 4 日的交易公开信息时，我们发现，南方轴承（002553）股价虽然微跌几分钱，成交量也略呈萎缩状态，卖盘略大于买盘，但是，在买入方，国信系游资深圳泰然九路却继续加大买入力度，当天买入 218 万，比上次买入的金额还多一些，累计买入已经达到 400 多万。而在卖出方，并没见到它的身影。

为什么要持续买入呢？

为什么只买不卖呢？

泰然九路游资的做法引起了我们的高度重视。

于是，2011 年 3 月 7 日晚上，我们特地咨询了某游资研究专家，就这个问题深度沟通，并请他发表意见。他认为，泰然九路游资连续加仓买入某一只股，这种现象表明，他们极度看好该股的后市走势，短期内应该还有可观的涨幅。

专家的意见给了我们更大的信心。我们会后再次调出分时图来研究，发现南方轴承（002553）当天下午的走势非常有趣，见图例7所示，在当天下午14时附近那一波盘跌中，盘口出现了很多冲击型的波形。这不正是典型的建仓波形吗？

有意思！

拉升，砸盘，吸筹，翘尾，一连串的动作，归结起来，其实就一句话，有机构吃了不少货，翘尾了，接下来该拉升了。

呵呵，狡猾的狐狸露出了尾巴。

此时不吃定他，更待何时？

于是，我们连夜召集所有的交易员，制定了第二天的交易计划。

明天，我们绝对不会手软……

图例7　游资再次震荡吸筹示意图

2011年3月8日

2011年3月8日，集合竞价时间段，南方轴承（002553）以26.15元小幅度低开，开盘后，略作停顿，接着便出现快速三波下挫，9 时 45 分，垂直下挫，价跌量升，直奔 25.61 元而去。这样的盘面看似很吓人，但是，很快地，股价就出现了回抽，大约在上午 10 时 30 分附近，在分时图上构筑了接近完美的头肩底形态。

当时，看到这样的盘口，我们立即开始下单，坚决买进！

如图例 8 所示，在分时图头肩底的右肩附近，就是极好的买入点。

当天下午，走势再次回落，在均价线附近再一次出现了绝佳买入点，于是，继续加仓。

尾盘阶段，股价的走势大大出人意料，放量快速拉升，似有迅雷不及掩耳之势。

很显然，这是操盘手在玩关门动作。这样的走势，出现在低位，属于典型的封杀下跌空间，不再给人低位买入的机会，预示着后市将要快速拉升。

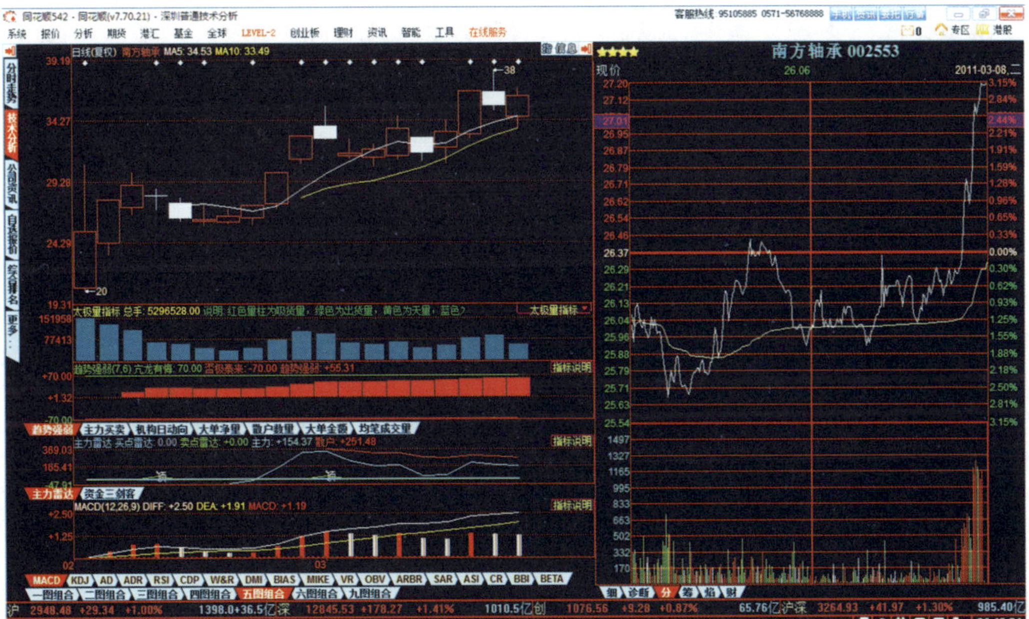

图例 8

盘后复盘时，我们查阅了深交所发布的交易公开信息，发现又有几家游资大量买进，特别是国信系游资，出现在买一的位置上，当天买入 850 多万元。

很显然，游资对该股的炒作热情有增无减，后市继续看好。

南方轴承（002553）2011 年 3 月 8 日公开信息

席位名称	性质	买入金额（万元）	卖出金额（万元）	净资金流（万元）	净资金流占流通市值比例(%)	净资金流占总成交额比例(%)
国信证券股份有限公司南京洪武路证券营业部	游资	850.86	139.84	711.02	1.49	6.42
和兴证券经纪有限责任公司内江公元街证券营业部	游资	138.03	6.56	131.47	0.27	1.19
金元证券股份有限公司宁波灵桥路证券营业部	游资	124.08	7.27	116.81	0.24	1.06
湘财证券有限责任公司合肥金寨路证券营业部	游资	121.57	0.00	121.57	0.25	1.10
浙商证券有限责任公司上海万航渡路证券营业部	游资	110.68	0.00	110.68	0.23	1.00
招商证券股份有限公司上海娄山关路证券营业部	游资	0.00	313.15	-313.15	-0.65	-2.83
东方证券股份有限公司长沙劳动西路证券营业部	游资	0.00	231.78	-231.78	-0.48	-2.09
财通证券有限责任公司杭州解放路证券营业部	游资	0.00	171.96	-171.96	-0.36	-1.55
中信金通证券有限责任公司湖州环城西路证券营业部	游资	0.00	93.14	-93.14	-0.19	-0.84
南方轴承[002553]合计：		1345.22	963.70	381.52	0.80	3.46

2011 年 3 月 9 日

2011 年 3 月 9 日，南方轴承（002553）的走势比较中规中矩，参见图例 9 所示。集合竞价时间段，以 27.28 元小幅度高开，开盘后，略微下挫，旋即迅速拉起；之后，两波快速拉升，脱离前一交易日的成本区。随后，运用回头波的图形，盘中快速洗盘，在触及均价线时，再度快速拉起，然后，再次洗盘，最后，在 10 时 44 分，巨量大单封涨停。整个操盘过程干脆利索，拉洗结合，手法纯熟。

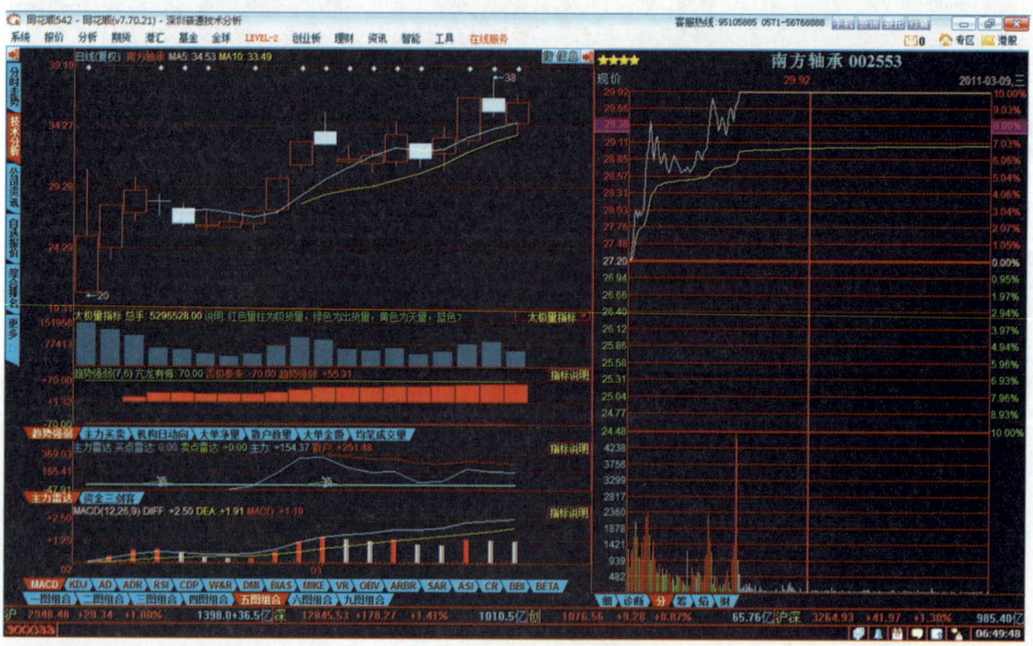

图例 9　拉洗结合示意图

封板之后，虽然不时有大单抛出，但一直没有打开涨停板，直至收盘。说明游资做盘的决心巨大，封板非常坚决，后市继续看好。

令人费解的是，国信系游资深圳泰然九路营业部当天却选择了卖出，不知是何道理。

南方轴承（002553）2011 年 3 月 9 日公开信息

席位名称	性质	买入金额（万元）	卖出金额（万元）	净资金流（万元）	净资金流占流通市值比例(%)	净资金流占总成交额比例(%)
恒泰证券股份有限公司包头钢铁大街证券营业部	游资	724.78	0.00	724.78	1.38	3.52
中信建投证券有限责任公司武汉市中北路证券营业部	活跃游资	585.18	0.00	585.18	1.11	2.84
海通证券股份有限公司南京广州路证券营业部	游资	415.42	23.42	392.00	0.74	1.90
中信金通证券有限责任公司嵊州时代商务广场证券营业部	游资	381.72	1.34	380.38	0.72	1.85
长城证券有限责任公司杭州文华路证券营业部	游资	314.57	0.00	314.57	0.60	1.53
国信证券股份有限公司南京洪武路证券营业部	游资	71.14	975.34	-904.20	-1.72	-4.39
平安证券有限责任公司北京东花市证券营业部	游资	3.42	248.65	-245.23	-0.47	-1.19
中信证券股份有限公司上海安亭证券营业部	游资	15.03	222.41	-207.38	-0.39	-1.01
国信证券股份有限公司深圳泰然九路证券营业部	活跃游资	95.64	204.11	-108.47	-0.21	-0.53
西南证券股份有限公司北京昌平政府街证券营业部	游资	1.12	171.62	-170.50	-0.32	-0.83
南方轴承[002553]合计：		2608.02	1846.89	761.13	1.44	3.69

2011 年 3 月 10 日

2011 年 3 月 10 日，南方轴承（002553）强势巨量高开，开盘价是 30.91 元，开盘量是 1117 手，如此方式开盘，基本上符合强势高开的特征。这种开盘方式，也符合游资操盘的强势特征，从盘口来看，高开的幅度并没有达到一抹黑的地步，说明当天并不完全是以出货为主。因此，在操作上，不必急于卖出。参见图例 10。

观察当天的分时走势，具有以下特点：

一是集合竞价时间段强势高开，说明当天有攻击性拉升的意愿。

二是开盘量高达 1117 手，结合流通盘来看，这样的开盘量已经属于巨量。

三是全天的分时走势基本上运行于均价线之上，说明强势特征明显。

四是封涨停的时间处于上午 11 时左右，说明投机的成分比较多。

五是封涨停后，反复开板，而且回落的幅度较深，说明有人开始出货。

六是尾盘再次封住涨停，说明出货并不充分，后市还会有反复拉升的机会。

基于以上判断，我们认为，在操作上，可以在涨停板附近适当减仓，同时，在当日均价线附近出现低点时，继续买进，滚动操作。

图例 10　强势巨量高开示意图

2011 年 3 月 11 日

2011 年 3 月 11 日，上午停牌一小时。10 时 30 分复牌后，股价快速上冲，却未能封住涨停，翻身向下走，此时，抛盘蜂拥而出，参见图例 11。

很显然，前期介入的游资获利已经很丰厚，此时正在借机出货。

股价快速上冲一下，旋即快速击穿均价线，三波下挫，同时放出巨量，出货特征明显。

随后，虽然出现了反弹回抽，却明显拉升乏力，上午股价再也无法创出新高。

午后的走势十分刺激，先是在下午 13 时 28 分猛烈拉升，貌似直逼涨停而去，却在拉升幅度接近 7% 的时候，突然转向，一路杀跌，最终以 32.62 元收盘。

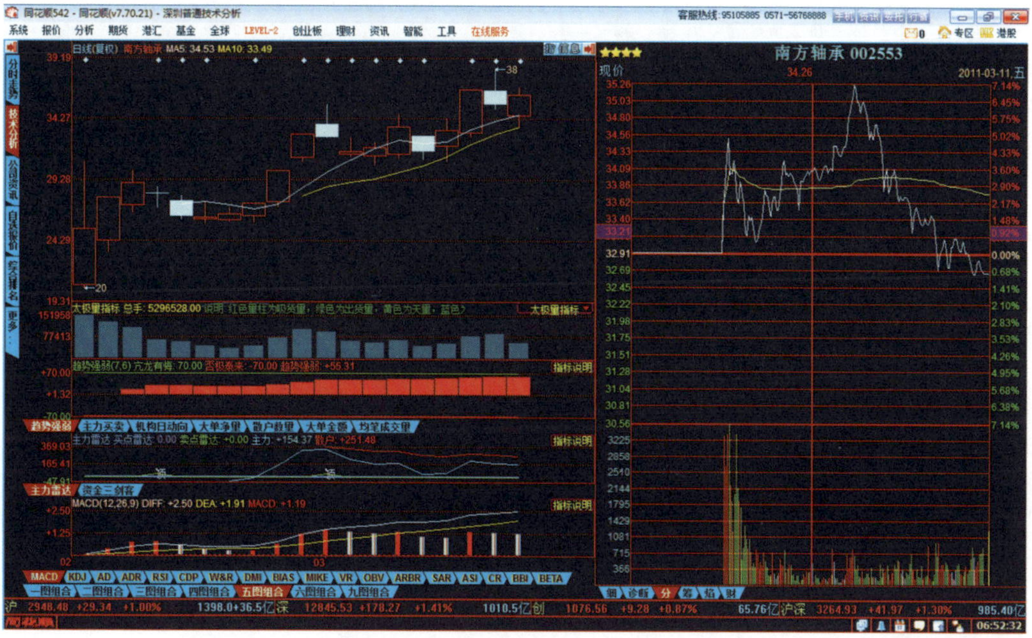

图例 11　游资杀跌出货示意图

2011 年 3 月 14 日

盘面特点：

（一）集合竞价时间段直接巨量低开，开盘量高达 993 手，预示着当天的走势偏软。对于较看好此股后市走势的投资者来说，此时不要急于买进。可以耐心等待盘中出现低点时，再行分批买进，尽可能降低持仓成本。

（二）上午曾经尝试多波上攻，但在触及前收盘价时，遇阻回落，随后出现了典型的回头杀跌走势，说明此时空头的力量过于强大。参见图例 12。

（三）从盘口来看，在杀跌的过程中，不时出现向上冲击波形，说明此时还有新多资金进场，悄悄吸收筹码。

（四）尾盘放量下跌，属于杀跌形态，却有点跌不下去的感觉，说明下档承接有力，场外资金虎视眈眈，伺机抢筹。这可能是新游资进场的信号。

（五）综合分析来看，此股的炒作还没结束，后市还会反复拉升。

盘后从深交所发布的交易公开信息来看，虽然前期进场的游资出货明显，但也有新的游资看好此股，买进的数量不少。买一的游资买进 611 多万，买五的游资也有 194 多万。说明游资对南方轴承（002553）这个号称高

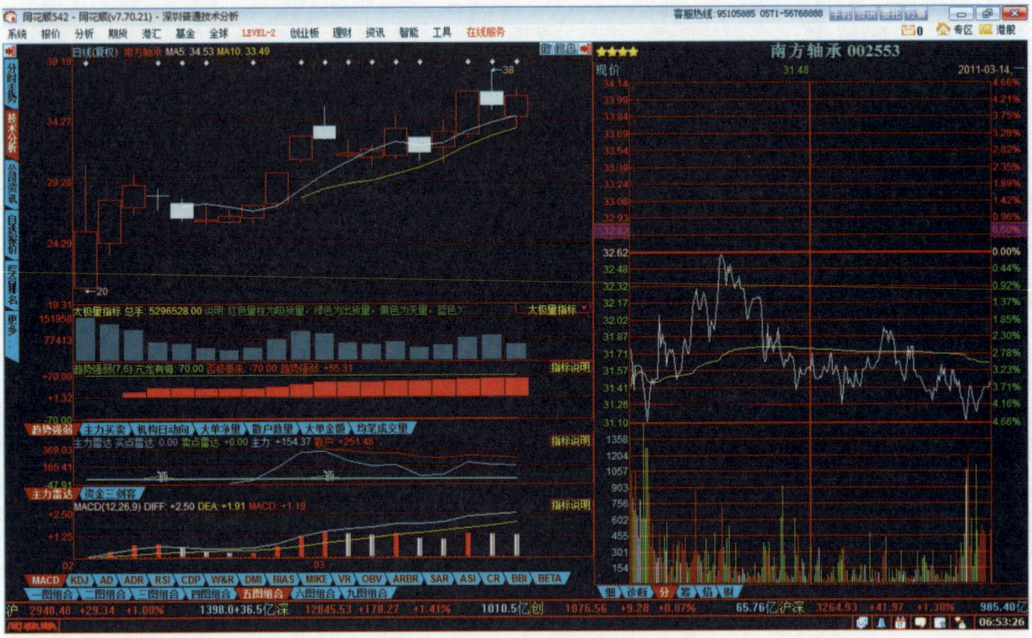

图例 12　低位承接有力示意图

铁新军的炒作兴趣并没有消退，后市股价再创新高，也不是什么奇怪的事情。

南方轴承（002553）2011 年 3 月 14 日公开信息

席位名称	性质	买入金额（万元）	卖出金额（万元）	净资金流（万元）	净资金流占流通市值比例(%)	净资金流占总成交额比例(%)
东吴证券股份有限公司苏州西北街证券营业部	游资	611.11	484.68	126.43	0.23	0.69
广发证券股份有限公司苏州干将东路证券营业部	游资	332.42	3.18	329.24	0.59	1.79
华泰证券股份有限公司苏州何山路证券营业部	游资	297.22	182.27	114.95	0.21	0.63
华宝证券有限责任公司舟山解放西路证券营业部	游资	206.33	22.69	183.64	0.33	1.00
财通证券有限责任公司上虞市民大道证券营业部	游资	194.01	0.00	194.01	0.35	1.06
中原证券股份有限公司许昌南关大街第一证券营业部	游资	0.98	906.36	-905.38	-1.64	-4.93
东吴证券股份有限公司苏州工业园区现代大道证券营业部	游资	10.30	776.71	-766.41	-1.38	-4.17
国元证券股份有限公司广州江南大道中路证券营业部	游资	12.62	268.89	-256.27	-0.46	-1.40
中信建投证券有限责任公司苏州工业园区星海街证券营业部	券商	3.13	202.88	-199.75	-0.36	-1.09
南方轴承[002553]合计：		1668.12	2847.66	-1179.54	-2.13	-6.42

2011 年 3 月 15 日

盘面特点：

（一）集合竞价时间段，股价以 31.10 元小幅度低开，开盘量 146 手，属于小量。如此细小的开盘量预示着游资当天打算大幅度拉升股价。参见图例 13。

（二）开盘后，股价略微上冲，旋即掉头向下，以接近直线的方式快速向下打压，同时释放出巨额成交量，这是典型的尖刀底，快速击穿均价线，并带量下行，起到恐吓作用。

（三）随后的三波反抽，呈现出拉升缩量，回落放量的走势，说明当天以整理为主，一到高点就放量，说明有人在此急于出逃，抛盘过多，也预示着当天拉升的概率不大。

（四）观察全天的走势，可以发现分时图的波形呈现出上、下午两个时段具有自我复制的特性。说明已经有游资控制了不少筹码，该股已经具有准控盘的特点。

（五）最奇妙的是尾盘的走势，尾盘的上半段呈现为快速下踹，下半段却是翘尾巴，说明当天的震仓已经达到了预期目的，震仓洗筹的目标已经阶段性完成。

通过分析，我们得出的结论是，再度拉升已是必然。

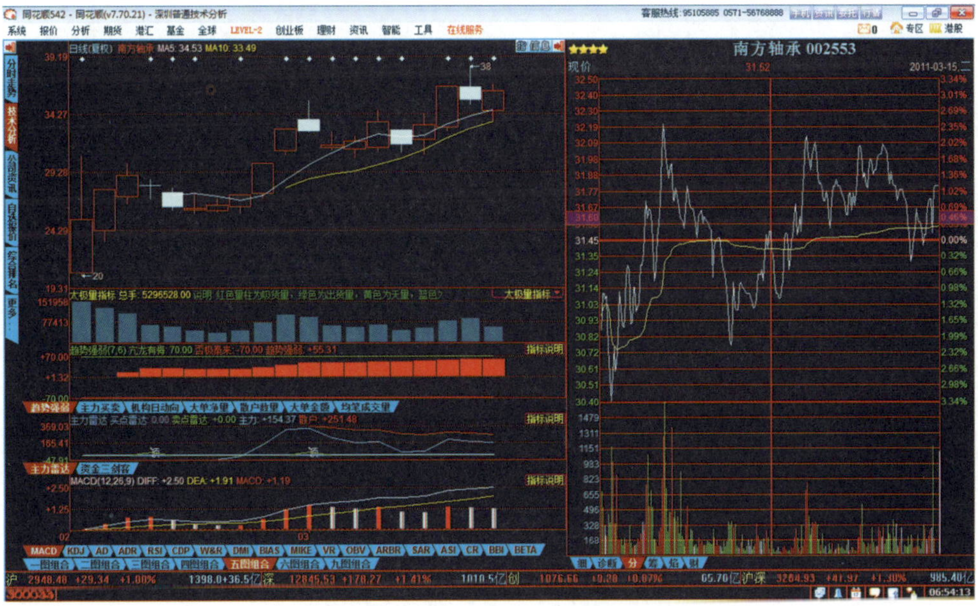

图例 13　强势震仓清洗浮筹示意图

从盘后深交所发布的交易公开信息来看，当天几家游资明显在对倒拉抬，从买卖的数量对比分析，可以明显看出，这些游资在上下的震荡中滚动套利。

在这里，通过这个案例，我们可以了解到游资操盘的一些特点：

（一）利用早盘人心未稳的时机，快速打压，制造恐慌。

（二）利用快速拉抬，制造盘升假象，达到套利目的。

（三）利用宽幅震荡，制造交投活跃假象，趁机滚动套利。

（四）利用即时图形，诱使散户入局，而他们却趁机开溜。

南方轴承（002553）2011 年 3 月 15 日公开信息

席位名称	性质	买入金额(万元)	卖出金额(万元)	净资金流(万元)	净资金流占流通市值比例(%)	净资金流占总成交额比例(%)
华宝证券有限责任公司舟山解放西路证券营业部	游资	249.35	4.15	245.20	0.44	1.47
长城证券有限责任公司郑州健康路证券营业部	游资	245.86	3.98	241.88	0.43	1.45
光大证券股份有限公司天津友谊路证券营业部	游资	212.10	0.00	212.10	0.38	1.27
东吴证券股份有限公司苏州西北街证券营业部	游资	177.43	628.09	-450.66	-0.81	-2.70
广发华福证券有限责任公司南安水头证券营业部	游资	162.36	0.00	162.36	0.29	0.97
东吴证券股份有限公司苏州工业园区现代大道证券营业部	游资	118.44	379.48	-261.04	-0.47	-1.56
广发证券股份有限公司苏州干将东路证券营业部	游资	8.46	336.05	-327.59	-0.59	-1.96
华泰证券股份有限公司苏州何山路证券营业部	游资	0.00	293.86	-293.86	-0.53	-1.76
中信证券股份有限公司天津友谊路证券营业部	游资	4.11	231.75	-227.64	-0.41	-1.36
南方轴承[002553]合计：		1178.11	1877.36	-699.25	-1.27	-4.18

2011 年 3 月 16 日

盘面特点：

（一）早盘强势低开，低开的幅度小于 3%，属于正常范围。

（二）开盘后快速放量下挫，旋即翻身向上，属于典型的瞬间洗盘。

（三）随后缩量，停顿，在均价线附近盘桓，属于典型的诈死。

（四）上午出现快速拉升，在高点呈现为典型的价量背离，是减仓信号。

（五）尾盘下半段顿挫结合，预示着将有调整，此处可大幅度减仓。

图例 14　高位量价背离信号示意图

盘后查看深交所发布的交易公开信息，发现很有趣。参见下表。

买一的华泰证券广州番禺繁华路营业部，买入 938 万元，小量卖出，成了主角。

买二的安信证券广州体育西路营业部纯买入 198 万元，属于看好后市而买入。

买三、买四、买五的买入量远远大于卖出量，说明他们也继续看好后市。

再看卖出方，最大的卖一量为 258 万元，远小于买一量。

买入量和卖出量冲销，当天净资金流入 472 万元，说明还有游资驻守其中。

综合分析，我们机构认为，后市可以看高一线，随后只要不出现跌停开盘的走势，就可以采取盘中低吸的方法，继续滚动操作。

南方轴承（002553）2011 年 3 月 16 日公开信息

席位名称	性质	买入金额（万元）	卖出金额（万元）	净资金流（万元）	净资金流占流通市值比例(%)	净资金流占总成交额比例(%)
华泰联合证券有限责任公司广州番禺繁华路证券营业部	游资	938.79	5.90	932.89	1.58	4.60
安信证券股份有限公司广州体育西路证券营业部	游资	198.40	0.00	198.40	0.34	0.98
海通证券股份有限公司杭州环城西路证券营业部	游资	174.00	16.63	157.37	0.27	0.78
广发证券股份有限公司肇庆黄塘路证券营业部	游资	171.91	2.56	169.35	0.29	0.84
中银国际证券有限责任公司深圳中心四路证券营业部	游资	160.89	2.98	157.91	0.27	0.78
长城证券有限责任公司郑州健康路证券营业部	游资	1.70	258.12	-256.42	-0.44	-1.26
广发证券股份有限公司广州洛溪新城证券营业部	游资	1.98	258.05	-256.07	-0.43	-1.26
华宝证券有限责任公司舟山解放西路证券营业部	游资	1.00	256.19	-255.19	-0.43	-1.26
中国银河证券股份有限公司深圳福华一路证券营业部	游资	0.00	195.53	-195.53	-0.33	-0.96
东吴证券股份有限公司苏州西北街证券营业部	游资	3.61	184.06	-180.45	-0.31	-0.89
南方轴承[002553]合计：		1652.28	1180.02	472.26	0.81	2.35

2011 年 3 月 17 日

盘面特点：

（一）早盘小幅度低开，还属于正常范围，开盘量 68 手，就有点偏小了。小幅低开的开盘方式在我们的意料之中，也为我们的滚动操盘提供了低吸的机会。按照惯例，我们在跌幅 5% 附近预埋单买进滚动仓。

（二）开盘后抛盘蜂拥而出，最大跌幅超过了 7%，说明有游资拼命出逃。这样的走势有点出人意料，莫非有些游资不计成本割肉不成？需要高度重视。

（三）随后快速拉回，在均价线上方屡次出现冲击型走势，说明此时有资金在悄悄地吃进筹码，估计也是为滚动而建仓的。

（四）上午 11 时，股价拐头向下，一路杀跌，而且价跌量升，并在下午 13 时 50 分创出低点，几乎要再创新低，悬啊。此时的下档承接非常有力，股价随后翻身向上，说明这里已经触及了游资的成本区域。

（五）尾盘走势再次疲软，貌似不祥之兆。但尾盘下半段承接有力，也说明还有人继续看好后市，不必过度恐慌。

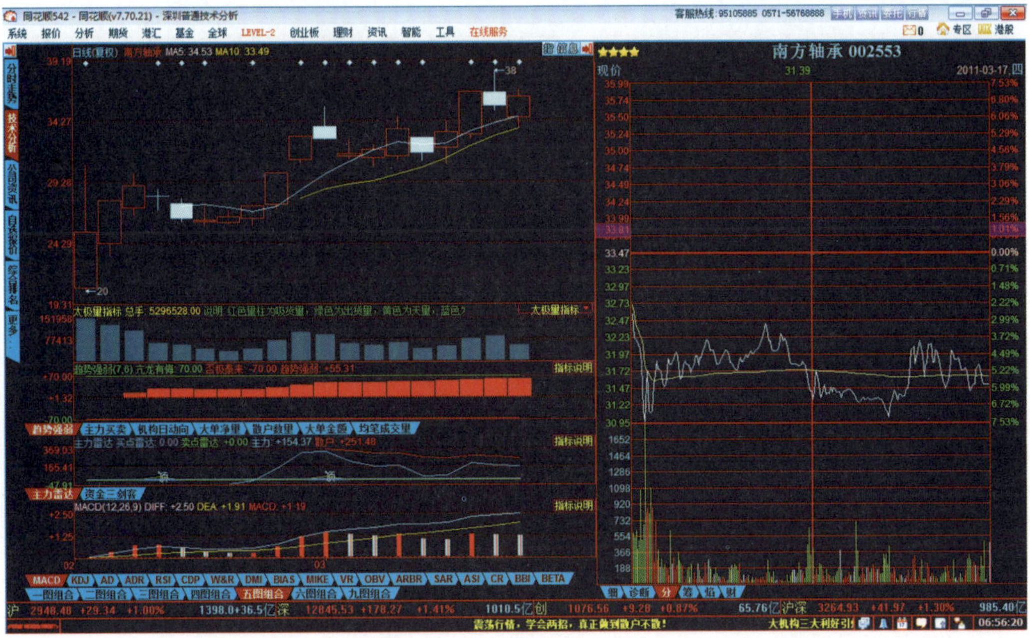

图例 15　早盘快速杀跌示意图

从深交所发布的交易公开信息来看，游资对南方轴承（002553）依然热衷，买一位置的华林证券广州体育西路营业部当天买入 160 万元，卖出 140 万元，滚动套利的迹象明显。财通证券上虞市民大道营业部则是纯买入 117 万元，国信证券广州东风中路营业部买入 114 万元，卖出 94 万元，买入大于卖出。买三、买四位置的营业部也是买入比较多，说明一些游资依然看好后市。

但是，卖出位置上的游资态度也很坚决，比如卖一位置上的华泰联合证券广州番禺繁华路营业部卖出了 883 万元，买入数量仅区区不到 7 万元。卖二、卖三、卖四、卖五席位的游资也很坚决。说明他们对后市有自己的看法。

总体来说，只要大盘比较稳定，那么，南方轴承（002553）后市还可以看高一线。

南方轴承（002553）2011 年 3 月 17 日公开信息

席位名称	性质	买入金额（万元）	卖出金额（万元）	净资金流（万元）	净资金流占流通市值比例(%)	净资金流占总成交额比例(%)
华林证券有限责任公司广州体育西路证券营业部	游资	160.52	140.88	19.64	0.04	0.15
财通证券有限责任公司上虞市民大道证券营业部	游资	117.53	0.00	117.53	0.21	0.88
国信证券股份有限公司广州东风中路证券营业部	活跃游资	114.89	94.12	20.77	0.04	0.16
中国银河证券股份有限公司福州证券营业部	游资	101.82	3.50	98.32	0.18	0.74
中国建银投资证券有限责任公司广州体育东路证券营业部	游资	96.01	40.58	55.43	0.10	0.42
华泰联合证券有限责任公司广州番禺繁华路证券营业部	游资	6.99	883.01	-876.02	-1.58	-6.57
光大证券股份有限公司天津友谊路证券营业部	游资	0.63	221.87	-221.24	-0.40	-1.66
安信证券股份有限公司广州体育西路证券营业部	游资	0.95	191.44	-190.49	-0.34	-1.43
信达证券股份公司丹东振五街证券营业部	游资	0.00	177.05	-177.05	-0.32	-1.33
西南证券股份有限公司深圳滨河大道证券营业部	游资	95.52	158.76	-63.24	-0.11	-0.47
南方轴承[002553]合计：		694.86	1911.21	-1216.35	-2.18	-9.11

2011 年 3 月 18 日

盘面特点：

（一）早盘以 31.90 元小幅度高开，瞬间猛烈上冲，最高价达到 34.19 元。可惜好景不长，旋即翻身向下，一举击穿开盘价，没有停住，再向下击穿前收盘价。

（二）此时成交量峰显得凌乱、无序，显示出慌不择路的逃命迹象。说明前期获利的游资急于兑现盈利，再次向下的可能性比较大。

（三）早盘时间段明显表现出弱势特征，上午 10 时，终于选择向下突破，击穿前收盘价，逐波盘低，均价线压制明显，低点不断下移。参见图例 16 所示。

（四）从成交量峰来看，上午有两处明显放量的地方，这是游资集中出货的位置。

（五）下午的走势很有意思，先是在均价线下方运行，沉稳、缩量、均衡，说明上午急于出局的游资已经出得差不多，股价下午不创新低，说明此处承接有力，护盘的迹象明显。

（六）下午 14 时左右，成交量开始放大，随后出现了三波凌厉的攻势，一举收复失地，并一度试图冲击涨停板。说明场内游资发动攻击的愿望强烈，后市继续看好。

图例 16　尾盘急速拉升示意图

南方轴承（002553）2011 年 3 月 18 日的交易公开信息有点意思。首先看出现在买一位置的是上海证券温州谢池商城营业部，买进 206 万元，卖出 60 万元。上一个交易日，该营业部并没出现在公开信息榜，今天能卖出 60 万元，说明他们早就介入，只是买入数量不多，才没上榜。今天的操作有买入也有卖出，说明他们在滚动套利。买入大于卖出，说明继续看好后市。这个举措值得深思。

买二位置的是国信证券义乌稠州北路营业部，买入 187 万元，卖出 25 万元，买得多，卖得少，操作的性质和买一基本相同。

买三、买四分别买入 182 万元和 170 万元，卖出数量为零。说明他们坚定看好后市。

有趣的是买三和买四分别是中国银河证券及光大证券的营业部。

买五的是国信证券深圳泰然九路营业部，这是游资的老大，买入 160 万元，卖出 152 万元，买卖大致相当，说明他们在对倒滚动、高抛低吸，这是最典型的游资操作手法。

南方轴承（002553）2011 年 3 月 18 日公开信息

席位名称	性质	买入金额（万元）	卖出金额（万元）	净资金流（万元）	净资金流占流通市值比例(%)	净资金流占总成交额比例(%)
上海证券有限责任公司温州谢池商城证券营业部	游资	206.84	60.87	145.97	0.25	0.92
国信证券股份有限公司义乌稠州北路证券营业部	游资	187.70	25.94	161.76	0.28	1.02
中国银河证券股份有限公司深圳福华一路证券营业部	游资	182.03	0.00	182.03	0.31	1.15
光大证券股份有限公司广州林和西路证券营业部	游资	170.91	0.00	170.91	0.29	1.08
国信证券股份有限公司深圳泰然九路证券营业部	活跃游资	160.65	152.91	7.74	0.01	0.05
方正证券股份有限公司北京阜外大街证券营业部	游资	0.62	299.31	-298.69	-0.51	-1.89
方正证券股份有限公司深圳怡景路证券营业部	游资	0.00	250.87	-250.87	-0.43	-1.58
华宝证券有限责任公司舟山解放西路证券营业部	游资	0.97	207.10	-206.13	-0.35	-1.30
广发华福证券有限责任公司厦门湖滨南路证券营业部	游资	5.70	172.43	-166.73	-0.29	-1.05
长城证券有限责任公司长沙五一中路证券营业部	游资	4.47	158.99	-154.52	-0.26	-0.98
南方轴承[002553]合计：		919.89	1328.42	-408.53	-0.70	-2.58

2011 年 3 月 21 日

盘面特点：

（一）集合竞价时间段股价以 32.93 元小幅度低开，开盘后，快速下行，最低价是 32.65 元。这样的开盘方式很有意思，说明游资以退为进，利用集合竞价和早盘时间制造恐慌，恐吓散户，为后续的滚动套利制造条件。

（二）随后，快速上攻，并放出比较大的成交量。两波上攻之后，正当人们以为它会继续上攻时，股价却选择掉头向下，快速击穿均价线，跌势汹汹。

（三）从盘面来看，跌出均价线之后，跌势趋缓，貌似空头势力很强大，股价却在前收盘价上方出现了止跌迹象，从分时图上看到，股价已经拒绝再创新低。

（四）从盘口量峰来看，在整个下跌的过程中，量峰呈现出快速萎缩的态势，说明跌势虽然凶猛，却不是真的要下跌，而是纸老虎式下跌，恐吓散户而已。尤其是在前收盘上方，股价拒绝下行，不再创新低，更说明空头势力的孱弱。

（五）从上午 10 时到 11 时，经过一个小时的整理之后，在 11 时附近，股价终于发力攻击，试探性拉升到均价线附近，稍作停顿，再度上行，对敲推高。下午更是三波推高，直奔涨停板而去，最后封死涨停板。

（六）观察全天的走势，我们发现，虽然是次新小盘股，但是，当天的换手率实在过大了，高达43.48%的换手率说明，游资盘中出货的迹象很明显，后市还是谨慎为好。

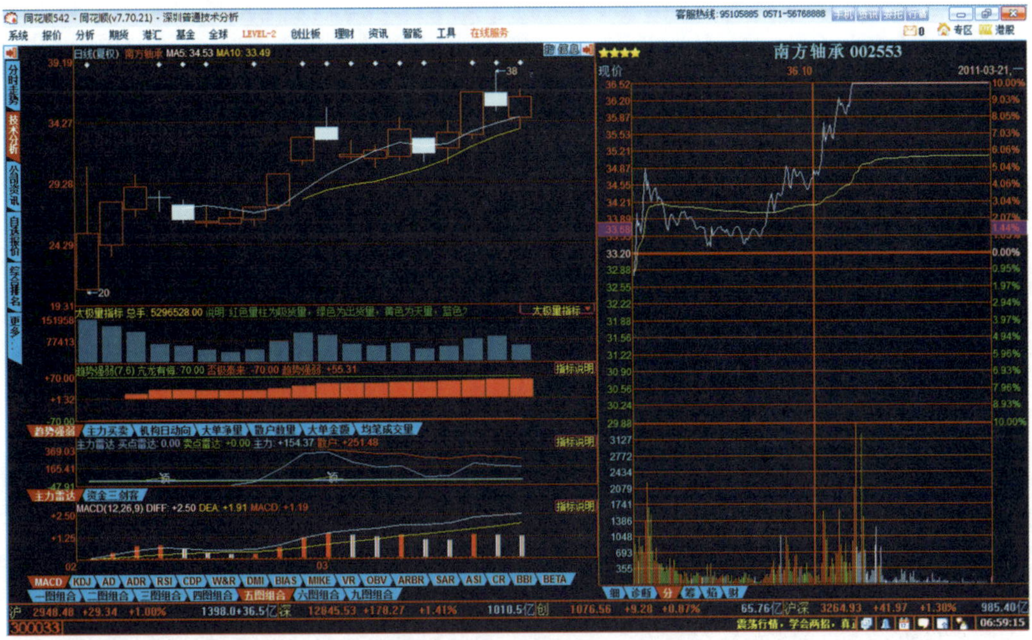

图例17 午后三波拉升示意图

2011年3月22日

盘面特点：

（一）集合竞价时间段，故伎重演，以36.48元小幅度低开，开盘量781手。大涨之后如此带量低开，不是什么好事，需要警惕当天游资借震荡来出货。

（二）开盘之后，股价快速上攻，貌似很强悍，实际上，此时已经露出了衰败之象，要百倍警惕。衰败之象表现在两个方面：一是拉升过急，瞬间拉升的幅度超过4%，这是典型的投机行为，说明此时投机的色彩很浓烈；二是放量过急，快速拉升加上快速放量，预示着游资并不看好后市，而是急于脱手。

（三）从早盘巨大而凌乱的量峰来看，游资出货心切。参见图例18所示。

（四）随后，股价围绕均价线上窜下跳，每一次拉到高位，都出现放量出货的特征。

（五）尾盘的操盘手法更是粗暴无比，直接杀跌出货。如此恶劣的操盘手法，也体现了部分游资进退失据，完全是率性而为，不计成本猛甩尾货，也说明游资操盘毒辣、阴险、怪异。散户再跟进，凶多吉少。

图例 18　极端凶险的出货行为示意图

2011 年 3 月 23 日

盘面特点：

（一）集合竞价时间段股价以 34.40 元开盘，大幅度低开，说明当天的走势比较凶险。开盘后，股价快速上窜下跳，成交量急剧放大，但是，整个早盘的量峰显得无序，说明游资此时相互倾轧，协同性差。

（二）上午屡次上攻，却始终无法穿越前收盘价，说明上档抛压沉重，参见图例 19 所示，此时上攻乏力，正是游资企图出货的结果造成的。

（三）随后的走势相当沉闷，下午在均价线附近获得短暂支撑。

（四）下午 14 时附近，股价飞快创出新高，这种盘中快速拉升，属于典型的盘中诱多行为，目的很明确，就是要用最小的代价，拉出一个套利空间。

（五）随后的走势毫无新意，活脱脱的出货图形。至此，可以认为游戏即将结束。

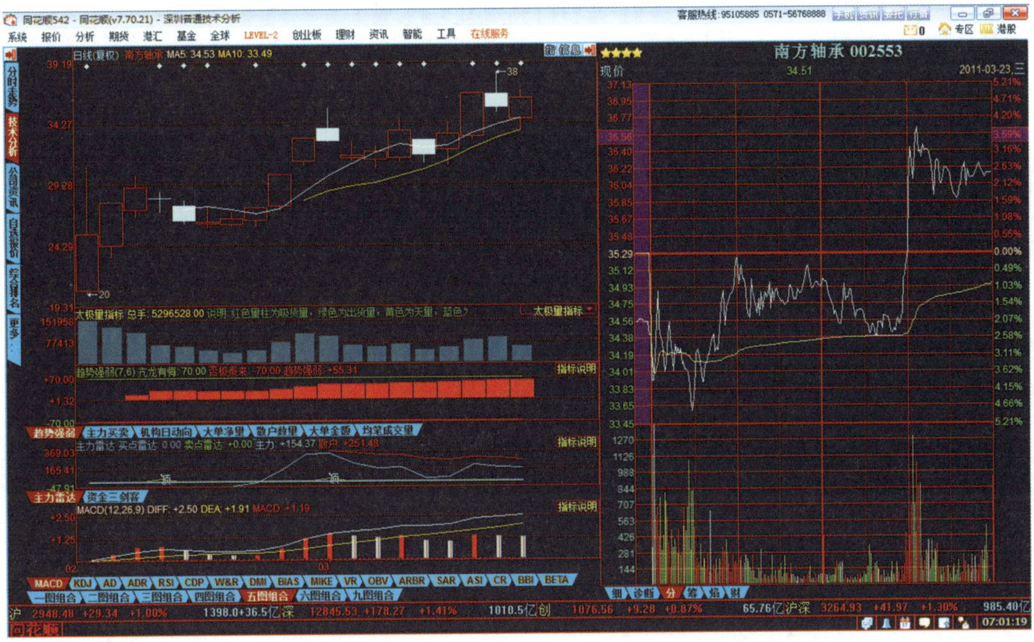

图例 19　盘中快速拉升示意图

第三节　国信证券上海北京东路证券营业部实战案例

国信证券股份有限公司上海北京东路证券营业部简称国信上海北京东，是国信系游资的重要成员，他们也是著名的活跃游资之一。截至 2011 年 3 月 18 日，该营业部上榜次数高达 1609 次，活跃程度由此可见一斑。下面是该营业部部分上榜数据。

日期	股票	营业部买入	营业部卖出	总成交金额	比例	排名
2011－3－18	N 益盛 002566	630560.50	2765413.20	46748 万元	0.726%	卖出 1 名
2011－3－18	N 上绿新 002565	1039567.00	1721368.62	22535 万元	1.22%	卖出 1 名
2011－3－18	江南水务 601199	2200266.00	0	31543.81 万元	0.697%	买入 5 名
2011－3－17	张化机 002564	1005739.00	9138810.00	33169 万元	3.05%	卖出 3 名
2011－3－17	中核科技 000777	1781766.00	3526281.04	64210 万元	0.826%	卖出 5 名
2011－3－17	N 江南水 601199	0	4928758.96	2.15 万元	2.292%	卖出 1 名
2011－3－17	五矿发展 600058	14684276.68	0	281076.31 万元	0.522%	买入 4 名
2011－3－16	N 潜能恒 300191	878859.00	3117465.51	51864 万元	0.770%	卖出 1 名
2011－3－16	N 神农 300189	859167.00	3705791.85	64283 万元	0.710%	卖出 1 名
2011－3－16	N 维尔利 300190	2821518.00	2825495.45	54498 万元	1.03%	卖出 3 名
2011－3－16	N 美亚柏 300188	281566.00	2708829.70	45101 万元	0.663%	卖出 1 名
2011－3－16	江钻股份 000852	19781416.64	1235611.00	41329 万元	5.08%	买入 1 名
2011－3－16	凯诺科技 600398	9946083.37	0	106129.22 万元	0.937%	买入 2 名
2011－3－15	汉威电子 300007	8125730.75	2266822.40	21282 万元	4.88%	买入 3 名
2011－3－15	齐翔腾达 002408	1732015.90	7434536.43	48279 万元	1.89%	卖出 2 名
2011－3－15	红豆股份 600400	0	2993095.10	38158.51 万元	0.784%	卖出 3 名
2011－3－15	际华集团 601718	0	6119969.60	108634.26 万元	0.563%	卖出 4 名
2011－3－7	西部建设 002302	65374.00	7108932.97	21940 万元	3.26%	卖出 1 名
2011－3－3	N 亚威 002559	863154.00	1262637.00	24275 万元	0.875%	卖出 2 名
2011－3－3	N 通达 002560	1682217.00	2652742.49	40878 万元	1.06%	卖出 2 名
2011－3－3	N 徐家汇 002561	9285046.16	7463434.87	93351 万元	1.79%	买入 3 名
2011－3－3	N 徐家汇 002561	9285046.16	7463434.87	93351 万元	1.79%	卖出 1 名
2011－3－3	辉隆股份 002556	2563360.50	1339217.00	28689 万元	1.36%	买入 5 名
2011－3－3	海南海药 000566	1230311.00	6798537.00	24107 万元	3.33%	卖出 2 名

（续表）

日期	股票	营业部买入	营业部卖出	总成交金额	比例	排名
2011－3－2	天舟文化 300148	1604659.50	25850.00	8073 万元	2.01%	买入 2 名
2011－3－2	N 辉隆 002556	3741706.50	4040247.30	76839 万元	1.01%	卖出 2 名
2011－3－2	N 洽洽 002557	1377453.20	1848792.08	46539 万元	0.693%	卖出 5 名
2011－3－2	N 顺荣 002555	1878904.00	1979241.50	33038 万元	1.16%	卖出 1 名
2011－3－2	N 世纪游 002558	536042.00	2473421.78	36961 万元	0.814%	卖出 1 名
2011－3－2	华昌化工 002274	1474274.00	983406.00	9558 万元	2.57%	买入 4 名
2011－3－2	N 三江 601116	0	6839133.13	9.45 万元	7.237%	卖出 1 名
2011－3－1	同力水泥 000885	6200577.66	913876.37	24386 万元	2.91%	买入 4 名
2011－3－1	华新水泥 600801	35361865.46	0	54923.53 万元	6.43%	买入 2 名
2011－2－28	TCL 集团 000100	1611230.68	28743662.16	124586 万元	2.43%	卖出 3 名
2011－2－25	机器人 300024	11975642.00	1701001.25	46265 万元	2.95%	买入 3 名
2011－2－25	N 惠博普 002554	1702999.00	3327839.17	59651 万元	0.843%	卖出 1 名
2011－2－25	N 宝鼎 002552	1479718.51	3222992.76	41330 万元	1.13%	卖出 1 名
2011－2－25	N 尚荣 002551	3332037.00	4837775.97	87997 万元	0.928%	卖出 2 名
2011－2－25	N 南方轴 002553	470705.10	2578358.90	36516 万元	0.834%	卖出 1 名
2011－2－25	七星电子 002371	7595760.40	3496858.35	21078 万元	5.26%	买入 4 名

经典实战案例解读：江钻股份（000852）

相关数据

日期	股票	营业部买入	营业部卖出	总成交金额	比例	排名
2011－3－16	江钻股份 000852	19781416.64	1235611.00	41329 万元	5.08%	买入 1 名

背景资料

江钻股份（000852）是国内石油钻头龙头企业。公司是国家一级企业，国家重点高新技术企业，亚洲最大、世界第三的石油钻头制造商。公司 1998 年改制上市，拥有潜江钻头制造厂、上海分公司和武汉钻头制造厂三个石油钻头制造基地，目前业务涉及油用钻头、石油装备、天然气、精细化工等领域。公司是国内唯一能同时生产牙轮钻头和金刚石钻头的厂商，主导产品牙轮钻头国内市场占有率多年保持在 60% 以上，国际市场占有率达到 10%，产品远销美国、加拿大、伊朗、俄罗斯等 31 个国家和地区。

随着油价大幅飙升，未来一段时间油价仍将高位运行，势必刺激国际石油开发商加大石油勘探及开挖的资本支出。金融危机后，我国石油需求强劲增长，“十二五”规划国家有望加大石油勘探及开发的投资，特别是海洋油气田开发力度。上游石油勘探与生产资本性支出的加快增长，钻井数量和钻井进尺数也将迅速增加，这将大大提升对钻头的需求，预计未来几年公司钻头业务将保持10%以上的稳定增长。

炒作过程

江钻股份（000852）截至2011年3月18日游资炒作部分数据

日期	席位	买入金额	卖出金额	占总成交额
2011－3－16	国信证券股份有限公司上海北京东路证券营业部	19781416.64元	1235611.00元	4.786%
2011－3－16	华泰证券股份有限公司南京户部街证券营业部	19728423.50元	130243.00元	4.773%
2011－3－16	国泰君安证券股份有限公司成都北一环路证券营业部	18238218.00元	69280.00元	4.412%
2011－3－16	国泰君安交易单元（226900）	17918139.34元	0.00元	4.335%
2011－3－16	国泰君安证券股份有限公司上海打浦路证券营业部	15637196.00元	0.00元	3.783%
2011－3－16	国信证券股份有限公司北京平安大街证券营业部	333679.00元	10936660.60元	2.646%
2011－3－16	广发证券股份有限公司广州洛溪新城证券营业部	65800.00元	4750252.00元	1.149%
2011－3－16	东海证券有限责任公司上海水城南路证券营业部	0.00元	4603464.00元	1.113%
2011－3－16	第一创业证券有限责任公司上海巨野路证券营业部	0.00元	4336968.00元	1.049%
2011－3－16	华西证券有限责任公司成都高升桥路证券营业部	4882899.00元	3239833.00元	0.7838%
2011－2－24	东方证券股份有限公司南京中山东路证券营业部	19652702.24元	324538.08元	4.568%
2011－2－24	国泰君安证券股份有限公司上海福山路证券营业部	11653384.16元	0.00元	2.708%

（续表）

日期	席位	买入金额	卖出金额	占总成交额
2011－2－24	平安证券有限责任公司上海零陵路证券营业部	10285377.00 元	97875.90 元	2.390%
2011－2－24	招商证券股份有限公司深圳南山南油大道证券营业部	9392501.95 元	40760.00 元	2.183%
2011－2－24	国信证券股份有限公司北京平安大街证券营业部	8459446.97 元	773823.00 元	1.966%
2011－2－24	华泰证券股份有限公司江阴福泰路证券营业部	1200871.60 元	15113736.58 元	3.513%
2011－2－24	国泰君安证券股份有限公司泸州星光路证券营业部	0.00 元	5170013.00 元	1.201%
2011－2－24	宏源证券股份有限公司杭州体育场路证券营业部	1635182.24 元	4057130.10 元	0.9430%
2011－2－24	中信证券股份有限公司上海淮海中路证券营业部	180215.00 元	3519071.48 元	0.8179%
2011－2－24	广发证券股份有限公司武汉珞狮北路证券营业部	3128.00 元	3430769.63 元	0.7974%
2011－2－24	东方证券股份有限公司南京中山东路证券营业部	19652702.24 元	324538.08 元	4.568%
2011－2－24	国泰君安证券股份有限公司上海福山路证券营业部	11653384.16 元	0.00 元	2.708%
2011－2－24	平安证券有限责任公司上海零陵路证券营业部	10285377.00 元	97875.90 元	2.390%
2011－2－24	招商证券股份有限公司深圳南山南油大道证券营业部	9392501.95 元	40760.00 元	2.183%
2011－2－24	国信证券股份有限公司北京平安大街证券营业部	8459446.97 元	773823.00 元	1.966%
2011－2－24	华泰证券股份有限公司江阴福泰路证券营业部	1200871.60 元	15113736.58 元	3.513%
2011－2－24	国泰君安证券股份有限公司泸州星光路证券营业部	0.00 元	5170013.00 元	1.201%
2011－2－24	宏源证券股份有限公司杭州体育场路证券营业部	1635182.24 元	4057130.10 元	0.9430%

（续表）

日期	席位	买入金额	卖出金额	占总成交额
2011-2-24	中信证券股份有限公司上海淮海中路证券营业部	180215.00元	3519071.48元	0.8179%
2011-2-24	广发证券股份有限公司武汉珞狮北路证券营业部	3128.00元	3430769.63元	0.7974%
2011-1-31	机构专用	20339318.56元	0.00元	4.681%
2011-1-31	机构专用	18682170.25元	0.00元	4.300%
2011-1-31	西藏同信证券有限责任公司杭州天目山路证券营业部	15165658.00元	0.00元	3.490%
2011-1-31	光大证券股份有限公司宁波解放南路证券营业部	13377515.00元	54988.00元	3.079%
2011-1-31	齐鲁证券有限公司深圳吉祥中路证券营业部	7997271.68元	359142.70元	1.840%
2011-1-31	中信建投证券有限责任公司揭阳市站前路证券营业部	41815.00元	8807431.87元	2.027%
2011-1-31	光大证券股份有限公司惠州淡水证券营业部	0.00元	5577290.42元	1.283%
2011-1-31	东兴证券股份有限公司武汉台北一路证券营业部	96655.00元	5344561.32元	1.230%
2011-1-31	国元证券股份有限公司无锡学前街证券营业部	1804451.00元	4806385.00元	1.106%
2011-1-31	国信证券股份有限公司深圳泰然九路证券营业部	2257641.68元	4086042.00元	0.9405%
2009-11-17	东方证券股份有限公司上海肇嘉浜路证券营业部	28668336.00元	141496.00元	5.736%
2009-11-17	中信建投证券有限责任公司宁波市曙光路证券营业部	13262253.71元	106156.00元	2.653%
2009-11-17	广发证券股份有限公司上海西藏南路证券营业部	8573132.92元	242447.00元	1.715%
2009-11-17	齐鲁证券有限公司宁波中兴路证券营业部	6884682.98元	7890.00元	1.377%
2009-11-17	国信证券股份有限公司深圳泰然九路证券营业部	5776991.94元	2312344.56元	1.155%

（续表）

日期	席位	买入金额	卖出金额	占总成交额
2009－11－17	机构专用	0.00元	16635068.88元	3.328%
2009－11－17	爱建证券有限责任公司嘉兴斜西街证券营业部	5588.00元	6113538.00元	1.223%
2009－11－17	江南证券有限责任公司郑州中原东路证券营业部	235201.00元	4829306.62元	0.9662%
2009－11－17	国泰君安证券股份有限公司长沙五一东路证券营业部	65563.00元	4641751.82元	0.9287%
2009－11－17	华泰联合证券有限责任公司成都南一环路证券营业部	0.00元	4010849.00元	0.8025%

2011年3月16日

关于江钻股份（000852）的炒作，其实很有意思。游资为什么要炒作它呢？先看下面的资料，看完之后，你就会明白了。

2011年3月15日，有关媒体从权威渠道了解到，可燃冰将被纳入“十二五”能源发展规划，加快勘探和科学研究，以便为未来开发利用奠定基础。无论是国土资源部，还是国家能源局，对可燃冰的态度都日渐明确。可燃冰是天然气水合物的俗称，是近20年来在海洋和冻土带发现的新型洁净能源，可以作为传统能源如石油、煤炭等的替代品。据估算，世界上可燃冰所含有机碳的总资源量相当于全球已知煤、石油和天然气的2倍。在中国地质调查局的组织部署下，我国从1999年起开始对可燃冰开展实质性的调查和研究。经过近年来的不断努力探索，我国科研人员已在南海区域圈定11个可燃冰矿体，评价可燃冰气体储量约194亿立方米。中国成为继美国、日本、印度之后的第4个通过国家级研发计划在海底钻探获得可燃冰实物样品的国家。随着目前化石类能源的逐渐枯竭，寻找新的替代能源已成为各国重点发展的课题。可燃冰因其在清洁性、燃烧值等方面的优势，必然成为下一代能源的重点开发对象。有消息称，我国将在2020年以前对其进行试开采，可燃冰开采的产业化正步步逼近。分析人士认为，江钻股份作为钻探行业的龙头企业，在能源开采钻头方面的开发有着丰富的经验，随着可燃冰开采逐步提上议事日程，公司有望在这一领域取得大发展。

这是多么刺激的消息啊！善于捕捉消息和挖掘题材的游资，怎么可能放过呢？因此，我们机构料定游资一定会借机炒作江钻股份（000852）。事实果然如此，受2011年3月15日消息的影响，江钻股份（000852）在16日集合竞价时间段大幅度高开，正式开盘时，不到5分钟就快速封死涨停板。参见图例20所示。

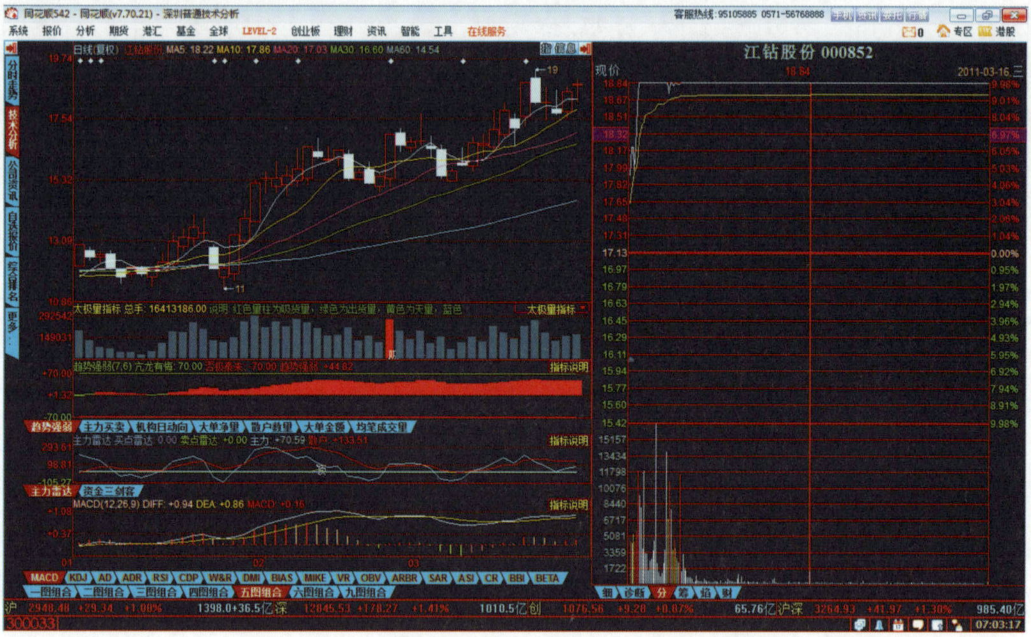

图例20　早盘不到五分钟快速封住涨停板示意图

收盘后，通过查阅深交所发布的交易公开信息，我们发现，国信证券上海北京东路营业部赫然出现在买一的位置上，当天买入1978万元，同时卖出123万元。买二的华泰证券南京户部街营业部买进1972万元，卖出13万元。买三的国泰君安成都北一环路营业部买进1823万元，卖出6万元。买四的国泰君安自营盘，买进1791万元，没有卖出。买五的国泰君安上海打浦路营业部，买进1563万元，没有卖出。

很显然，从买一到买五，这四家游资和一家券商，都买入了千万元以上的金额。他们分明是看好该股的后续走势。

但有一点需要注意，这五家虽然各自买入不少，都在千万元以上，但买入的数量却很接近，没有哪一家占据绝对的优势。

从历史经验来看，这种持筹结构是非常不利于后市炒作的。

为什么呢?

（一）没有出现绝对持筹的炒家，不利于独自担当。

（二）持筹接近的家数过多，不利于协同作战。

（三）各自为战的情况一旦出现，就会消耗拉升的动能。

因此，当我们看到这样的交易公开信息之后，当晚开会，研究，结论是：明天集合竞价时间段，就坚决卖出，能卖多少就卖多少。

2011 年 3 月 16 日江钻股份（000852）交易公开信息

席位名称	性质	买入金额（万元）	卖出金额（万元）	净资金流（万元）	净资金流占流通市值比例(%)	净资金流占总成交额比例(%)
国信证券股份有限公司上海北京东路证券营业部	活跃游资	1978.14	123.56	1854.58	0.76	4.49
华泰证券股份有限公司南京户部街证券营业部	游资	1972.84	13.02	1959.82	0.80	4.74
国泰君安证券股份有限公司成都北一环路证券营业部	游资	1823.82	6.93	1816.89	0.74	4.40
国泰君安交易单元(226900)	券商	1791.81	0.00	1791.81	0.73	4.34
国泰君安证券股份有限公司上海打浦路证券营业部	游资	1563.72	0.00	1563.72	0.64	3.78
国信证券股份有限公司北京平安大街证券营业部	游资	33.37	1093.67	-1060.30	-0.43	-2.57
广发证券股份有限公司广州洛溪新城证券营业部	游资	6.58	475.03	-468.45	-0.19	-1.13
东海证券有限责任公司上海水城南路证券营业部	游资	0.00	460.35	-460.35	-0.19	-1.11
第一创业证券有限责任公司上海巨野路证券营业部	游资	0.00	433.70	-433.70	-0.18	-1.05
华西证券有限责任公司成都高升桥路证券营业部	游资	488.29	323.98	164.31	0.07	0.40
江钻股份[000852]合计：		9658.57	2930.24	6728.33	2.75	16.29

2011 年 3 月 17 日

2011 年 3 月 17 日，集合竞价时间段，股价以 19 元小幅度高开，开盘后，快速上冲到 19. 30 元，旋即掉头向下，击穿当天均价线。参见图例 21 所示。

随后快速反抽，三次反攻，均以失败告终，同时放出巨大的成交量。很明显，前一交易日进场的游资，并不算持久作战，选择了快速撤离。

盘面特点：

（一）早盘即高开，却不能借势上攻，快速拉升，说明这时候参战的游资谁也不愿意出头，充当拉升股价的先锋。

（二）三波上试均价线，都无法穿越，更说明一盘散沙，协同作战能力很差。

（三）随后快速击穿前收盘价，放量下行，却没有护盘动作，更验证了这一点。

（四）随后股价不断盘跌，出货迹象明显。

（五）尾盘继续杀跌，更叫人寒心。

从这个实战案例大家可以看到，游资炒作的个股，风险其实也很大。稍有不慎，就会吃套。如果昨日追高买入，今天又不能及时卖出，恐怕就得难受一阵了。

图例 21 游资竞相出货示意图

2011 年 3 月 18 日

盘面特点：

（一）集合竞价时间段股价以 18.08 元高开，开盘量高达 1054 手，属于巨量。这样的开盘方式很叫人怀疑。参见图例 22 所示。

（二）开盘后，股价快速向下，放量杀跌，几乎将 3 月 16 日的大阳线全部吞没。从这样的盘口看，游资已经处于不计成本杀跌出局的关头。

（三）随后，整个上午股价几乎都在低位运行，成交量急剧放大。这种杀跌是什么意图呢？从盘口来看，很明显，属于游资之间的搏杀，而且尚未分出胜负。

（四）上午 11 时，这种绞杀局面得到了遏制，股价出现快速拉升，穿越均价线，但没有能够收复前收盘价，就萎缩了。

（五）下午开盘，股价略作停顿，终于出现疾风暴雨式的对倒上攻，快速穿越前收盘价，瞬间拉升，目的很明确，属于游资为甩货而做出的努力。随后股价以回头波的形式，一路杀跌，尾盘放量。至此，预计游资已经跑得精光。

图例 22　游资盘中杀跌拉抬相结合示意图

2011 年 3 月 21 日

盘面特点：

（一）集合竞价时间段，股价以 17.85 元小幅度低开。开盘量 321 手。如此低开，必然有诈。从前边的走势来看，应属于低开高走，借机出货。

（二）早盘时间段，股价在分时图上构筑一个非常漂亮的分时双底走势，游资的凶险手法露出了尾巴。这是典型的分时诱多技术，利用漂亮的、典型的、标准的分时走势，诱使技术派短线客在此杀进，而随后游资拉升，快速出逃。参见图例 23 所示。

（三）随后，股价疾风暴雨式攻击性拉升，出现貌似攻击型量峰和攻击型波形。但是，稍微了解分时图技术的投资者都知道，如此拉升，投资色彩很浓，难以持久。

（四）上午 10 时 15 分，出现分时图头肩顶，宣告拉升结束。旋即多翻空，猛烈地杀跌，游资急于出逃的迹象，已经赫然出现。此时，投资者可以等待其反抽时果断了结。

（五）之后，股价试图反击，但是，量能明显出现了衰竭，分时图上，量价背离十分明显。这是上攻乏力的典型盘面。尾盘再次放量杀跌，宣告这一轮炒作到此结束。

图例 23　游资出货手法示意图

2011 年 3 月 22 日

盘面特点：

（一）集合竞价时间段，股价以 17.73 元小幅度高开。由于昨天在尾盘杀跌时，游资从中吃进了不少筹码，今天的高开，一是属于必然的动作，二是为了滚动套利。

（二）从操作的手法来，今天必然一路震荡走高，运行在均价线之上，以利出货。

（三）全天的走势表面上来看很强势，真是符合游资操盘的特点：反复无常，难以捉摸。但是，如果能够从博弈的角度来分析，就不难理解。

（四）游资的本性是逐利的，快速获利是他们唯一的诉求。从江钻股份（000852）这几天的走势来看，游资通过滚动操作已经获利丰厚。

（五）因此，今天的震荡盘升，可以看作是游资为出货所做的最后努力，也是一轮炒作的告别宴呀。盘中貌似强势的背后，等待投资者的，不知道是机会还是陷阱？

市场是最好的老师。

要寻找答案，就等待市场来给出吧。

图例 24　游资以靓丽的走势告别一轮炒作示意图

第四节 国信证券广州东风中路证券营业部实战案例

国信证券股份有限公司广州东风中路证券营业部简称国信广州东风中，是近年来崛起的新生代游资，截至 2011 年 3 月 18 日，该营业部上榜次数高达 1359 次，令人刮目相看。

下面选取的是该营业部最近一段时间的上榜数据，供各位研究参考。

日期	股票	营业部买入	营业部卖出	总成交金额	比例	排名
2011-3-18	N 上绿新 002565	928627.28	831759.50	22535 万元	0.781%	卖出 4 名
2011-3-18	江南水务 601199	2722885.24	0	31543.81 万元	0.863%	买入 4 名
2011-3-17	南风股份 300004	283865.00	18105258.39	17658 万元	10.4%	卖出 1 名
2011-3-17	南方轴承 002553	1148890.31	941218.56	13326 万元	1.56%	买入 3 名
2011-3-17	山东如意 002193	1510228.00	239758.00	6137 万元	2.85%	买入 3 名
2011-3-17	双环科技 000707	1524406.00	9096202.08	82085 万元	1.29%	卖出 4 名
2011-3-17	N 江南水 601199	0	2630060.00	2.15 万元	1.223%	卖出 4 名
2011-3-17	香江控股 600162	0	5166881.40	41868.57 万元	1.23%	卖出 5 名
2011-3-17	香江控股 600162	0	5166881.40	41868.57 万元	1.23%	卖出 5 名
2011-3-16	N 神农 300189	2090485.50	2625475.92	64283 万元	0.733%	卖出 4 名
2011-3-16	N 维尔利 300190	673082.16	2022251.20	54498 万元	0.494%	卖出 4 名
2011-3-16	N 美亚柏 300188	1364276.82	1864813.29	45101 万元	0.715%	卖出 4 名
2011-3-15	恒源煤电 600971	6882570.00	0	45224.62 万元	1.52%	买入 1 名
2011-3-7	多氟多 002407	84276.00	3118730.00	17282 万元	1.85%	卖出 4 名
2011-3-3	N 亚威 002559	887163.50	1111963.50	24275 万元	0.823%	卖出 4 名
2011-3-3	N 通达 002560	1525059.00	1657920.00	40878 万元	0.778%	卖出 3 名
2011-3-3	N 徐家汇 002561	3348786.81	3272495.86	93351 万元	0.709%	卖出 3 名
2011-3-3	顺荣股份 002555	574788.00	1097269.00	12449 万元	1.34%	卖出 5 名
2011-3-2	N 洽洽 002557	2454183.60	1855199.62	46539 万元	0.925%	卖出 3 名
2011-3-2	N 顺荣 002555	2378384.03	1321224.00	33038 万元	1.11%	买入 5 名
2011-3-2	N 顺荣 002555	2378384.03	1321224.00	33038 万元	1.11%	卖出 5 名
2011-3-2	N 世纪游 002558	2249369.00	1442177.88	36961 万元	0.998%	卖出 4 名

（续表）

日期	股票	营业部买入	营业部卖出	总成交金额	比例	排名
2011-3-2	南方轴承 002553	654476.40	1068328.50	16894 万元	1.01%	卖出 5 名
2011-3-2	N 三江 601116	0	3789600.05	9.45 万元	4.010%	卖出 4 名
2011-3-1	南方轴承 002553	1652327.45	653684.75	29687 万元	0.776%	买入 5 名
2011-2-25	N 宝鼎 002552	714380.00	1398873.00	41330 万元	0.511%	卖出 5 名
2011-2-25	N 尚荣 002551	1613567.00	3377367.00	87997 万元	0.567%	卖出 4 名
2011-2-25	N 南方轴 002553	1500734.20	1255656.82	36516 万元	0.754%	卖出 5 名
2011-2-25	大金重工 002487	1394566.28	1136247.00	11692 万元	2.16%	买入 2 名
2011-2-24	东华软件 002065	538944.00	905096.20	3253 万元	4.43%	卖出 4 名
2011-2-24	经纬纺机 000666	6107382.00	2416482.00	50362 万元	1.69%	买入 2 名
2011-2-18	N 金新农 002548	857806.50	1647495.88	40646 万元	0.616%	卖出 3 名
2011-2-18	N 千红 002550	4192397.96	3184029.61	97799 万元	0.754%	卖出 4 名
2011-2-18	N 春兴 002547	790765.50	1462219.00	51621 万元	0.436%	卖出 5 名
2011-2-18	N 凯美特 002549	4236137.00	2026768.70	51975 万元	1.20%	卖出 4 名
2011-2-18	珠江啤酒 002461	1881662.40	2972630.40	22554 万元	2.15%	卖出 2 名
2011-2-9	晋西车轴 600495	7336631.02	0	136074.30 万元	0.539%	买入 4 名
2011-2-1	N 汉得 300170	130624.00	644095.00	13582 万元	0.570%	卖出 3 名
2011-2-1	N 元力 300174	381393.00	1239022.05	24735 万元	0.655%	卖出 2 名
2011-2-1	N 中电环 300172	1131996.08	1566693.50	39120 万元	0.689%	卖出 5 名

经典实战案例解读：恒源煤电（600971）

相关数据

日期	股票	营业部买入	营业部卖出	总成交金额	比例	排名
2011-3-15	恒源煤电 600971	6882570.00	0	45224.62 万元	1.52%	买入 1 名

背景资料

2011 年 3 月 15 日，恒源煤电（600971）披露 2010 年业绩，报告期内，公司实现营业收入 69.90 亿元，较上年同期增长 30.85%；实现归属于上市公司股东的净利润 9.51 亿元，较上年同期增长 82.79%；基本每股收益 2.37 元。

恒源煤电表示，公司计划 2011 年生产原煤 1340 万吨，销售商品煤 1104 万吨，营业总收入 72 亿元。年报显示，公司拟每 10 股分配现金股利 8 元。

炒作过程

恒源煤电（600971）截至2011年3月15日游资炒作的部分数据

日期	席位	买入金额	卖出金额	占总成交额
2011-3-15	国信证券股份有限公司广州东风中路证券营业部	6882570.00元	0元	1.521%
2011-3-15	国信证券股份有限公司深圳泰然九路证券营业部	4059961.00元	0元	0.8977%
2011-3-15	长江证券股份有限公司武汉武珞路证券营业部	4035025.00元	0元	0.8921%
2011-3-15	首创证券有限责任公司北京和平街证券营业部	3500861.00元	0元	0.7740%
2011-3-15	兴业证券股份有限公司厦门兴隆路证券营业部	3284889.61元	0元	0.7263%
2011-3-15	机构专用	0元	121889692.90元	26.95%
2011-3-15	华创证券有限责任公司南京和燕路证券营业部	0元	20482238.00元	4.528%
2011-3-15	东莞证券有限责任公司东莞运河西路证券营业部	0元	12845630.04元	2.840%
2011-3-15	财通证券有限责任公司杭州解放路证券营业部	0元	9372294.00元	2.072%
2011-3-15	民生证券有限责任公司深圳深南中路证券营业部	0元	9190000.00元	2.032%
2011-1-14	方正证券股份有限公司台州解放路证券营业部	9210165.81元	0元	2.176%
2011-1-14	广发证券股份有限公司上海玉兰路证券营业部	8196771.03元	0元	1.936%
2011-1-14	东兴证券股份有限公司北京北四环中路证券营业部	6555647.00元	0元	1.549%
2011-1-14	海通证券股份有限公司汕头中山中路营业部	6108077.00元	0元	1.443%
2011-1-14	中信金通证券有限责任公司杭州曙光路证券营业部	5676211.40元	0元	1.341%
2011-1-14	机构专用	0元	28191344.19元	6.661%

（续表）

日期	席位	买入金额	卖出金额	占总成交额
2011－1－14	机构专用	0元	28069581.85元	6.633%
2011－1－14	财通证券有限责任公司台州解放南路证券营业部	0元	26796420.73元	6.332%
2011－1－14	中信金通证券有限责任公司台州市府大道证券营业部	0元	23919586.88元	5.652%
2011－1－14	方正证券股份有限公司绍兴胜利东路证券营业部	0元	13608548.16元	3.215%
2010－10－11	机构专用	81291781.26元	0元	6.083%
2010－10－11	机构专用	78427656.50元	0元	5.868%
2010－10－11	机构专用	37291300.02元	0元	2.790%
2010－10－11	机构专用	36753509.81元	0元	2.750%
2010－10－11	中信万通证券有限责任公司淄博美食街证券营业部	35580687.80元	0元	2.662%
2010－10－11	机构专用	0元	47876461.79元	3.582%
2010－10－11	中信建投证券有限责任公司武汉市中北路证券营业部	0元	42864371.13元	3.207%
2010－10－11	中信建投证券有限责任公司武汉市建设八路证券营业部	0元	33776227.14元	2.527%
2010－10－11	机构专用	0元	33717157.52元	2.523%
2010－10－11	英大证券有限责任公司深圳园岭三街证券营业部	0元	16679175.00元	1.248%
2009－11－2	机构专用	40152328.13元	0元	7.123%
2009－11－2	国泰君安证券股份有限公司上海江苏路证券营业部	37036699.92元	0元	6.570%
2009－11－2	江南证券有限责任公司武汉新华路证券营业部	11742732.65元	0元	2.083%
2009－11－2	海通证券股份有限公司绍兴劳动路营业部	11650728.45元	0元	2.066%
2009－11－2	联合证券有限责任公司厦门湖滨南路证券营业部	10993363.75元	0元	1.950%
2009－11－2	机构专用	0元	47110298.66元	8.357%
2009－11－2	机构专用	0元	17589495.90元	3.120%

（续表）

日期	席位	买入金额	卖出金额	占总成交额
2009-11-2	广发证券股份有限公司南京北京东路证券营业部	0元	13547072.09元	2.403%
2009-11-2	国信证券股份有限公司深圳泰然九路证券营业部	0元	6798830.89元	1.206%
2009-11-2	方正证券有限责任公司杭州庆春东路证券营业部	0元	6718868.99元	1.191%
2008-10-27	光大证券股份有限公司上海中兴路证券营业部	6646410.60元	0元	6.458%
2008-10-27	申银万国证券股份有限公司上海沪太路证券营业部	1659131.05元	0元	1.612%
2008-10-27	华安证券有限责任公司六安梅山路证券营业部	1580447.00元	0元	1.535%
2008-10-27	长城证券有限责任公司成都万和路证券营业部	1494380.00元	0元	1.452%
2008-10-27	国泰君安证券股份有限公司成都北一环路证券营业部	1363586.03元	0元	1.325%
2008-10-27	机构专用	0元	11107935.67元	10.79%
2008-10-27	机构专用	0元	9238596.00元	8.978%
2008-10-27	机构专用	0元	8723274.35元	8.477%
2008-10-27	机构专用	0元	4345773.00元	4.223%
2008-10-27	国金证券股份有限公司上海中山南路证券营业部	0元	2866864.00元	2.786%

2011年3月15日

2011年3月15日，恒源煤电（600971）公布年报，股价不但没有出现明显的拉升，反而大幅度低开，集合竞价时间段，股价以47.50元开盘，开盘后，快速下行，很快就牢牢地封死在跌停板上，上演了典型的利好见光死。

盘面特点：

（一）集合竞价就出现大幅度低开，开盘价就是当天的最高价，压根就没有给任何出逃的机会。这是典型的利好见光死，很歹毒的操盘手法。

（二）开盘后快速下行，迅速钉死在跌停板上，巨量大单牢牢封死，不给任何人出逃的机会，全部封杀，行为十分恶劣。参见图例25所示。

（三）跌停板上成交十分踊跃，诱使投资者买入，以为会打开跌停板。

（四）尾盘继续放量，制造有人抢进筹码的假象，实际上是主力在借机出货。

（五）从盘口来看，如此巨量成交，应是前期炒作的机构借利好出逃。

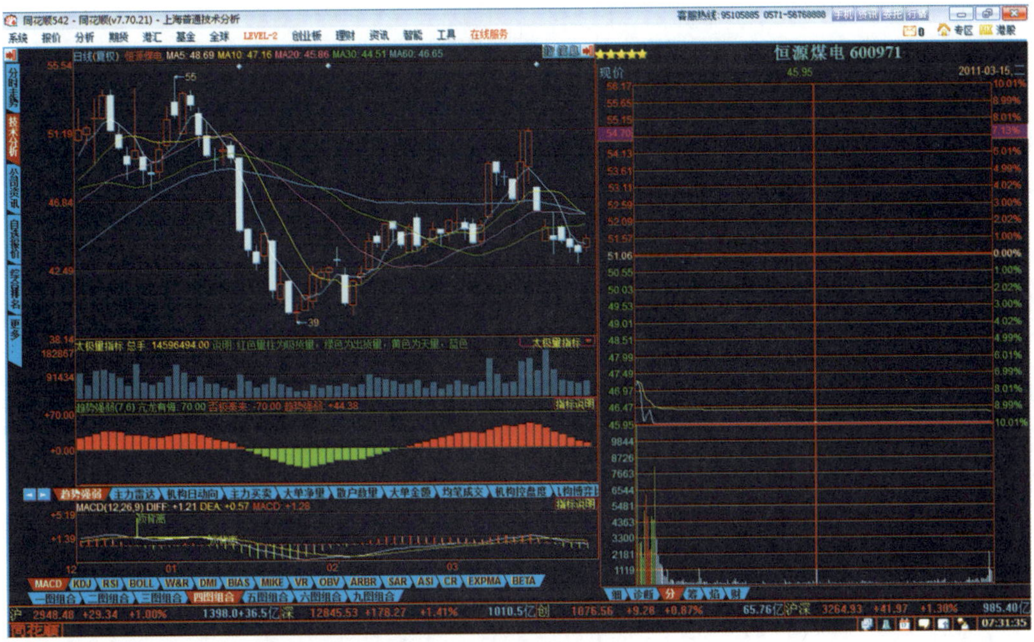

图例25　机构借利好出逃，游资反成了牺牲品

从上交所盘后发布的交易公开信息来看，排在买一位置的是国信证券广州东风中路营业部，买入金额是688万元，买二的是国信证券深圳泰然九路营业部，买入406万元，这两家国信系游资均是纯买入。买三、买四、买五的游资，也是清一色的纯买进。

很显然，这几家游资企图在跌停板上大量买进，接着第二天拉高出货。

但是，这一回他们是失算了。

从卖一的数据来看，卖出方是机构专用席位，卖出金额是12188万元，占据了当天卖出金额的26%以上。很显然，是机构借助恒源煤电（600971）公布年报的时机，大肆出货。

其他的几家小游资，也借机出货。

从这个交易信息来看，这回买一至买五的几家游资，后市凶多吉少。

2011 年 3 月 15 日恒源煤电（600971）交易公开信息

席位名称	性质	买入金额（万元）	卖出金额（万元）	净资金流（万元）	净资金流占流通市值比例(%)	净资金流占总成交额比例(%)
国信证券股份有限公司广州东风中路证券营业部	活跃游资	688.26	0.00	688.26	0.10	1.52
国信证券股份有限公司深圳泰然九路证券营业部	活跃游资	406.00	0.00	406.00	0.06	0.90
长江证券股份有限公司武汉武珞路证券营业部	游资	403.50	0.00	403.50	0.06	0.89
首创证券有限责任公司北京和平街证券营业部	游资	350.09	0.00	350.09	0.05	0.77
兴业证券股份有限公司厦门兴隆路证券营业部	游资	328.49	0.00	328.49	0.05	0.73
机构专用	基金	0.00	12188.97	-12188.97	-1.86	-26.95
华创证券有限责任公司南京和燕路证券营业部	游资	0.00	2048.22	-2048.22	-0.31	-4.53
东莞证券有限责任公司东莞运河西路证券营业部	游资	0.00	1284.56	-1284.56	-0.20	-2.84
财通证券有限责任公司杭州解放路证券营业部	游资	0.00	937.23	-937.23	-0.14	-2.07
民生证券有限责任公司深圳深南中路证券营业部	游资	0.00	919.00	-919.00	-0.14	-2.03
恒源煤电[600971]合计：		2176.34	17377.98	-15201.64	-2.33	-33.61

2011 年 3 月 16 日

盘面特点：

（一）集合竞价时间段，股价以 44.04 元低开，开盘量是 4336 手，属于巨量低开。从开盘的方式来看，很明显，是机构在主导开盘，直接以巨量大单低开，当天的走势难以乐观。

（二）开盘后，股价仅仅稍稍上攻了一下，就被巨量大单猛烈砸下来。随后围绕均价线反复争夺，但是，始终无法形成合力，发起有效的攻击。

（三）从全天的走势来看，游资的实力不足与机构进行对抗，盘中虽然屡次发起攻击，无奈抛盘蜂拥而出，每一次总是无功而返。

（四）尾盘阶段，游资还试图继续努力，但最终依旧遭受到猛力的抛压砸下来，仅仅在最后的几分钟翘了一下，但于事无补。

（五）从盘口双方争夺的情形来看，很明显，这次游资与机构的对决，最终是以失败宣告结束。全天连回到前一天收盘价的机会也没有，可以说是完败。

游资遇上了机构，再加上大盘的因素，看来也只能如此了。

一声叹息！

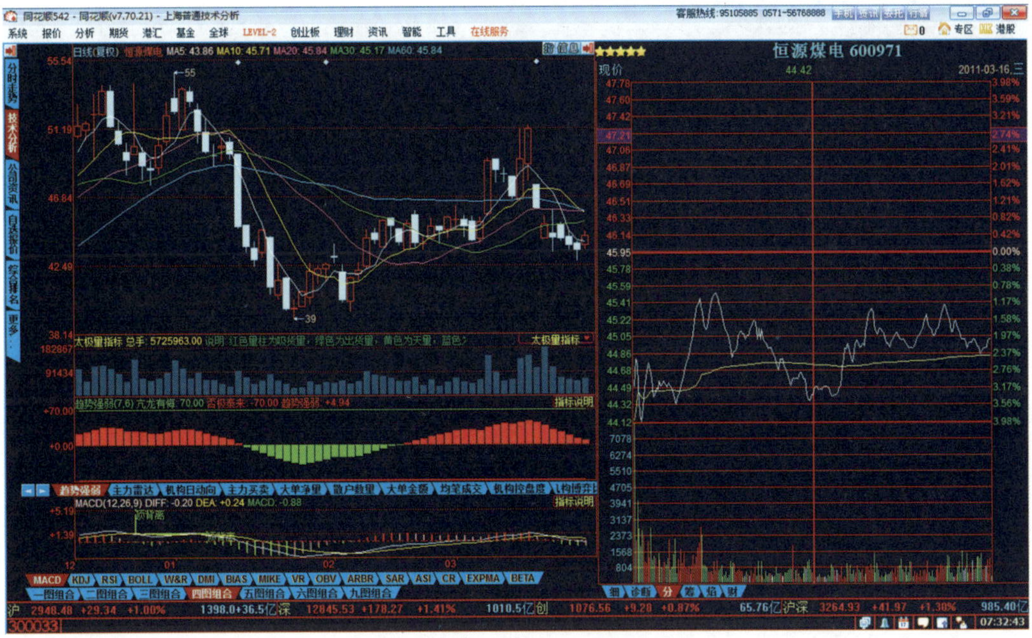

图例 26　游资完败于机构示意图

2011 年 3 月 17 日

盘面特点：

（一）集合竞价时间段，股价以 44.40 元开盘，属于小幅度高开，开盘量是 576 手，很显然，这样的开盘量过于弱小，不足以对空方构成威胁。

（二）开盘后，股价快速下行，同时放出巨量。说明此时空头的实力过于强大，做多的难度实在太大了，参见图例 27 所示。

（三）随后，多方发力，发起了三波攻击，并试图穿越前收盘价。但是，拉升的过程中，很快就出现了量能不济，在分时图上出现了典型的头肩顶形态。

（四）量价背离，行而不远。由于攻击动能跟不上，盘面出现了多翻空走势。

（五）之后的走势就不忍卒看。股价一泻千里般，一路杀跌，多头主力虽然试图反击，结果引来更大的抛压。尤其是尾盘，巨量杀跌，后市堪忧。

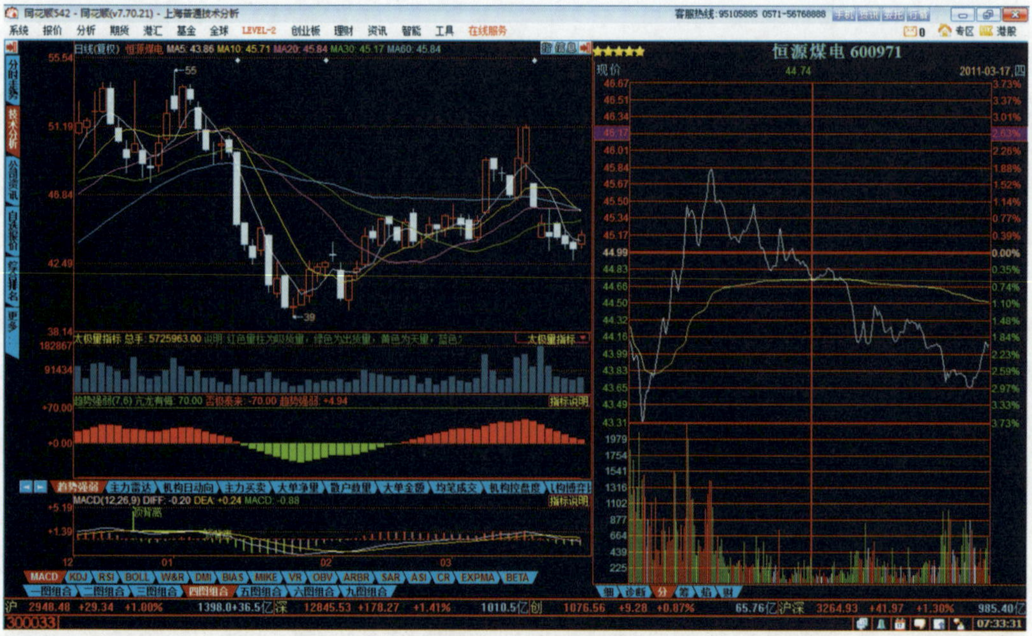

图例 27　分时图头肩顶后多翻空示意图

2011 年 3 月 18 日

盘面特点：

（一）集合竞价时间段，股价以 44.98 元高开，开盘量是 578 手。从这个开盘方式来看，很显然，游资在试图做最后的努力，企图挽回失败。但是，开盘量实在是过于微小，不足以构成威胁。说明游资是心有余而力不足，内心也在发虚，不敢大胆出击。

（二）开盘后，仅仅上攻了一下，股价上摸到 50.10 元，便泄了气，被蜂拥而出的大单狠狠砸下来，很快就没了脾气。参见图例 28 所示。

（三）随后的走势空头完全占据了上风，股价一泻千里，连像样一点的反弹也没有。

（四）全天的走势十分疲软，整个下午，基本上围绕前收盘价窄幅波动。

（五）尾盘更是失败，连前收盘价也没守住，宣告游资与机构的对决彻底完败。在这场搏杀中，国信系两家游资惨败，直到 2011 年 3 月 31 日，半个月过去了，股价也没有回到 3 月 15 日跌停板的位置。因此，可以肯定地说，这回游资亏大了。

他们是割肉了呢？

还是继续坚守呢？

不得而知。

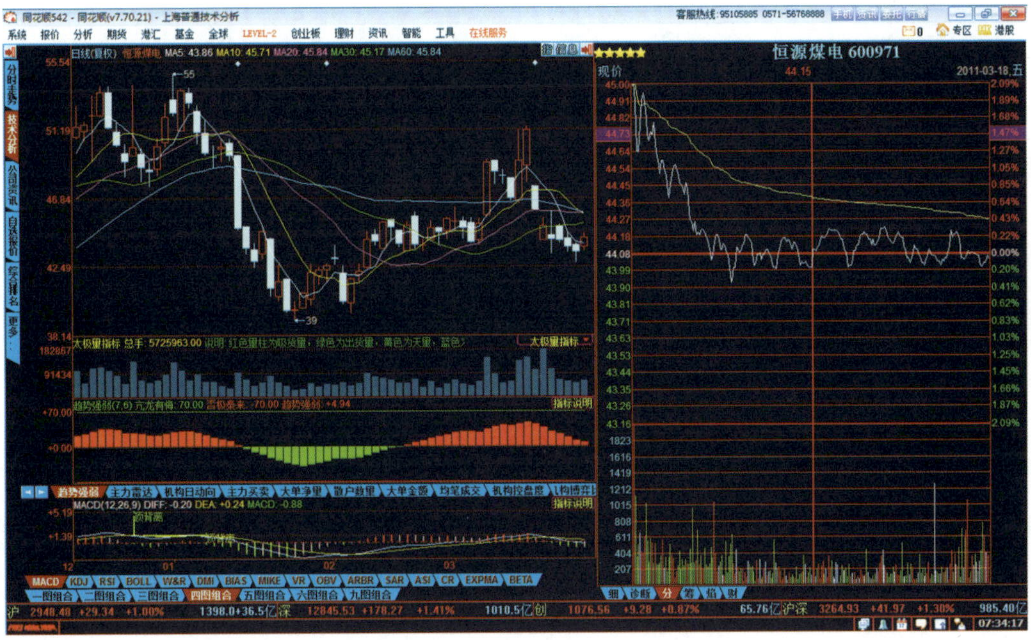

图例 28　游资以惨败宣告对决结束

第二章 国泰系游资操盘实战案例

第一节 国泰系游资操盘的基本特征

国泰君安系游资简称国泰系，是游资江湖上最稳健的流派，被江湖人士戏称为不倒翁。

实际上，国泰系游资在江湖上风格多样，既有威名赫赫的老牌游资，又有锐气勃勃的新秀。在操盘风格上，也是各有异彩，详细的介绍可以参见前面的内容。

在国泰系游资中，目前下列营业部值得重点关注：

（一）国泰君安证券股份有限公司深圳益田路证券营业部

（二）国泰君安证券股份有限公司上海江苏路证券营业部

（三）国泰君安证券股份有限公司广州人民中路证券营业部

（四）国泰君安证券股份有限公司上海杨树浦路证券营业部

相关内容，请参见《游资操盘核心机密》（上册）有关章节，在此不再赘述。

第二节　国泰君安证券上海江苏路证券营业部实战案例

国泰君安证券股份有限公司上海江苏路证券营业部简称国泰君安上海江苏路，是所有游资营业部中口碑比较好的营业部之一，截至 2011 年 3 月 18 日，该营业部上榜次数不完全统计为 834 次，属于上榜次数比较少的游资。但是，在游资江湖上，该营业部确实声名远播。下面选录的是该营业部近期的部分上榜数据，供各位投资者参考。

日期	股票	营业部买入	营业部卖出	总成交金额	比例	排名
2011－3－18	美亚柏科 300188	2722276. 75	5850490. 50	17735 万元	4. 83%	卖出 3 名
2011－3－18	美亚柏科 300188	2722276. 75	5850490. 50	17735 万元	4. 83%	卖出 3 名
2011－3－18	张化机 002564	328890. 00	8263476. 27	34385 万元	2. 49%	卖出 3 名
2011－3－18	江苏宏宝 002071	5888464. 48	230464. 50	22942 万元	2. 66%	买入 5 名
2011－3－18	山东海化 000822	250259. 00	12765566. 84	51971 万元	2. 50%	卖出 3 名
2011－3－17	美亚柏科 300188	8278596. 45	1348586. 40	20734 万元	4. 64%	买入 2 名
2011－3－17	科新机电 300092	11735. 00	3627685. 00	7479 万元	4. 86%	卖出 4 名
2011－3－17	张化机 002564	147801. 00	6345066. 81	33169 万元	1. 95%	卖出 4 名
2011－3－17	ST 磁卡 600800	0	10447943. 00	51149. 64 万元	2. 04%	卖出 5 名
2011－3－16	N 美亚柏 300188	12142986. 52	456076. 68	45101 万元	2. 79%	买入 5 名
2011－3－16	张化机 002564	46358295. 93	8104887. 20	48112 万元	11. 3%	买入 1 名
2011－3－16	张化机 002564	46358295. 93	8104887. 20	48112 万元	11. 3%	卖出 3 名
2011－3－16	四川长虹 600839	35123700. 00	0	58371. 57 万元	6. 01%	买入 4 名
2011－3－15	永清环保 300187	2881086. 80	0. 00	16705 万元	1. 72%	买入 2 名
2011－3－15	永清环保 300187	2881086. 80	0. 00	16705 万元	1. 72%	买入 2 名
2011－3－15	汉威电子 300007	0. 00	5069952. 50	21282 万元	2. 38%	卖出 5 名
2011－3－7	内蒙君正 601216	0	21543105. 82	63764. 17 万元	3. 37%	卖出 2 名
2011－3－2	岳阳兴长 000819	4505195. 00	0. 00	25535 万元	1. 76%	买入 3 名
2011－2－25	晶源电子 002049	17097634. 40	301852. 00	25571 万元	6. 80%	买入 1 名
2011－2－25	内蒙君正 601216	11512577. 60	0	67780. 52 万元	1. 69%	买入 2 名
2011－2－24	华平股份 300074	44642. 00	5548332. 00	25781 万元	2. 16%	卖出 4 名

（续表）

日期	股票	营业部买入	营业部卖出	总成交金额	比例	排名
2011－2－21	芭田股份 002170	4342289.50	124545.00	25798 万元	1.73%	买入 3 名
2011－2－21	方大炭素 600516	21832324.04	0	244560.90 万元	0.892%	买入 4 名
2011－2－21	方大炭素 600516	21832324.04	0	244560.90 万元	0.892%	买入 4 名
2011－2－18	福建水泥 600802	32134072.12	0	42136.96 万元	7.62%	买入 2 名
2011－2－1	三峡水利 600116	0	38068152.14	109203.09 万元	3.48%	卖出 3 名
2011－2－1	北矿磁材 600980	19644645.57	0	19679.54 万元	9.98%	买入 1 名
2011－1－31	青海华鼎 600243	0	23438085.04	78706.51 万元	2.97%	卖出 2 名
2011－1－28	青海华鼎 600243	22845725.00	0	45670.68 万元	5.00%	买入 2 名
2011－1－28	北方股份 600262	11262000.00	0	9543.42 万元	11.8%	买入 2 名
2011－1－28	青海华鼎 600243	22845725.00	0	45670.68 万元	5.00%	买入 2 名
2011－1－24	九龙电力 600292	0	8287031.47	14192.97 万元	5.83%	卖出 1 名
2011－1－24	东方通信 600776	18903672.00	0	36927.83 万元	5.11%	买入 2 名
2011－1－21	大元股份 600146	0	4136838.00	18646.40 万元	2.21%	卖出 4 名
2011－1－10	晶源电子 002049	5619737.41	0.00	13369 万元	4.20%	买入 1 名
2011－1－10	斯 米 克 002162	10720000.00	49580.00	21441 万元	5.02%	买入 2 名
2011－1－4	华平股份 300074	4100452.11	0.00	6314 万元	6.49%	买入 2 名
2011－1－4	紫鑫药业 002118	9543.00	10082240.30	23771 万元	4.24%	卖出 2 名
2011－1－4	荣盛发展 002146	12752926.02	63940.00	36315 万元	3.52%	买入 3 名
2011－1－4	首开股份 600376	18638688.42	0	71174.42 万元	2.61%	买入 3 名

经典实战案例解读：张化机（002564）

相关数据

日期	股票	营业部买入	营业部卖出	总成交金额	比例	排名
2011－3－16	张化机 002564	46358295.93	8104887.20	48112 万元	11.3%	买入 1 名

背景资料

张化机（002564）发行价为 29.5 元每股，对应市盈率 50.86 倍。公司本次发行股 4800 万股，发行后总股本为 18991 万股，其中网上定价发行的 3840 万股股票自上市之日起开始上市交易。公司是化工装备产品供应商，主营业务是石油化工、煤化工、化工、有色金属等领域压力容器、非标设备的设计和制造。

炒作过程

张化机（002564）截至2011年3月18日游资炒作部分数据

日期	席位	买入金额	卖出金额	占总成交额
2011-3-18	机构专用	39932141.45元	0.00元	11.61%
2011-3-18	机构专用	32199563.19元	0.00元	9.364%
2011-3-18	机构专用	20159116.59元	0.00元	5.862%
2011-3-18	机构专用	10307237.26元	0.00元	2.997%
2011-3-18	机构专用	9243977.95元	0.00元	2.688%
2011-3-18	东吴证券股份有限公司张家港杨舍证券营业部	343257.72元	15792830.38元	4.592%
2011-3-18	东方证券股份有限公司北京安苑路证券营业部	0.00元	8727644.09元	2.538%
2011-3-18	国泰君安证券股份有限公司上海江苏路证券营业部	328890.00元	8263476.27元	2.403%
2011-3-18	长江证券股份有限公司深圳红岭中路证券营业部	1729574.51元	8185829.54元	2.380%
2011-3-18	招商证券股份有限公司杭州文三路证券营业部	25662.00元	7648565.51元	2.224%
2011-3-17	华西证券有限责任公司北京紫竹院路证券营业部	13953326.80元	108308.00元	4.206%
2011-3-17	东北证券股份有限公司杭州体育场路证券营业部	13380604.08元	0.00元	4.033%
2011-3-17	中国银河证券股份有限公司北京金融街证券营业部	11446508.26元	951946.00元	3.450%
2011-3-17	中国国际金融有限公司北京建国门外大街证券营业部	8644182.20元	21558.00元	2.606%
2011-3-17	中信证券股份有限公司深圳福华一路证券营业部	7390331.69元	25004.00元	2.228%
2011-3-17	国信证券股份有限公司重庆红锦大道证券营业部	0.00元	11549205.12元	3.481%
2011-3-17	华泰联合证券有限责任公司深圳益田路荣超商务中心证券营业部	7286.00元	9857533.80元	2.971%

(续表)

日期	席位	买入金额	卖出金额	占总成交额
2011-3-17	国信证券股份有限公司上海北京东路证券营业部	1005739.00元	9138810.00元	2.755%
2011-3-17	国泰君安证券股份有限公司上海江苏路证券营业部	147801.00元	6345066.81元	1.912%
2011-3-17	宏源证券股份有限公司北京紫竹院路证券营业部	96784.00元	4413445.62元	1.330%
2011-3-16	国泰君安证券股份有限公司上海江苏路证券营业部	46358295.93元	8104887.20元	9.635%
2011-3-16	国信证券股份有限公司深圳红岭中路证券营业部	22701945.11元	4664559.90元	4.718%
2011-3-16	机构专用	21479634.22元	0.00元	4.464%
2011-3-16	国信证券股份有限公司重庆红锦大道证券营业部	11637553.21元	3568.00元	2.418%
2011-3-16	中信建投证券有限责任公司上海世纪大道证券营业部	11159240.74元	0.00元	2.319%
2011-3-16	华泰证券股份有限公司上海康定路证券营业部	147036.00元	10710545.10元	2.226%
2011-3-16	东方证券股份有限公司杭州体育场路证券营业部	0.00元	10432753.80元	2.168%
2011-3-16	国泰君安证券股份有限公司上海江苏路证券营业部	46358295.93元	8104887.20元	1.684%
2011-3-16	东兴证券股份有限公司福州杨桥中路证券营业部	0.00元	7655994.99元	1.591%
2011-3-16	华泰联合证券有限责任公司深圳益田路荣超商务中心证券营业部	9737738.05元	7547717.51元	1.568%

2011年3月16日

盘面特点：

（一）集合竞价时间段，股价以33.40元小幅度低开，开盘量是225手。这样的开盘价对于前三天还处于整理的张化机（002564）来说，属于正常的，而开盘量则属于略微偏小。

（二）开盘后，股价略微下挫几分钱，最低价打到 33.32 元，便嘎然而止。随后快速拉回到前收盘价之上，盘面此时出现典型的带量攻击态势，从波形来看，属于明显的有资金在拔高建仓，大单吃进筹码。

（三）上午 10 时 30 分左右，出现了当天的第一个高点，随后量能有所萎缩，股价呈现出回落态势，价跌量缩，量价结构健康。参见图例 29 所示。

（四）回落的过程中，股价始终没有触及当天的均价线，说明当天有大资金在积极运作。午后股价再次创出新高，但成交量却略有萎缩，说明跟风的意愿已经有所削弱。

（五）尾盘的走势略微偏软，但最后还是顽强地收在了当天的均价线之上，强势的特征明显。从前天的走势来看，主要的成交量处于上午低位，说明成交重心比较低。从分价表可以看出，主力布阵的区域处于低位。

（六）从尾盘走软和全天的成交重心来分析，可以肯定，下一个交易日低开实属必然。

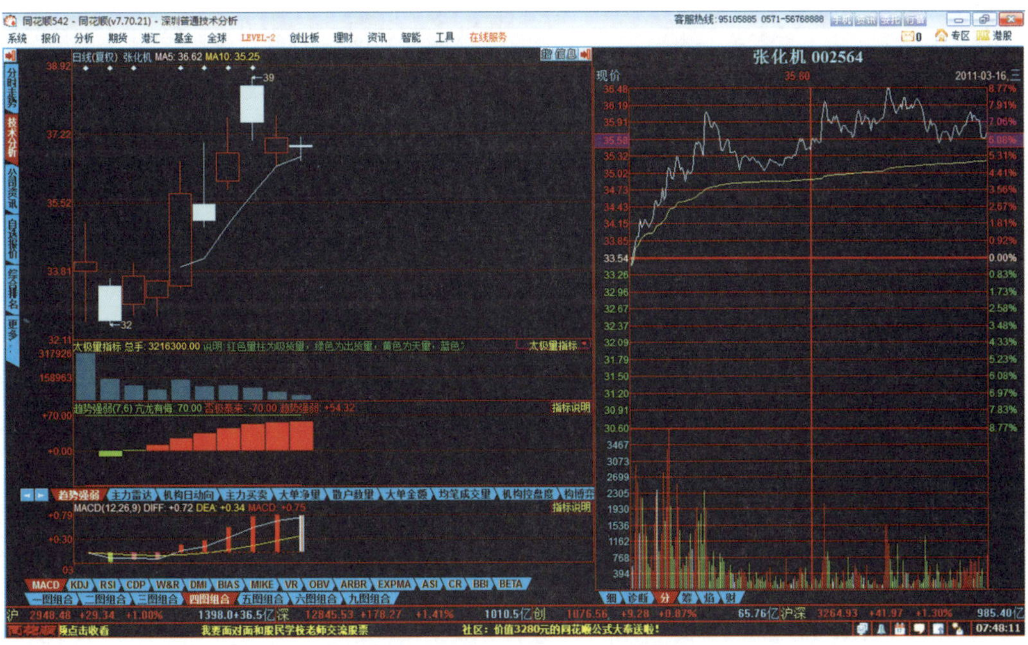

图例 29　游资早盘抢进筹码示意图

盘后查阅深交所发布的交易公开信息，我们发现，出现在张化机（002564）买一位置的是著名的活跃游资国泰君安上海江苏路营业部，当天买入金额高达4635万元，卖出金额810万元，净买入3825万元，说明该游资早已进入，而且当天滚动套利，沉淀了不少筹码。

排在买二位置的是国信证券深圳红岭中路营业部，买入金额2270万元，卖出466万元。该游资是著名的敢死队，此时出现在买二位置，看来此股短期内有好戏看。

同为国信系游资的买四，也买入了1163万元，协同作战能力不错。

机构此时对张化机（002564）也另眼相看，在买三位置上，我们看到机构买入了2147万元，显然他们也是有备而来。

买五的是中信建投上海世纪大道营业部，买入金额1115万元。

从买一到买五，买入金额都在千万元之上，看样子，恶炒已经不可避免。

2011年3月16日张化机（002564）交易公开信息

席位名称	性质	买入金额(万元)	卖出金额(万元)	净资金流(万元)	净资金流占流通市值比例(%)	净资金流占总成交额比例(%)
国泰君安证券股份有限公司上海江苏路证券营业部	活跃游资	4635.83	810.49	3825.34	2.79	7.95
国信证券股份有限公司深圳红岭中路证券营业部	游资	2270.19	466.46	1803.73	1.32	3.75
机构专用	基金	2147.96	0.00	2147.96	1.57	4.46
国信证券股份有限公司重庆红锦大道证券营业部	游资	1163.76	0.36	1163.40	0.85	2.42
中信建投证券有限责任公司上海世纪大道证券营业部	游资	1115.92	0.00	1115.92	0.81	2.32
华泰证券股份有限公司上海康定路证券营业部	游资	14.70	1071.05	-1056.35	-0.77	-2.20
东方证券股份有限公司杭州体育场路证券营业部	游资	0.00	1043.28	-1043.28	-0.76	-2.17
东兴证券股份有限公司福州杨桥中路证券营业部	游资	0.00	765.60	-765.60	-0.56	-1.59
华泰联合证券有限责任公司深圳益田路荣超商务中心证券	券商	973.77	754.77	219.00	0.16	0.46
张化机[002564]合计:		12322.13	4912.01	7410.12	5.41	15.40

2011年3月17日

盘面特点：

（一）集合竞价时间段股价以35.45元开盘，属于小幅度低开。这样的开盘方式属于正常，这从昨天的尾盘走软已经可以看出端倪。开盘量862手，可以看作是巨量。

（二）早盘阶段，股价略微下挫后，便展开了快速上攻，见图例 30 所示。从分时图上看到，上攻的过程中，量峰显得凌乱无序，价量结构很不规则。说明游资之间各自为战，协调出现问题。滞重的波形结构则说明，此时已经有游资开始出货。

（三）上午走势比较滞重，大约在 10 时 30 分左右，股价走势开始多翻空，随后，向下击穿均价线，直奔前收盘价而去。

（四）下午的走势十分疲软，几乎一直运行在前收盘价之下。

（五）尾盘更是令人失望，带量杀跌，出货迹象明显。

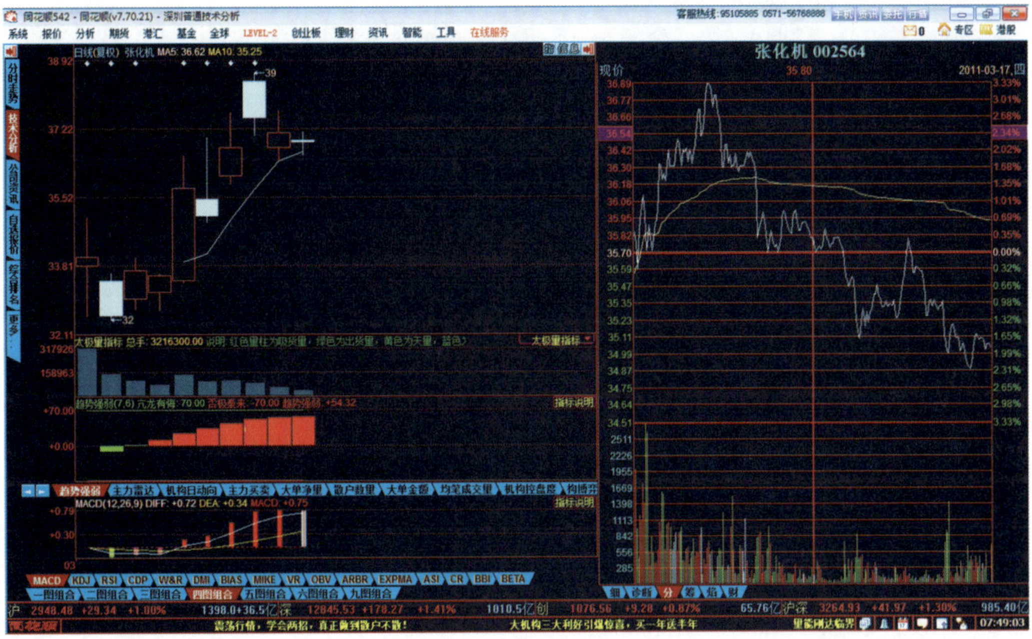

图例 30 盘中多翻空示意图

从深交所发布的交易公开信息来看，今天又有一批新的游资介入了，买一的是华西证券北京紫竹院路营业部，买进金额 1395 万元，买二的是东北证券杭州体育场路营业部，买入金额 1338 万元。买三是中国银河证券北京金融街营业部，买入金额 1144 万元。从买一到买三，每一家都在千万元以上，说明他们继续看好后市走势。

卖出位置上，卖一的并不是昨天进场最多的国泰君安证券上海江苏路营业部，也不是国信证券深圳红岭中路营业部。观察卖出席位，我们发现国泰君安的游资主要以卖出为主，和他们以往的风格略有不同，这是否预示着该股的拉升高度有限呢？

拭目以待。

2011 年 3 月 17 日张化机（002564）交易公开信息

席位名称	性质	买入金额(万元)	卖出金额(万元)	净资金流(万元)	净资金流占流通市值比例(%)	净资金流占总成交额比例(%)
华西证券有限责任公司北京紫竹院路证券营业部	游资	1395.33	10.83	1384.50	1.03	4.17
东北证券股份有限公司杭州体育场路证券营业部	游资	1338.06	0.00	1338.06	1.00	4.03
中国银河证券股份有限公司北京金融街证券营业部	游资	1144.65	95.19	1049.46	0.78	3.16
中国国际金融有限公司北京建国门外大街证券营业部	游资	864.42	2.16	862.26	0.64	2.60
中信证券股份有限公司深圳福华一路证券营业部	游资	739.03	2.50	736.53	0.55	2.22
国信证券股份有限公司重庆红锦大道证券营业部	游资	0.00	1154.92	-1154.92	-0.86	-3.48
华泰联合证券有限责任公司深圳益田路荣超商务中心证券	券商	0.73	985.75	-985.02	-0.73	-2.97
国信证券股份有限公司上海北京东路证券营业部	活跃游资	100.57	913.88	-813.31	-0.60	-2.45
国泰君安证券股份有限公司上海江苏路证券营业部	活跃游资	14.78	634.51	-619.73	-0.46	-1.87
宏源证券股份有限公司北京紫竹院路证券营业部	游资	9.68	441.34	-431.66	-0.32	-1.30
张化机[002564]合计：		5607.25	4241.08	1366.17	1.03	4.11

2011 年 3 月 18 日

盘面特点：

（一）集合竞价时间段，股价以 35.99 元高开，开盘量是 741 手。直接高开，不给昨天尾盘出局者低位买入的机会，也算是很常见的操盘手法。

（二）但是，早盘的攻击力度却不是很强劲，虽然也是以三波攻击拉升，但成交量却明显配合得不到位，显得有些凌乱。说明此时有些游资已经忙于出局，无心恋战。

（三）随后，股价出现明显的多翻空走势，参见图例 31 所示，10 时过后，股价击穿均价线，抛盘涌出，股价在均价线下方停留了一个多小时。

（四）下午的走势显得比较勉强，虽然勉强拉升，回到了均价线之上，但再也没有办法超越上午的高点，说明各路游资都无心恋战。

（五）尾盘的走势出现了明显的大单杀跌，很明显属于出货行为。

从全天的走势来看，已经有不少游资选择了离开。

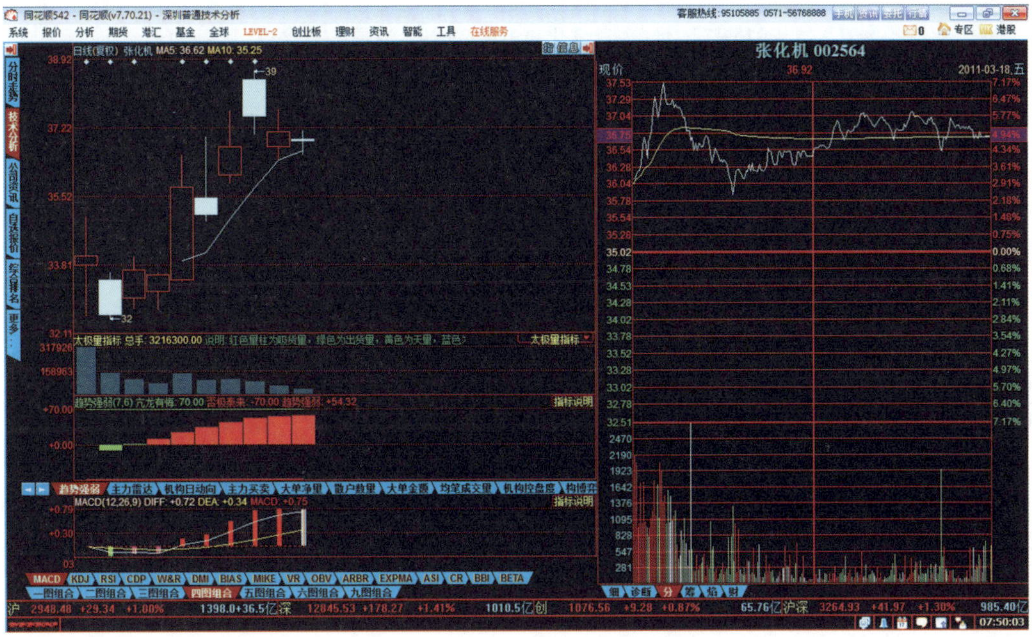

图例 31　各路游资无心恋战示意图

3 月 18 日的交易公开信息有点意思。首先是买卖双方的意图十分明显，买入方全是清一色的买入，没有卖出金额。而卖出方也是清一色的卖出，没有买入金额。这种泾渭分明的上榜数据说明，各路游资对张化机（002564）的看法出现了明显的分歧。

从买入的数量来看，买一、买二均在千万元以上，说明他们还是比较看好后市走势。

再从卖出方来看，前边 3 月 16 日大举进场的游资并没有出现在卖出榜上，说明他们还没有大规模地卖出，可能还在锁仓中。

从历史经验来看，国泰君安上海江苏路营业部游资的作风一向比较稳健，从张化机（002564）的操作来看，再一次证实了这一点。

那么，这家曾经大量买进的游资，会不会采取别的方式溜走了呢？

不得而知。

2011 年 3 月 18 日张化机（002564）交易公开信息

买/卖	会员营业部名称	买入金额（元）	卖出金额（元）
买1	机构专用	39932141	0
买2	机构专用	32199563	0
买3	机构专用	20159117	0
买4	机构专用	10307237	0
买5	机构专用	9243978	0
卖1	东吴证券股份有限公司张家港杨舍证券营业部	343258	15792830
卖2	东方证券股份有限公司北京安苑路证券营业部	0	8727644
卖3	国泰君安证券股份有限公司上海江苏路证券营业部	328890	8263476
卖4	长江证券股份有限公司深圳红岭中路证券营业部	1729575	8185830
卖5	招商证券股份有限公司杭州文三路证券营业部	25662	7648566

2011 年 3 月 21 日

盘面特点：

（一）集合竞价时间段，股价以 38.37 元大幅度高开，开盘量 2192 手。这是非常典型的巨量高开，从开盘来看，属于攻击性开盘。如果开盘消耗这么大的量能，却没有继续拉升，那么后市就很难再继续上攻了。看到这样的开盘方式，要多加小心。

（二）早盘阶段，股价走势非常犹豫，想要上攻，却发现跟风盘不足。而一旦拉升，抛盘却十分巨大。于是，股价选择了向下。

（三）股价三波下跌，成交量急剧放大，参见图例 32 所示，这是非常典型的多翻空出货行为，凌乱不堪的量峰已经说明了一切。

（四）整个上午的走势受制于均价线，每一次拉升，均遇到了巨大的抛单。

（五）午后的走势依旧是十分孱弱，虽然曾经一度上穿均价线，无奈抛压过大，又再一次回落到了均价线下方。尾盘阶段虽然尝试上攻，无奈压力沉重，徒劳而已。

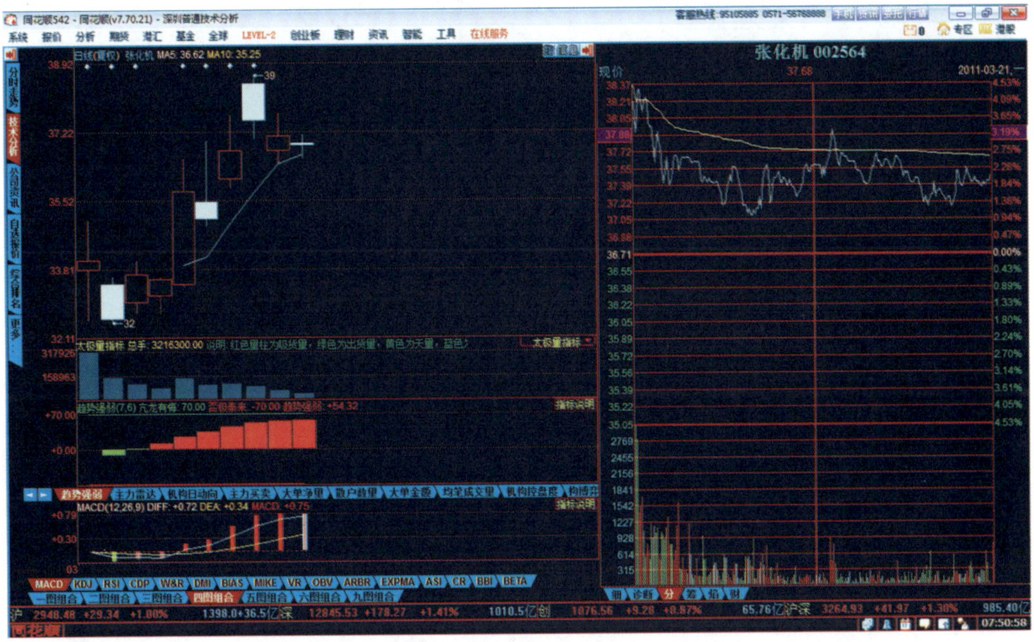

图例 32　巨量高开出货示意图

从深交所发布的交易公开信息来看，在买入方，当天有两家机构进场，买一的机构买进 751 万元，买三的机构买入 561 万元。这两家机构没有卖出的数据。

而在卖出方，也有两家机构，卖一的机构卖出金额 2919 万元，卖二的机构卖出 922 万元。这两家机构没有买入数据。

从机构的态度来看，很显然，卖出是主流，说明该股后市短期内不被看好。

从游资的方面来看，买二位置的是中银国际福州五四路营业部，买入金额 658 万元。买四、买五的游资买入金额分别是 458 万元和 433 万元，数目不大。而且，这些游资的特点并不突出，操盘的经验也比较欠缺，不能作为交易参考。

2011 年 3 月 21 日张化机（002564）交易公开信息

席位名称	性质	买入金额(万元)	卖出金额(万元)	净资金流(万元)	净资金流占流通市值比例(%)	净资金流占总成交额比例(%)
机构专用	基金	751.13	0.00	751.13	0.52	2.55
中银国际证券有限责任公司福州五四路证券营业部	游资	658.93	28.61	630.32	0.44	2.14
机构专用	基金	561.10	0.00	561.10	0.39	1.91
中信建投证券有限责任公司宁波市曙光路证券营业部	游资	458.93	0.00	458.93	0.32	1.56
海通证券股份有限公司北京知春路证券营业部	游资	433.58	0.00	433.58	0.30	1.47
机构专用	基金	0.00	2919.74	-2919.74	-2.03	-9.93
机构专用	基金	0.00	922.05	-922.05	-0.64	-3.14
海通证券股份有限公司绍兴劳动路证券营业部	游资	12.82	510.73	-497.91	-0.35	-1.69
中国银河证券股份有限公司绍兴证券营业部	活跃游资	404.06	412.92	-8.86	-0.01	-0.03
安信证券股份有限公司深圳深南大道证券营业部	游资	0.00	375.70	-375.70	-0.26	-1.28
张化机[002564]合计：		3280.55	5169.75	-1889.20	-1.32	-6.44

2011 年 3 月 22 日

盘面特点：

（一）集合竞价时间段，股价以 36. 70 元向下跳空低开，开盘量 650 手，这不是好兆头。直接向下跳空低开，预示着近期走势不容乐观，带量低开，更说明后市不看好。

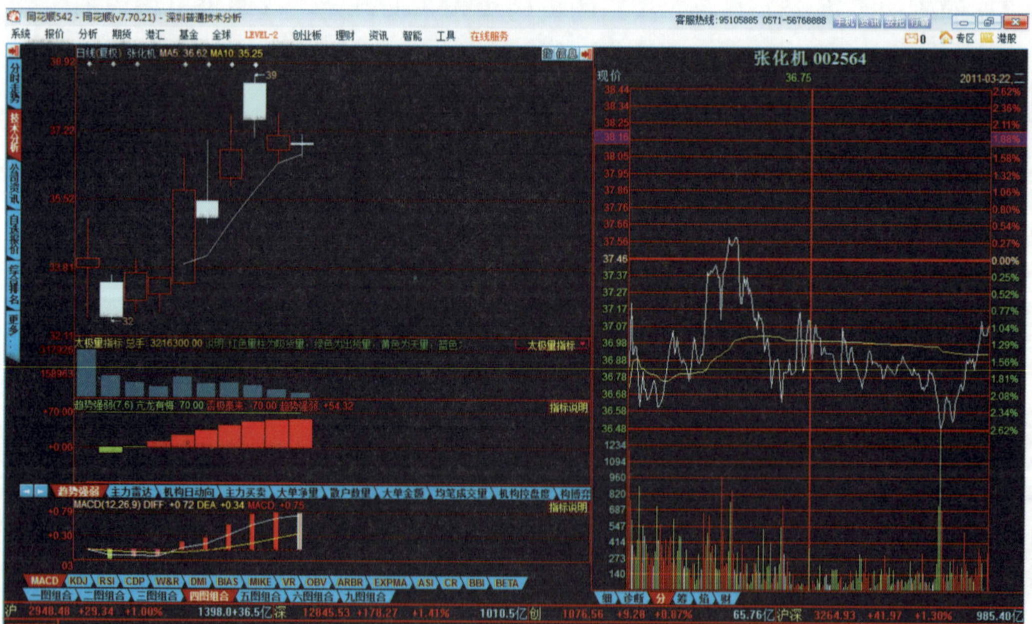

图例 33　低开杀跌出货示意图

（二）早盘阶段，股价选择放量下行，随后虽然企图反击，却总是拉升无量配合，而一到高点，就有抛盘涌出，说明前期获利的筹码急于出货。

（三）上午曾经攻击前收盘价，但很快就软下来，反手做空，参见图例33所示，在触及前收盘价之后，股价垂直下跌，属于典型的游资出货手法。

（四）午后的走势更是恶心，逐波盘跌，毫无斗志。

（五）尾盘的上半段，放量杀跌。下半段，则小三波拉升，但是拉升时却呈现为明显的量价背离，说明跟风不足，游资也不愿意投入资金操作。

因此，随后的走势，就已经不值得看好了。

第三节 国泰君安证券深圳益田路证券营业部实战案例

国泰君安证券股份有限公司深圳益田路证券营业部简称国泰君安深圳益田，是近年来比较活跃的游资之一，截至 2011 年 3 月 18 日，该营业部上榜次数为 573 次。

日期	股票	营业部买入	营业部卖出	总成交金额	比例	排名
2011－3－1	ST 秋林 600891	0	15140679. 27	7. 94 万元	1. 906%	卖出 3 名
2011－2－24	兴业证券 601377	13541765. 51	0	103000. 56 万元	1. 31%	买入 5 名
2011－2－21	天晟新材 300169	0. 00	5729396. 40	17188 万元	3. 33%	卖出 3 名
2011－2－21	深 国 商 000056	18895992. 16	602530. 00	19155 万元	10. 1%	买入 1 名
2011－2－18	天晟新材 300169	5735797. 06	0. 00	21164 万元	2. 71%	买入 3 名
2011－2－18	天晟新材 300169	5735797. 06	0. 00	21164 万元	2. 71%	买入 3 名
2011－2－18	江西水泥 000789	34161974. 12	28445891. 33	101795 万元	6. 15%	买入 3 名
2011－2－18	江西水泥 000789	34161974. 12	28445891. 33	101795 万元	6. 15%	卖出 2 名
2011－2－18	沱牌曲酒 600702	10112022. 00	0	35795. 43 万元	2. 82%	买入 5 名
2011－1－24	五洲明珠 600873	12474624. 00	0	24342. 22 万元	5. 12%	买入 1 名
2011－1－24	五洲明珠 600873	0	20559299. 76	24342. 22 万元	8. 44%	卖出 1 名
2011－1－12	海源机械 002529	7497180. 26	0. 00	11699 万元	6. 40%	买入 1 名
2011－1－12	＊ST 得亨 600699	2576144. 64	0	571. 08 万元	45. 1%	买入 1 名
2011－1－12	＊ST 得亨 600699	2576144. 64	0	571. 08 万元	45. 1%	买入 1 名
2011－1－11	广钢股份 600894	0	4548269. 58	18399. 93 万元	2. 47%	卖出 3 名
2011－1－10	ST 东 源 000656	690064. 00	2501611. 02	12936 万元	2. 46%	卖出 5 名
2011－1－6	金德发展 000639	45359646. 49	0. 00	19708 万元	23. 0%	买入 1 名
2011－1－5	＊ST 东碳 600691	451248. 75	0	136. 91 万元	32. 9%	买入 2 名
2010－12－27	五洲明珠 600873	18325643. 70	0	29907. 17 万元	6. 12%	买入 2 名
2010－12－27	五洲明珠 600873	18325643. 70	0	29907. 17 万元	6. 12%	买入 2 名
2010－12－23	五洲明珠 600873	9460797. 11	0	19805. 84 万元	4. 77%	买入 3 名
2010－12－21	工大首创 600857	20747199. 00	0	8382. 57 万元	24. 7%	买入 1 名
2010－12－17	天山股份 000877	22612941. 35	361580. 00	59664 万元	3. 85%	买入 4 名

（续表）

日期	股票	营业部买入	营业部卖出	总成交金额	比例	排名
2010－12－14	海兰信 300065	0.00	2364337.78	2534 万元	9.33%	卖出 1 名
2010－12－13	杭氧股份 002430	0.00	8076270.08	29474 万元	2.74%	卖出 2 名
2010－12－8	经纬纺机 000666	0.00	25943878.96	34357 万元	7.55%	卖出 1 名
2010－12－2	国统股份 002205	0.00	13106496.70	28703 万元	4.56%	卖出 3 名
2010－12－2	华新水泥 600801	14350880.00	0	30195.51 万元	4.75%	买入 3 名
2010－12－1	国统股份 002205	18121687.62	3219566.40	69503 万元	3.07%	买入 3 名
2010－11－30	国统股份 002205	18121687.62	0.00	30364 万元	5.96%	买入 2 名
2010－11－29	经纬电材 300120	0.00	6247877.78	14924 万元	4.18%	卖出 1 名
2010－11－26	经纬电材 300120	6200000.00	0.00	12219 万元	5.07%	买入 1 名
2010－11－26	经纬电材 300120	6200000.00	0.00	12219 万元	5.07%	买入 1 名
2010－11－25	经纬纺机 000666	29879378.20	0.00	40595 万元	7.36%	买入 1 名
2010－11－25	福星股份 000926	4344069.05	5988500.00	41416 万元	2.49%	卖出 2 名
2010－11－25	氯碱化工 600618	4435887.00	0	5289.82 万元	8.38%	买入 4 名
2010－11－24	山西证券 002500	19134579.11	0.00	123244 万元	1.55%	买入 1 名
2010－11－24	达安基因 002030	12285476.19	64943.00	50580 万元	2.44%	买入 3 名
2010－11－23	坚瑞消防 300116	0.00	2468763.84	14667 万元	1.68%	卖出 3 名

经典实战案例解读：深国商（000056）

相关数据

日期	股票	营业部买入	营业部卖出	总成交金额	比例	排名
2011－2－21	深 国 商 000056	18895992.16	602530.00	19155 万元	10.1%	买入 1 名

背景资料

据报道，深国商（000056）晶岛广场启动招商是重大利好，分析人士认为公司合理价值 17 元每股。该上市公司价值核心晶岛国际广场项目在过去几年负面消息不断，工程进度延误成为过去一段时间制约该上市公司的业绩和估值的主要因素。随着历史遗留问题的逐步解决，该项目已于 2011 年春节启动招商，项目的顺利面市预示着上市公司业绩与资产负债结构在未来有望实现全面改观，成为近期股价表现强劲的核心催化剂。

晶岛国际广场项目位于深圳市会展中心以北，市民中心以南的片区。北边与怡景中心城、福田香格里拉酒店、大中华为邻，是CBD最核心地段和构成中轴线公共空间系统最重要的部分。项目占地4.23万平方米，总建筑面积13.9万平方米（其中商业面积为8.08万平方米），由国际一流的美国RTKL设计公司负责建筑设计，株式会日本设计负责景观设计。建筑本身简洁、精致而高贵，仿佛一个开满紫红色鲜花的玻璃盒。项目建成后将成为深圳中轴线上的地标性建筑，一个集购物、餐饮、娱乐、休闲、旅游为一体的国际化生活品位中心、CBD的核心商业部分。

炒作过程

深国商（000056）截至2011年3月15日游资炒作部分数据

日期	席位	买入金额	卖出金额	占总成交额
2011-3-15	国信证券股份有限公司深圳福中一路证券营业部	11857761.45元	9100.00元	10.00%
2011-3-15	东方证券股份有限公司上海金口路证券营业部	2993010.92元	0.00元	2.524%
2011-3-15	国泰君安证券股份有限公司深圳华发路证券营业部	2711914.19元	483662.00元	2.287%
2011-3-15	中国国际金融有限公司深圳福华一路证券营业部	2280959.60元	0.00元	1.924%
2011-3-15	国泰君安证券股份有限公司北京通州新华西街证券营业部	1888843.17元	284839.00元	1.593%
2011-3-15	招商证券股份有限公司深圳益田路免税商务大厦证券营业部	103927.00元	3740384.70元	3.155%
2011-3-15	中国银河证券股份有限公司深圳宝安路证券营业部	575388.00元	3463470.78元	2.921%
2011-3-15	中山证券有限责任公司武汉新华下路证券营业部	1134130.00元	2837184.98元	2.393%
2011-3-15	华林证券有限责任公司深圳振华路证券营业部	864376.00元	2721901.00元	2.296%
2011-3-15	兴业证券股份有限公司上海金陵东路证券营业部	3273.00元	2372950.00元	2.001%

（续表）

日期	席位	买入金额	卖出金额	占总成交额
2011－2－21	国泰君安证券股份有限公司深圳益田路证券营业部	18895992.16 元	602530.00 元	9.864%
2011－2－21	山西证券股份有限公司太原府西街证券营业部	13854021.10 元	0.00 元	7.232%
2011－2－21	广发证券股份有限公司深圳民田路证券营业部	11543379.86 元	36036.00 元	6.025%
2011－2－21	中国银河证券股份有限公司深圳滨河大道证券营业部	4979872.16 元	7979721.00 元	2.599%
2011－2－21	宏源证券股份有限公司吐鲁番文化路证券营业部	4908201.82 元	131340.00 元	2.562%
2011－2－21	中国银河证券股份有限公司深圳滨河大道证券营业部	4979872.16 元	7979721.00 元	4.165%
2011－2－21	国信证券股份有限公司深圳泰然九路证券营业部	1538967.00 元	4033077.85 元	2.105%
2011－2－21	东方证券股份有限公司上海真如证券营业部	1280.00 元	3184794.75 元	1.662%
2011－2－21	华林证券有限责任公司深圳振华路证券营业部	188399.00 元	2861615.00 元	1.493%
2011－2－21	英大证券有限责任公司兰州庆阳路证券营业部	0.00 元	2701562.80 元	1.410%
2010－2－10	广发证券股份有限公司深圳天安创新科技广场证券营业部	3757465.00 元	0.00 元	7.932%
2010－2－10	湘财证券有限责任公司深圳深南大道证券营业部	1255476.29 元	44585.00 元	2.650%
2010－2－10	招商证券股份有限公司北京光明路证券营业部	690280.00 元	0.00 元	1.457%
2010－2－10	国信证券股份有限公司深圳泰然九路证券营业部	649666.70 元	232566.25 元	1.371%

（续表）

日期	席位	买入金额	卖出金额	占总成交额
2010－2－10	中银国际证券有限责任公司广州天河路证券营业部	519210.30元	0.00元	1.096%
2010－2－10	国盛证券有限责任公司南昌物资大楼证券营业部	96995.00元	1369158.02元	2.890%
2010－2－10	国泰君安证券股份有限公司上海水城路证券营业部	63596.00元	1338216.00元	2.825%
2010－2－10	财通证券有限责任公司绍兴人民中路证券营业部	9528.00元	1024881.00元	2.163%
2010－2－10	招商证券股份有限公司温州新城大道证券营业部	0.00元	971328.00元	2.050%
2010－2－10	中国建银投资证券有限责任公司广州建设三马路证券营业	378773.00元	732926.09元	1.547%
2009－11－25	招商证券股份有限公司深圳建安路证券营业部	9583356.78元	394616.00元	4.486%
2009－11－25	恒泰证券股份有限公司赤峰哈达街证券营业部	6305068.36元	29160.00元	2.951%
2009－11－25	中银国际证券有限责任公司深圳中心四路证券营业部	5919830.00元	808605.00元	2.771%
2009－11－25	红塔证券股份有限公司深圳益田路证券营业部	4658337.00元	0.00元	2.180%
2009－11－25	恒泰证券股份有限公司上海小木桥路证券营业部	3503739.00元	0.00元	1.640%
2009－11－25	南京证券有限责任公司深圳深南中路证券营业部	92082.00元	7741346.64元	3.624%
2009－11－25	平安证券有限责任公司深圳蛇口招商路证券营业部	146712.00元	7166886.18元	3.355%
2009－11－25	华西证券有限责任公司深圳民田路证券营业部	19934.00元	5606067.27元	2.624%

（续表）

日期	席位	买入金额	卖出金额	占总成交额
2009－11－25	国信证券股份有限公司深圳泰然九路证券营业部	2730290.05 元	5224900.00 元	2.446%
2009－11－25	浙商证券有限责任公司绍兴人民路证券营业部	0.00 元	3346127.64 元	1.566%
2008－12－22	闽发证券深圳中兴路证券营业部（东方资产托管）	2057319.00 元	53148.00 元	4.759%
2008－12－22	招商证券股份有限公司深圳福民路证券营业部	1253668.00 元	58238.00 元	2.899%
2008－12－22	国信证券股份有限公司深圳泰然九路证券营业部	1056762.00 元	1336029.12 元	2.444%
2008－12－22	齐鲁证券有限公司德州三八路证券营业部	854131.00 元	6910.00 元	1.975%
2008－12－22	国信证券股份有限公司上海北京东路证券营业部	771183.00 元	168106.50 元	1.783%
2008－12－22	申银万国证券股份有限公司杭州密渡桥路证券营业部	2500.00 元	1833901.22 元	4.242%
2008－12－22	国信证券股份有限公司深圳泰然九路证券营业部	1056762.00 元	1336029.12 元	3.090%
2008－12－22	中国银河证券股份有限公司绍兴证券营业部	680.00 元	1110396.28 元	2.568%
2008－12－22	财富证券有限责任公司上海仙霞路证券营业部	94850.00 元	787171.00 元	1.820%
2008－12－22	方正证券有限责任公司北京和平里东街证券营业部	381595.00 元	657791.16 元	1.521%

2011 年 3 月 15 日

盘面特点：

（一）停牌一小时后，10 时 30 分复牌时，股价以 17.35 元小幅度低开，随后抛盘蜂拥而出，成交量急剧放大，量峰凌乱、无序，显示出在昨天进场的游资竞相出货。

（二）上午11时附近，股价再创新低，下档的承接已经非常有限，预示着后市的走势不容乐观，此时正确的策略是在随后的反抽中逢高出局。

（三）下午13时15分，股价从16.50元附近快速拉起，瞬间对倒拉升，直奔18.58元，拉升幅度之大，速度之快，叹为观止。这也是游资操盘的特点，盘中瞬间对倒拉升，制造出货空间，为顺利派发创造条件。参见图例34所示。

（四）接下来的走势已经没有什么秘密可言，明眼人一看就知道了，出货啦!

（五）从全天的走势来看，游资此时已经出货心切，不惜采用下打上拉宽幅震荡的做盘手法，恐吓与引诱相结合，以达到派发的目的。

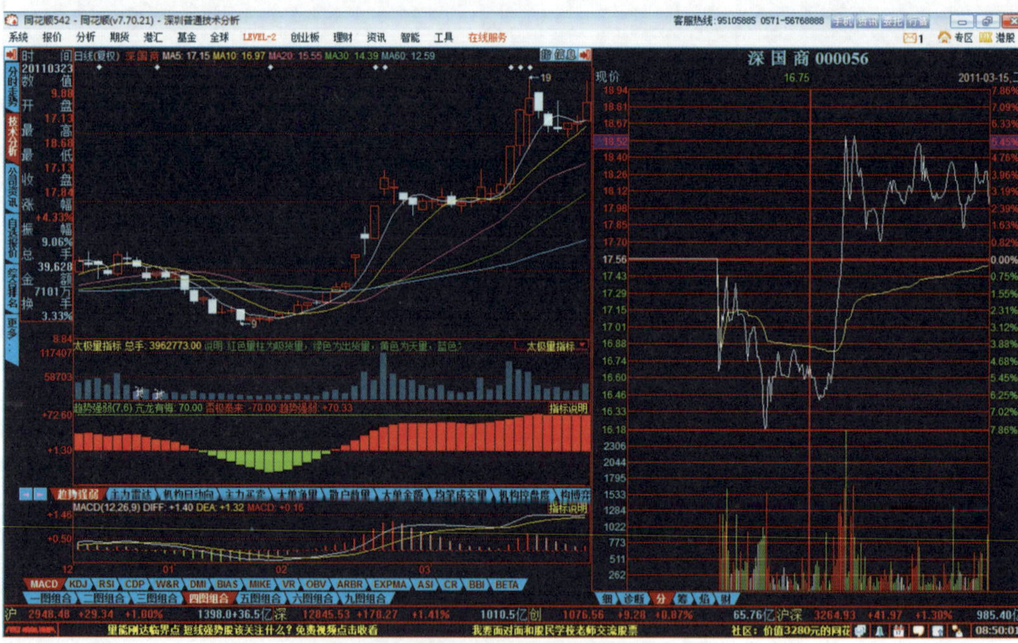

图例34　利用宽幅震荡出货示意图

2011 年 3 月 15 日与 14 日深国商（000056）交易公开信息对比

3 月 15 日的交易公开信息

深 国 商(代码000056) 振幅值:17.13% 成交量:677万股 成交金额: 11853万元

买入金额最大的前5名

营业部或交易单元名称	买入金额(元)	卖出金额(元)
国信证券股份有限公司深圳福中一路证券营业部	11857761.45	9100.00
东方证券股份有限公司上海金口路证券营业部	2993010.92	0.00
国泰君安证券股份有限公司深圳华发路证券营业部	2711914.19	483662.00
中国国际金融有限公司深圳福华一路证券营业部	2280959.60	0.00
国泰君安证券股份有限公司北京通州新华西街证券营业部	1888843.17	284839.00

卖出金额最大的前5名

营业部或交易单元名称	买入金额(元)	卖出金额(元)
招商证券股份有限公司深圳益田路免税商务大厦证券营业部	103927.00	3740384.70
中国银河证券股份有限公司深圳宝安路证券营业部	575388.00	3463470.78
中山证券有限责任公司武汉新华下路证券营业部	1134130.00	2837184.98
华林证券有限责任公司深圳振华路证券营业部	864376.00	2721901.00
兴业证券股份有限公司上海金陵东路证券营业部	3273.00	2372950.00

3 月 14 日的交易公开信息

深 国 商(代码000056) 涨幅偏离值:7.71% 成交量:747万股 成交金额: 12608万元

买入金额最大的前5名

营业部或交易单元名称	买入金额(元)	卖出金额(元)
国信证券股份有限公司深圳红岭中路证券营业部	5201237.00	381364.00
申银万国证券股份有限公司桐乡和平路证券营业部	3343247.00	2591616.92
中国银河证券股份有限公司深圳宝安路证券营业部	3012473.10	2269540.90
华泰联合证券有限责任公司广州环市东路证券营业部	2897848.92	6644.00
华泰联合证券有限责任公司深圳益田路证券营业部	2819561.20	457599.00

卖出金额最大的前5名

营业部或交易单元名称	买入金额(元)	卖出金额(元)
广发证券股份有限公司辽阳民主路证券营业部	0.00	7486620.08
华泰证券股份有限公司南京户部街证券营业部	0.00	4554516.50
华泰联合证券有限责任公司成都南一环路证券营业部	0.00	3428162.00
中国国际金融有限公司深圳福华一路证券营业部	33527.00	3134612.48
申银万国证券股份有限公司桐乡和平路证券营业部	3343247.00	2591616.92

2011 年 3 月 16 日

盘面特点：

（一）集合竞价时间段，股价以 18.25 元小幅度高开，开盘量 309 手。开盘价位于前一交易日的上影线内，但是开盘量过小，显示出多头虽有上攻意愿，但量能不济。因此，上攻就成了一句空话，此时应及时卖出。参见图例 35 所示。

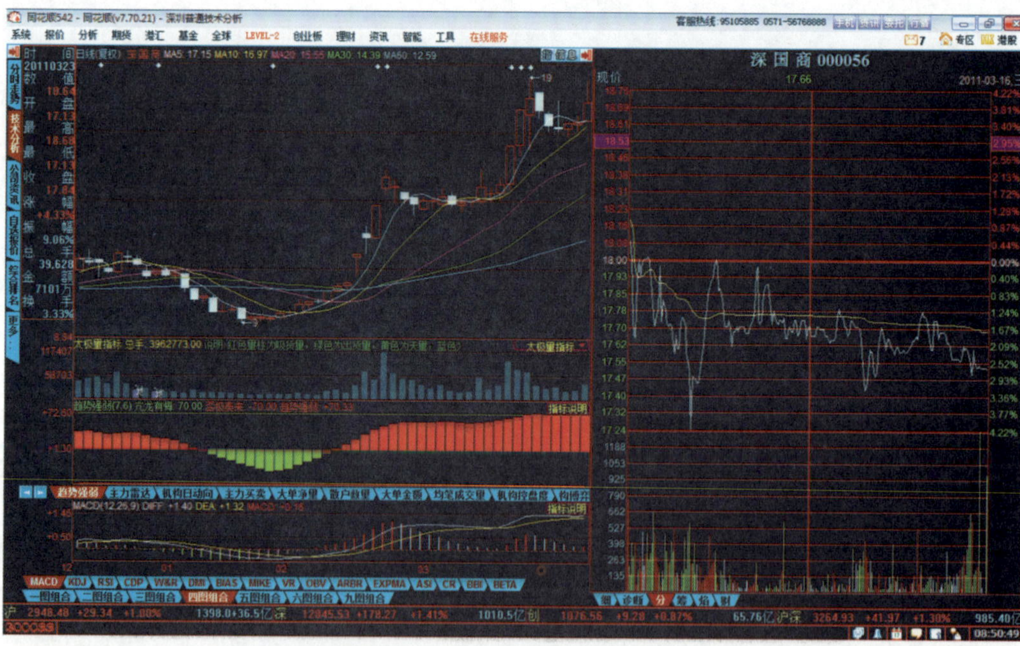

图例 35　乱而无序的盘口示意图

（二）早盘阶段，股价开盘后直接下行，快速杀跌，虽然屡次上攻，但始终无法收复当天的开盘价，连前收盘价也无法收复，弱势特征非常明显。

（三）从盘口波形来看，显示出乱而无序，上午受前收盘价压制，下午更为疲软，受当日均价线压制，逐波盘低。尾盘杀跌，更预示着凶多吉少。

（四）从盘口量峰来看，也是乱而无序，压低出货的迹象很明显。

（五）从全天的走势来看，此时已经是强弩之末，构筑短期头部的特征十分明显，但是由于缺少对手盘，主力出货有限，预计后市还会反复做头。

2011 年 3 月 17 日

盘面特点：

（一）集合竞价时间段股价以 17.40 元小幅度低开，开盘量是 131 手。很显然，主力此时已经无心发动攻击型拉升，如此小量低开，也说明游资无心恋战。

（二）开盘后，早盘阶段直接下行，带量杀跌，很显然游资已经不计成本出货。即使稍有反攻，也仅仅上冲了一瞬间，旋即掉头，说明走势十分疲软。

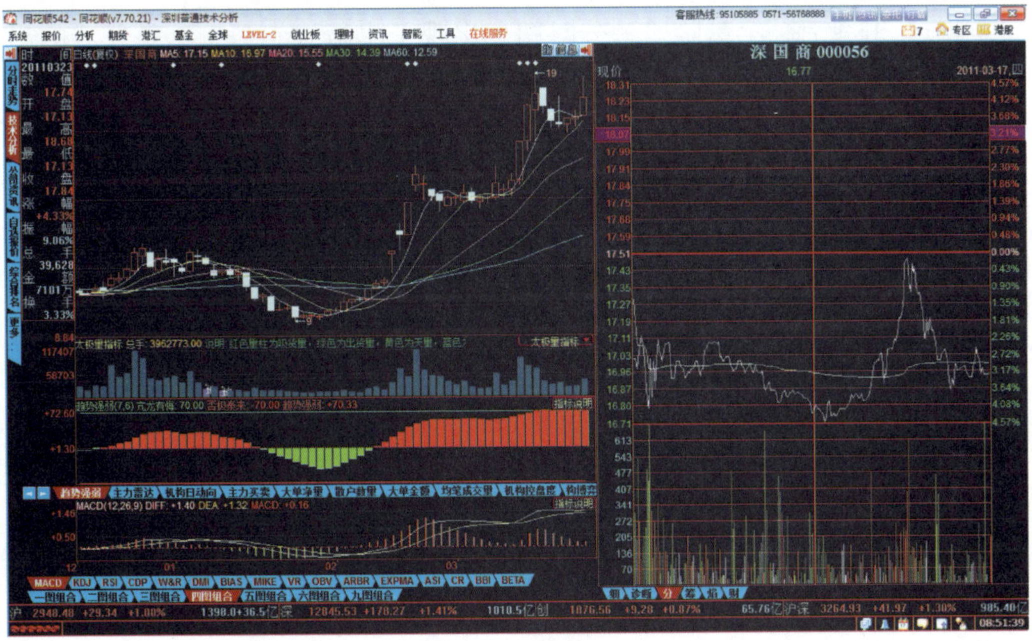

图例 36　游资赤裸裸出货示意图

（三）从盘口来看，整个上午都是以杀跌出货为主，拉升缩量，下跌放量，了无生气。

（四）下午的盘口更显示出游资出货的经典特征。先是对敲拉升，一笔大单快速拉抬，激活盘口，紧接着再来一笔大单对敲拉抬股价，快速攻击，制造出货空间。随后反手杀跌，猛烈地甩货，这就是游资最惯用的出货手法之一。

小心啊！

（五）尾盘阶段，游资已经完全无心恋战，直接杀跌，不再有任何顾忌，也不再讲究做盘章法，赤裸裸杀跌，只要能出货就行。

2011 年 3 月 18 日

盘面特点：

（一）集合竞价时间段，股价以 16.90 元小幅度低开，开盘量仅有 12 手，说明游资此时已经完全没有心思作战，连集合竞价也不愿意参与了。因此，当天的走势很不乐观。

（二）开盘后，早盘阶段，分时图上出现了木梳式走势，这是经典的出货图形。

（三）上午 10 时附近，诱多开始，参见图例 37 所示，这是游资惯用的出货手法，在盘面上首先营造强悍的攻击性拉升波形，吸引场外投资者进场跟风。在波形上，呈现为攻击波，在量峰上，却不是攻击型量峰，波形和量峰之间出现了背离。

（四）随后的走势露出了游资操盘的最真实意图，在分时图上，构筑了典型的头肩顶形态，这是最常见的分时图出货形态。此时最正确的策略，就是尽快出局。

（五）下午的走势可谓图穷匕见，再也没有任何遮遮掩掩的大动作，而是赤裸裸最直接杀跌，杀跌，杀跌，除了杀跌还是杀跌！由此可见，游资操盘手法多么凶狠。

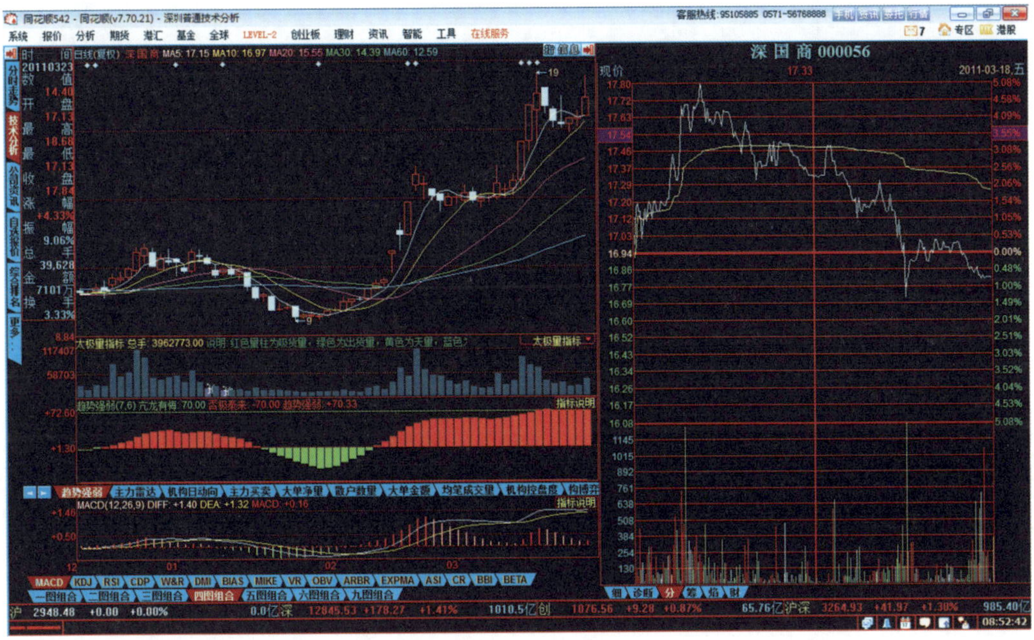

图例 37　游资坚决杀跌出货示意图

2011 年 3 月 21 日

盘面特点：

（一）由于前期游资介入比较深，想要完成出货任务，还得想想办法。其中最重要的手法之一，就是在关键技术点位营造一种止跌迹象，吸引技术派人士短期抄底，从而派发筹码。

（二）基于这种考虑，游资就会选择在关键的技术位，例如 5 日均线、10 日均线或者 20 日均线附近，制造止跌迹象。参见图例 38 所示。

（三）然后，在分时图上，宽幅震荡，手法是集合竞价时间段低开或者平开，之后猛烈拉抬，凶狠下砸，上下振幅巨大。

（四）在量能技术方面，要变得毫无规律，拉升时，可放量缩量结合使用；砸盘时，可缩量放量交替使用。这样做盘的目的，就是叫人看不懂。

（五）从全天的走势来看，游资就是按上边的思路操作的。盘口显示出游资操盘的手法十分娴熟，说明这不是一般的游资，而是老谋深算、技术熟练、精通心法、算计精到的老江湖。要对付这样的老江湖，可不是一件容易的事。

图例 38　宽幅震荡示意图

2011 年 3 月 22 日

盘面特点：

（一）谎言重复一千遍，结果会是什么呢？图形重复三五遍，结果会是什么呢？技术分析的重要假设之一，就是历史会重演。游资操盘的时候，经常会制造一些似曾相识的图形。

（二）为什么要这么干呢？按行业内的说法，这叫培养，或者叫做培育市场。

（三）主力要出货，要派发，就必须有人愿意承接，有人愿意积极抢进筹码。这是最基本的常识，问题是怎么才能做到让别人心甘情愿接盘呢？

（四）于是，制造漂亮的图形，就成了操盘手们最直接、最有效、最简单的技术手段。在股市上，技术图形都是用资金画出来的。游资画图的目的，无他，为了盈利而已。

（五）观察深国商（000056）全天的走势，不难发现，游资为了派发，可以说是费尽了心机。早盘快速杀跌，中盘快速拉升，尾盘再度杀跌，也不过是出货手段的翻版。

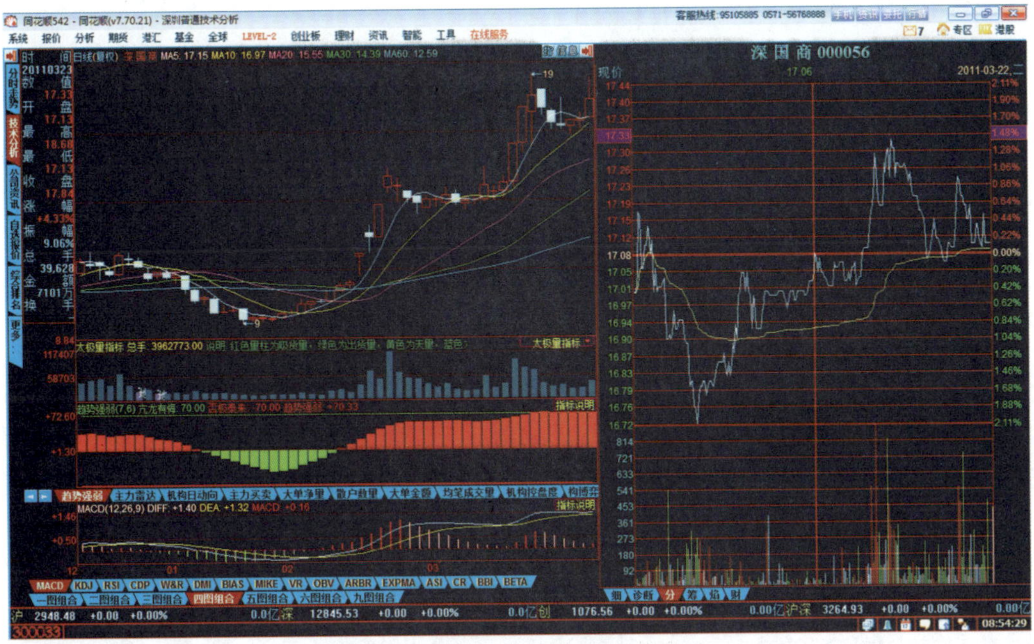

图例 39　游资出货手段翻版示意图

2011 年 3 月 23 日

盘面特点：

（一）集合竞价时间段，股价以 17.13 元小幅度高开，开盘量是 12 手。这样的开盘方式已经出现过，如此小的开盘量，具有迷惑性。一般人是不会留意的。

（二）早盘阶段，股价稍微下行后，发起了疾风暴雨式攻击，成交量急剧放大，在分时图上，出现了价升量增的刺眼走势。参见图例 40 所示。

（三）从分时图的波形来看，游资采用了两长波拉升手法，直接冲击涨停。这是投机色彩很浓的做盘手法，如果不能牢牢封住涨停板，那么就是典型的长波出货手法。

（四）从分时图量峰来看，早盘密集放量，虚假的成分很大。这样做的目的，很显然是为了做量，造成价升量增的假象，引人入局。

（五）随后的走势表明，这是有目的、有计划、有预谋的出货行为。从全天的走势来分析，这已经是迫不及待的出货前兆，也是主力杀跌甩尾货的前兆。此时不走，更待何时？

图例 40　彩旗飘飘出货手段示意图

第四节 国泰君安证券上海杨树浦路证券营业部实战案例

国泰君安证券股份有限公司上海杨树浦路证券营业部简称国泰君安上海杨树浦，是最著名的游资营业部之一，截至 2011 年 3 月 18 日，该营业部上榜次数 353 次。近年来，该营业部上榜次数不多，但每一次操作的品种，却是很有特色。

日期	股票	营业部买入	营业部卖出	总成交金额	比例	排名
2011－3－15	中关村 000931	5352788.20	3661630.20	92239 万元	0.977%	买入 3 名
2011－2－28	宝鼎重工 002552	13085.00	2688313.84	25785 万元	1.04%	卖出 3 名
2011－2－25	N 宝鼎 002552	2698563.00	428312.00	41330 万元	0.756%	买入 4 名
2011－2－1	星河生物 300143	3734384.00	3767660.40	31648 万元	2.37%	买入 5 名
2011－1－31	星河生物 300143	3734384.00	0.00	18506 万元	2.01%	买入 4 名
2011－1－31	大智慧 601519	8101629.07	0	78227.96 万元	1.03%	买入 4 名
2011－1－31	大智慧 601519	8101629.07	0	78227.96 万元	1.03%	买入 4 名
2011－1－21	金宇车城 000803	2646900.00	902764.50	27326 万元	1.29%	买入 4 名
2011－1－21	金宇车城 000803	2646900.00	902764.50	27326 万元	1.29%	买入 4 名
2010－12－23	金利科技 002464	5235273.80	9411.00	25190 万元	2.08%	买入 2 名
2010－12－23	中成股份 000151	4441813.63	0.00	24763 万元	1.79%	买入 2 名
2010－12－14	宋城股份 300144	6802499.63	12600.00	57434 万元	1.18%	买入 4 名
2010－12－14	中弘地产 000979	12540000.00	58520.00	31571 万元	3.99%	买入 5 名
2010－12－8	深振业 A000006	7797257.01	14973113.60	80609 万元	2.82%	买入 4 名
2010－11－22	海虹控股 000503	12655383.93	12600.00	18638 万元	6.79%	买入 4 名
2010－11－19	超日太阳 002506	7587275.53	74156.00	89121 万元	0.859%	买入 4 名
2010－11－8	科达股份 600986	0	15496965.16	79060.87 万元	1.96%	卖出 2 名
2010－11－4	科达股份 600986	9104272.50	0	27981.09 万元	3.25%	买入 2 名
2010－10－25	兴业证券 601377	8509823.62	0	130315.54 万元	0.653%	买入 4 名
2010－10－20	亿纬锂能 300014	4894053.50	74940.00	18067 万元	2.75%	买入 3 名
2010－10－19	杭齿前进 601177	0	16733528.00	61663.04 万元	2.71%	卖出 3 名
2010－10－18	杭齿前进 601177	14651445.05	0	50868.73 万元	2.88%	买入 3 名

（续表）

日期	股票	营业部买入	营业部卖出	总成交金额	比例	排名
2010-9-17	时代万恒 600241	0	1659927.30	11364.94 万元	1.46%	卖出 4 名
2010-8-24	中创信测 600485	2203068.00	0	17609.35 万元	1.25%	买入 5 名
2010-8-4	特 力 A000025	1598787.00	0.00	4128 万元	3.87%	买入 2 名
2010-7-30	中电广通 600764	1133761.40	0	8266.90 万元	1.37%	买入 5 名
2010-7-15	方大集团 000055	0.00	4079937.47	15080 万元	2.70%	卖出 4 名
2010-7-7	工大高新 600701	5983180.95	0	26210.98 万元	2.28%	买入 5 名
2010-7-5	双钱股份 600623	2745293.54	0	4816.11 万元	5.70%	买入 5 名
2010-7-1	工大高新 600701	4013276.40	0	18089.08 万元	2.21%	买入 1 名
2010-6-30	*ST 罗顿 600209	6521304.00	0	34847.30 万元	1.87%	买入 2 名
2010-6-25	启明星辰 002439	95011.00	6177310.00	34546 万元	1.81%	卖出 2 名
2010-6-24	启明星辰 002439	6295223.53	28074.00	24340 万元	2.59%	买入 3 名
2010-6-11	莱钢股份 600102	1780630.91	0	11182.38 万元	1.59%	买入 5 名
2010-6-10	尤夫股份 002427	63632.00	4700262.00	36668 万元	1.29%	卖出 2 名
2010-6-9	云南锗业 002428	6524342.00	139067.00	85506 万元	0.779%	买入 5 名
2010-6-9	尤夫股份 002427	4405162.57	59032.00	44814 万元	0.996%	买入 2 名
2010-6-9	尤夫股份 002427	4405162.57	59032.00	44814 万元	0.996%	买入 2 名
2010-6-9	云南锗业 002428	6524342.00	139067.00	85506 万元	0.779%	买入 5 名
2010-6-9	尤夫股份 002427	4405162.57	59032.00	44814 万元	0.996%	买入 2 名

经典实战案例解读：工大高新（600701）

相关数据

日期	股票	营业部买入	营业部卖出	总成交金额	比例	排名
2010-7-1	工大高新 600701	4013276.40	0	18089.08 万元	2.21%	买入 1 名

背景资料

*ST 工新 2010 年 7 月 1 日起摘星脱帽，*ST 工新 2010 年 6 月 30 日公告称，公司提出的公司股票交易撤销退市风险警示及其他特别处理申请已获得上海证券交易所批准。公司股票将于 2010 年 6 月 30 日停牌一天，2010 年 7 月 1 日起恢复交易，并自 2010 年 7 月 1 日开始公司股票简称由“*ST 工

新”变更为“工大高新 ”，公司股票交易日涨跌幅限制由5%恢复为10%，股票代码不变。

炒作过程

工大高新（600701）截至2010年7月7日游资炒作部分数据

日期	席位	买入金额	卖出金额	占总成交额
2010-7-7	中信证券股份有限公司上海东方路证券营业部	11372934.00元	0元	4.338%
2010-7-7	华泰联合证券有限责任公司成都浣花北路证券营业部	10984185.00元	0元	4.190%
2010-7-7	中信金通证券有限责任公司义乌化工路证券营业部	7823984.00元	0元	2.984%
2010-7-7	华泰证券股份有限公司昆山黑龙江北路证券营业部	6659706.00元	0元	2.540%
2010-7-7	国泰君安证券股份有限公司上海杨树浦路证券营业部	5983180.95元	0元	2.282%
2010-7-7	中信证券股份有限公司广州天河北路证券营业部	0元	15552683.20元	5.933%
2010-7-7	国海证券有限责任公司广州华就路证券营业部	0元	9219200.00元	3.517%
2010-7-7	中国建银投资证券有限责任公司南京王府大街证券营业部	0元	8334610.00元	3.179%
2010-7-7	广发证券股份有限公司广州体育东路证券营业部	0元	6332540.50元	2.415%
2010-7-7	中银国际证券有限责任公司武汉武珞路证券营业部	0元	5523014.00元	2.107%
2010-7-1	国泰君安证券股份有限公司上海杨树浦路证券营业部	4013276.40元	0元	2.218%
2010-7-1	中银国际证券有限责任公司武汉武珞路证券营业部	2817025.00元	0元	1.557%
2010-7-1	光大证券股份有限公司宁波灵桥路证券营业部	1838232.50元	0元	1.016%
2010-7-1	华泰证券股份有限公司扬州文昌中路证券营业部	1779471.00元	0元	0.9836%

（续表）

日期	席位	买入金额	卖出金额	占总成交额
2010－7－1	中信金通证券有限责任公司临安钱王街证券营业部	1766805.82元	0元	0.9766%
2010－7－1	国信证券股份有限公司杭州体育场路证券营业部	0元	10145765.34元	5.608%
2010－7－1	长江证券股份有限公司北京万柳东路证券营业部	0元	7063295.67元	3.904%
2010－7－1	华泰证券股份有限公司昆山黑龙江北路证券营业部	0元	6834714.68元	3.778%
2010－7－1	长江证券股份有限公司西安太白北路证券营业部	0元	5095554.12元	2.816%
2010－7－1	中银国际证券有限责任公司武汉武珞路证券营业部	0元	4941839.60元	2.731%
2009－10－29	中国银河证券股份有限公司宁波大庆南路证券营业部	15242053.00元	0元	3.388%
2009－10－29	齐鲁证券有限公司慈溪天九街证券营业部	7896811.00元	0元	1.755%
2009－10－29	方正证券有限责任公司杭州劳动路证券营业部	5318226.00元	0元	1.182%
2009－10－29	中国银河证券股份有限公司北京月坛证券营业部	4547165.00元	0元	1.010%
2009－10－29	国信证券股份有限公司深圳泰然九路证券营业部	3556067.00元	0元	0.7905%
2009－10－29	中国银河证券股份有限公司宁波大庆南路证券营业部	0元	72303248.22元	16.07%
2009－10－29	广发证券股份有限公司杭州天目山路证券营业部	0元	16112727.61元	3.582%
2009－10－29	中国建银投资证券有限责任公司南昌叠山路证券营业部	0元	5973022.00元	1.327%
2009－10－29	齐鲁证券有限公司慈溪天九街证券营业部	0元	4267656.95元	0.9487%
2009－10－29	江海证券有限公司哈尔滨西大直街证券营业部	0元	4241070.00元	0.9428%

（续表）

日期	席位	买入金额	卖出金额	占总成交额
2009－8－18	招商证券股份有限公司南京中山南路证券营业部	7577201.00元	0元	7.492%
2009－8－18	东北证券股份有限公司长春市解放大路证券营业部	1363007.04元	0元	1.347%
2009－8－18	国信证券股份有限公司深圳泰然九路证券营业部	1259965.49元	0元	1.245%
2009－8－18	广发证券股份有限公司广州农林下路证券营业部	1257285.00元	0元	1.243%
2009－8－18	东海证券有限责任公司北京慧忠路证券营业部	1160253.00元	0元	1.147%
2009－8－18	东北证券股份有限公司长春市解放大路证券营业部	0元	3329915.17元	3.292%
2009－8－18	东北证券股份有限公司北京朝外大街证券营业部	0元	3231667.00元	3.195%
2009－8－18	中国银河证券股份有限公司郑州陇海路证券营业部	0元	1859849.00元	1.839%
2009－8－18	华西证券有限责任公司北京紫竹院路证券营业部	0元	1348608.20元	1.333%
2009－8－18	海通证券股份有限公司杭州环城西路证券营业部	0元	1318787.00元	1.304%
2009－4－29	中国银河证券股份有限公司广州解放中路证券营业部	22497617.00元	0元	16.42%
2009－4－29	中国建银投资证券有限责任公司北京朝阳路证券营业部	2974161.00元	0元	2.171%
2009－4－29	安信证券股份有限公司广州番禺繁华路证券营业部	1881100.00元	0元	1.373%
2009－4－29	海通证券股份有限公司深圳华富路营业部	1626077.80元	0元	1.187%
2009－4－29	申银万国证券股份有限公司湖北武汉中山路营业部	1613330.00元	0元	1.178%
2009－4－29	申银万国证券股份有限公司客户资产管理部	0元	3232704.00元	2.360%

（续表）

日期	席位	买入金额	卖出金额	占总成交额
2009－4－29	国信证券股份有限公司北京平安大街证券营业部	0 元	1981828.00 元	1.447%
2009－4－29	湘财证券有限责任公司西安西华门证券营业部	0 元	1378570.00 元	1.006%
2009－4－29	安信证券股份有限公司宁波和义路证券营业部	0 元	1280322.00 元	0.9349%
2009－4－29	长江证券股份有限公司武汉武珞路证券营业部	0 元	1015407.00 元	0.7414%

2010 年 7 月 1 日

盘面特点：

（一）集合竞价时间段，股价以 5.00 元开盘，开盘量是 6833 手，属于巨量低开。这是典型的利好见光死走势，刚一摘帽，就来一个巨量低开，看来当天的走势很不乐观。

（二）早盘阶段，股价略微上攻，就遭遇到巨大的抛盘，马上拐头向下，成交量急剧放大，看样子，急于出货的不少。参见图例 41 所示。

图例 41　利好见光死跌停报收示意图

（三）随后，股价试图上攻，三波发力，却没有能够攻击前收盘价，说明攻击动能不足。

（四）午后的走势十分难看，击穿均价线之后，一泻千里，直奔跌停板而去。同时，释放出巨大的成交量，价跌量增，走势不忍卒看。

（五）尾盘阶段，再次下行，最终以跌停报收。

从上交所发布的交易公开信息来看，当天虽然出现见光死的走势，但是，国泰君安上海杨树浦路营业部却逆势买入401万元，买二位置的中银国际武汉武珞路营业部买入281万元，买三位置的光大证券宁波灵桥路营业部买入183万元，买四的华泰证券扬州文昌中路营业部买进177万元，买五的中信金通临安钱王街营业部买进176万元。从这些买进席位来看，都是声名赫赫的游资。他们敢在跌停价位上大举买进，后市必然会有所动作。

为什么要买进呢？很显然，他们要借助摘帽题材，进行恶炒。

为什么不拉涨停拔高建仓呢？估计前期他们已经有所潜伏，然后有预谋地制造利好见光死的走势，以达到跌停吸筹的目的。

究竟是不是这样呢？从随后的走势可以作出判断。

2010年7月1日工大高新（600701）交易公开信息

证券代码：600701　　证券简称：工大高新

	买入营业部名称：	累计买入金额(元)：
(1)	国泰君安证券股份有限公司上海杨树浦路证券营业部	4013276.40
(2)	中银国际证券有限责任公司武汉武珞路证券营业部	2817025.00
(3)	光大证券股份有限公司宁波灵桥路证券营业部	1838232.50
(4)	华泰证券股份有限公司扬州文昌中路证券营业部	1779471.00
(5)	中信金通证券有限责任公司临安钱王街证券营业部	1766805.82

	卖出营业部名称：	累计卖出金额(元)：
(1)	国信证券股份有限公司杭州体育场路证券营业部	10145765.34
(2)	长江证券股份有限公司北京万柳东路证券营业部	7063295.67
(3)	华泰证券股份有限公司昆山黑龙江北路证券营业部	6834714.68
(4)	长江证券股份有限公司西安太白北路证券营业部	5095554.12
(5)	中银国际证券有限责任公司武汉武珞路证券营业部	4941839.60

2010年7月2日

盘面特点：

（一）集合竞价时间段，股价以4.87元小幅度高开，开盘量是1729手。

昨天还在跌停，今天却能够小幅度高开，可见股价已经被游资操纵，接下来的走势很值得关注。

（二）早盘阶段，股价下探前收盘价，瞬间就被快速拉起，随后快速上攻，上午出现了典型的对敲性拉升，可以看作是游资的试盘动作。参见图例 42 所示。

（三）上午 10 时 30 分，股价做出小双头形态之后，反手做空，以回头波的走势一路下行，击穿均价线，直奔前收盘价而去，却在前收盘价处嘎然止跌。说明游资也不愿意跌穿昨天的跌停价，这就是他们的成本区，可以视为极强烈的支撑位。

（四）尾盘阶段，股价再次走弱，预示着随后将会出现反复。

（五）从全天的走势来看，游资的操盘手法相当熟练，向上试盘，向下打压，回头波洗盘，前收盘价支撑，一连串动作完成得相当完美。后市预计将会拉出大阳线，脱离成本区。

图例 42　一气呵成的操盘动作示意图

2010 年 7 月 5 日

盘面特点：

（一）集合竞价时间段，股价以 4.87 元开盘，开盘量是 675 手。今天的开盘价很有意思，和上周五的开盘价相同，以这样的价位开盘，究竟想干什么呢？

（二）早盘阶段，略微上攻后，旋即垂直下打，以快速放量的方式，创出全天的低点。这是典型的尖刀底走势，出现在低位区域，出现在早盘阶段，属于典型的洗盘动作。

（三）上午 11 时，再次出现快速垂直带量打压，但是，股价却不再创出新低。

（四）下午股价上攻至前收盘价附近，却未能实现有效穿越。

（五）尾盘阶段，再次放量杀跌。

从全天的走势来看，属于典型的洗盘动作，盘中虽然跌势汹汹，实际上并没有大幅度下跌，而且盘口出现了不少典型的建仓波形，说明游资一边洗盘，一边吃进筹码。

因此，随后的走势，将会以拉升为主。

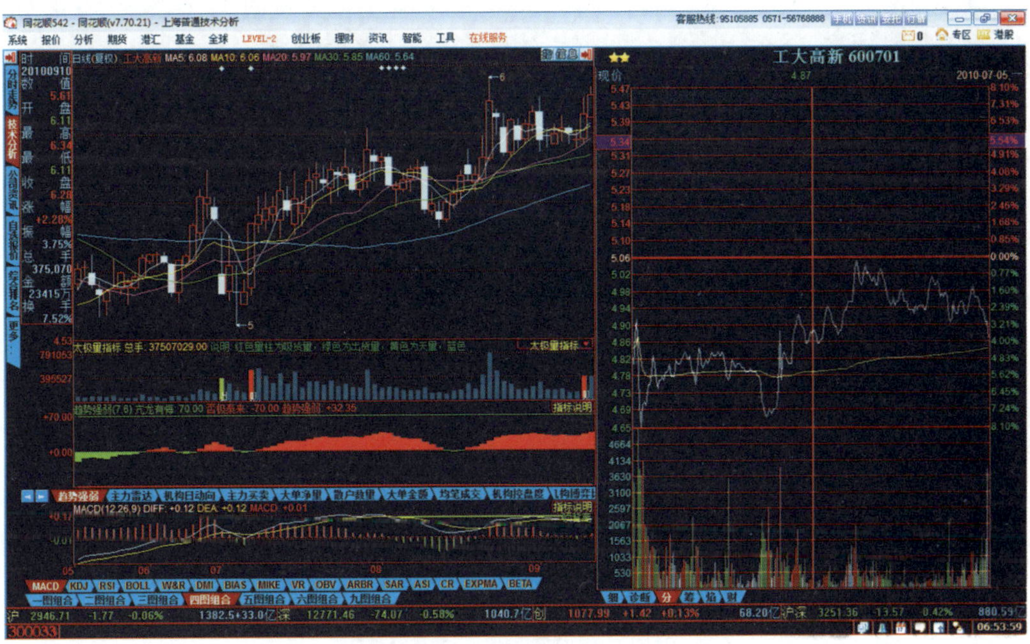

图例 43　一边洗盘，一边建仓

2010 年 7 月 6 日

盘面特点：

（一）集合竞价时间段，股价以 4.77 元小幅度低开，开盘量是 2201 手。早盘阶段，股价快速拉升到前收盘价上方，随后，在前收盘价上方反复震荡，屡次出现攻击性试盘动作，说明游资已经有些沉不住气，拉升的冲动泄露无遗。

（二）上午出现了多次上冲后，回落到前收盘价附近，遇到了强力狙击，说明此处承接非常有力。下午虽然多次反复，但最终还是在尾盘阶段顽强地收回在前收盘之上，说明游资做盘的决心已经很坚定，参见图例 44 所示。

（三）从量峰的结构来看，拉升缩量，下跌放量，结合阶段性位置来分析，这样的量峰结构属于震仓性质，目的在于清洗浮筹。

（四）从波形结构来看，攻击性的冲击波很明显，很显然，这是一边洗盘，一边建仓。

（五）因此，综合分析，股价此时已经跌无可跌，从尾盘拉回的操盘动作来看，这是典型的关门动作，标志着洗盘已经结束。

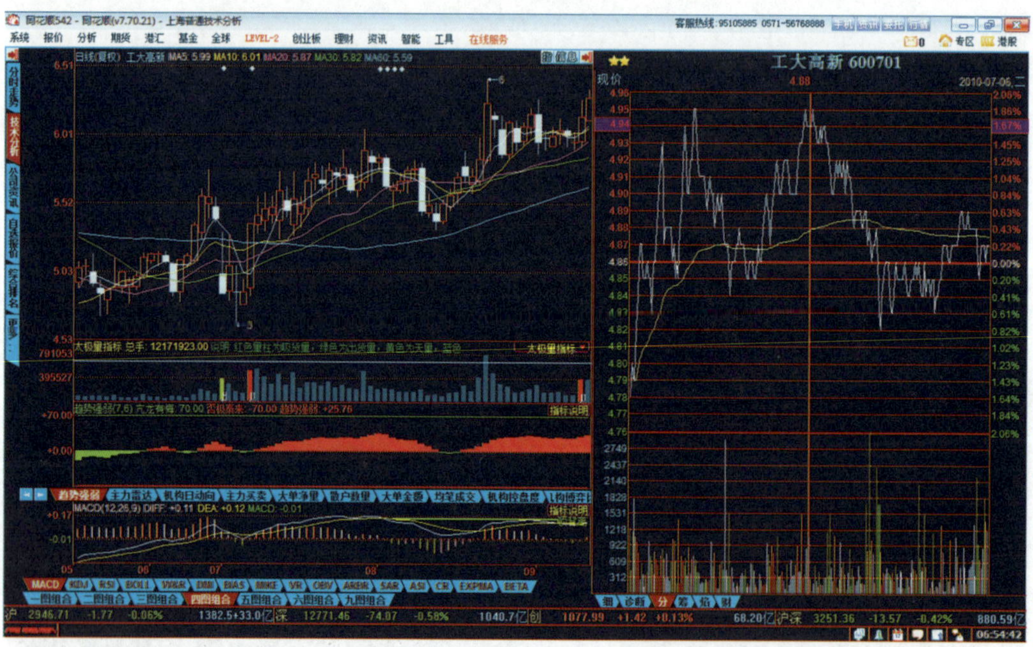

图例 44　激烈震仓清洗浮筹示意图

2010 年 7 月 7 日

盘面特点：

（一）集合竞价时间段，股价以 4.89 元小幅度高开，开盘量 339 手，这样的开盘方式十分平淡，看不出有什么出奇之处。

（二）早盘阶段，股价的走势也很平淡无奇。参见图例 45 所示。

（三）上午 10 时左右，股价突然飙升，成交量急剧放大。游资以迅雷不及掩耳之势，三波攻击，快速拉升，直奔涨停板而去。

（四）从盘口来看，拉升得太急，封住涨停之后，盘中出现了很多次开板，反复开板，而且出现了不少的成交量。说明有不少游资选择了出货。

（五）从全天的走势来分析，这种反复开板的涨停不是强势涨停，后续的走势很值得怀疑，不断在涨停板附近出现放量，说明后市难有连续性拉升。

因此，激进的短线投资者此时可以选择出货，换股操作。

图例 45　非常勉强的涨停板示意图

从上交所发布的交易公开信来看，前边在跌停板介入的游资既有选择出货的，也有选择加仓买进的，很有意思。盘中反复打开涨停板，也说明了这一点。

出现买一位置的是中信证券上海东方路营业部，买入1137万元，买二的是华泰联合证券成都浣花北路营业部，买入1089万元，这两家游资大举买进，看来是有备而来的。

买三的中信金通义乌化工路营业部是著名的游资，买进782万元。

买四的是华泰证券昆山黑龙江北路营业部，买入665万元。

这两家游资买进几百万元，略带有跟风炒作的性质。

奇妙的是买五，国泰君安上海杨树浦路营业部，他们在2010年7月1日跌停板买进401万元，今天继续加码买进598万元，很显然，这种只买不卖的做法，说明看好后市。预计该股后续的走势将会以盘升为主。

2010年7月7日工大高新（600701）交易公开信息

证券代码：600701 证券简称：工大高新

	买入营业部名称：	累计买入金额(元)：
(1)	中信证券股份有限公司上海东方路证券营业部	11372934.00
(2)	华泰联合证券有限责任公司成都浣花北路证券营业部	10984185.00
(3)	中信金通证券有限责任公司义乌化工路证券营业部	7823984.00
(4)	华泰证券股份有限公司昆山黑龙江北路证券营业部	6659706.00
(5)	国泰君安证券股份有限公司上海杨树浦路证券营业部	5983180.95

	卖出营业部名称：	累计卖出金额(元)：
(1)	中信证券股份有限公司广州天河北路证券营业部	15552683.20
(2)	国海证券有限责任公司广州华就路证券营业部	9219200.00
(3)	中国建银投资证券有限责任公司南京王府大街证券营业部	8334610.00
(4)	广发证券股份有限公司广州体育东路证券营业部	6332540.50
(5)	中银国际证券有限责任公司武汉武珞路证券营业部	5523014.00

2010年7月8日

盘面特点：

（一）集合竞价时间段，股价以5.35元极小的幅度低开，开盘量5588手，属于巨量。这样的巨量低开，预示着当天的走势将会出现激烈的震荡。

（二）早盘阶段，股价略微下探后，就被巨量大单快速拉起，成交量急剧放大。但是很快就出现了非常典型的量价背离走势，参见图例46所示，均价线开始向下倾斜。这说明此时有的游资开始大肆出货，股价快速下跌，一度击穿了前收盘价。

（三）随后的走势相对平稳，股价围绕均价线上下震荡，虽然没有能够穿越上午的高点，但也一直没有再创出新低，说明有人在暗中进行护盘。

（四）尾盘阶段的上半段出现垂直杀跌走势，说明有的游资选择了落袋为安。

（五）尾盘最终没有能够收在均价线之上，而且成交量很大，说明有人再次大量出货，也说明有人在这个价位大肆吃进筹码。因此，后市的走势还是值得期待的。

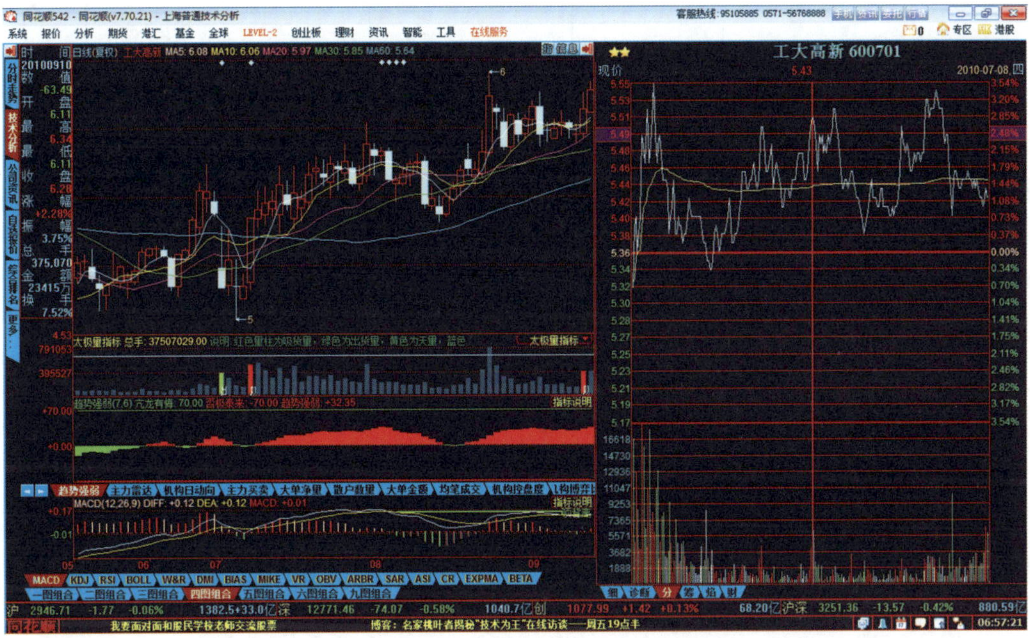

图例 46　有人大肆出货，有人却在吃进

第三章　银河系游资操盘实战案例

第一节　银河系游资操盘的基本特征

银河系游资出道很早，在江湖上也曾经很有威名。当年的涨停板敢死队，至今令人津津乐道。但是，曾经的中国银河证券股份有限公司宁波和义路证券营业部如今安在哉？令人不胜唏嘘。2010年以来，银河系游资似乎重整旗鼓，新的面孔也不断上榜，威名渐显。

目前，银河系游资比较活跃的营业部有：

（一）中国银河证券股份有限公司绍兴证券营业部

（二）中国银河证券股份有限公司厦门美湖路证券营业部

（三）中国银河证券股份有限公司杭州解放路证券营业部

（四）中国银河证券股份有限公司杭州凯旋路证券营业部

相关内容，请参见《游资操盘核心机密》（上册）有关章节，在此不再赘述。

第二节 中国银河证券绍兴证券营业部实战案例

中国银河证券股份有限公司绍兴证券营业部简称银河证券绍兴营业部，是近年来新崛起的知名游资营业部之一，操盘风格异常彪悍。截至2011年3月18日，该营业部上榜次数高达462次，也算是比较多了。下面列举的是该营业部的部分上榜数据。

日期	股票	营业部买入	营业部卖出	总成交金额	比例	排名
2011-3-18	山东海化000822	10785510.95	1122411.45	51971万元	2.29%	买入4名
2011-2-9	浙江众成002522	4204658.20	433658.00	7083万元	6.54%	买入2名
2011-2-1	杰赛科技002544	1399545.81	1202253.00	12318万元	2.11%	买入4名
2011-1-21	鸿路钢构002541	1899389.56	252490.00	26323万元	0.817%	买入4名
2010-12-27	金证股份600446	14961290.00	0	12580.01万元	11.8%	买入1名
2010-12-7	安凯客车000868	77989.00	8674822.77	13602万元	6.43%	卖出1名
2010-12-6	华英农业002321	233323.00	3149991.16	16025万元	2.11%	卖出2名
2010-12-3	老板电器002508	2007277.00	4909238.34	43592万元	1.58%	卖出2名
2010-12-3	老板电器002508	2007277.00	4909238.34	43592万元	1.58%	卖出2名
2010-12-2	老板电器002508	6549857.64	338325.40	45128万元	1.52%	买入1名
2010-11-30	上海金陵600621	8242726.00	0	50098.68万元	1.64%	买入4名
2010-11-23	超华科技002288	4309294.00	11720.00	28309万元	1.52%	买入3名
2010-11-23	中原环保000544	3791248.02	919374.48	44069万元	1.06%	买入4名
2010-11-22	长信科技300088	5608089.25	5896.00	45806万元	1.22%	买入1名
2010-11-12	*ST中服000902	21513397.58	8682831.59	39421万元	7.65%	买入1名
2010-11-12	*ST中服000902	21513397.58	8682831.59	39421万元	7.65%	卖出1名
2010-11-12	时代科技000611	1582291.50	14379410.99	78971万元	2.02%	卖出2名
2010-11-12	时代科技000611	1582291.50	14379410.99	78175万元	2.04%	卖出2名
2010-11-2	云南锗业002428	9887707.88	9453461.17	40826万元	4.73%	买入4名
2010-11-2	云南锗业002428	9887707.88	9453461.17	40826万元	4.73%	卖出3名
2010-10-26	中色股份000758	15856896.76	7251036.44	314023万元	0.735%	买入5名
2010-10-26	中色股份000758	15856896.76	7251036.44	314023万元	0.735%	买入5名

(续表)

日期	股票	营业部买入	营业部卖出	总成交金额	比例	排名
2010-10-25	海亮股份 002203	85126.00	5733806.00	31884 万元	1.82%	卖出2名
2010-10-20	云南锗业 002428	16474635.51	264800.00	15820 万元	10.5%	买入2名
2010-10-20	中航动控 000738	7485849.01	4756992.96	67391 万元	1.81%	卖出4名
2010-10-15	海亮股份 002203	452836.00	6801703.20	39920 万元	1.81%	卖出5名
2010-10-15	ST 三农 000732	3526026.00	12900.00	29995 万元	1.17%	买入5名
2010-10-15	中原环保 000544	6786701.10	102462.00	33252 万元	2.07%	买入3名
2010-10-14	海亮股份 002203	1010302.00	4702354.00	37375 万元	1.52%	卖出4名
2010-10-14	锡业股份 000960	14717934.70	44620322.87	246941 万元	2.40%	卖出4名
2010-9-29	恒星科技 002132	8883406.22	407115.00	36482 万元	2.54%	买入5名
2010-9-28	北化股份 002246	0.00	2974239.60	4002 万元	7.43%	卖出1名
2010-9-20	数源科技 000909	535955.00	2714363.44	17764 万元	1.82%	卖出5名
2010-9-17	佛山照明 000541	4125005.09	13547182.08	166413 万元	1.06%	卖出5名
2010-9-16	英威腾 002334	1010947.00	4966891.90	20678 万元	2.89%	卖出3名
2010-9-15	棱光实业 600629	0	3960689.70	13463.75 万元	2.94%	卖出4名
2010-9-14	三爱富 600636	9467117.10	0	86532.11 万元	1.09%	买入4名
2010-9-8	壹桥苗业 002447	13864268.22	2869233.00	39694 万元	4.21%	买入1名
2010-9-7	壹桥苗业 002447	10247635.43	12970041.58	44969 万元	5.16%	买入1名
2010-9-7	壹桥苗业 002447	10247635.43	12970041.58	44969 万元	5.16%	卖出1名

经典实战案例解读：金证股份（600446）

相关数据

日期	股票	营业部买入	营业部卖出	总成交金额	比例	排名
2010-12-27	金证股份 600446	14961290.00	0	12580.01 万元	11.8%	买入1名

背景资料

电子信息板块在2010年12月27日午后大幅下挫，板块内约九成个股下跌，其中，世纪瑞尔、金证股份盘中跌停。截至14时22分，软控股份下跌6.63%，四创电子下跌6.43%，永鼎股份下跌6.01%。此外，焦点科技、华东电脑等8只个股跌幅均超5%。

炒作过程

金证股份（600446）截至2010年12月27日游资炒作部分数据

日期	席位	买入金额	卖出金额	占总成交额
2010－12－27	中国银河证券股份有限公司绍兴证券营业部	14961290.00元	0元	11.89%
2010－12－27	机构专用	7763540.00元	0元	6.170%
2010－12－27	长城证券有限责任公司北京中关村大街证券营业部	4191783.00元	0元	3.331%
2010－12－27	中航证券有限公司天津六纬路证券营业部	3682543.00元	0元	2.927%
2010－12－27	广发证券股份有限公司梅州梅江二路证券营业部	3054771.88元	0元	2.428%
2010－12－27	中信金通证券有限责任公司杭州延安路证券营业部	0元	21178548.35元	16.83%
2010－12－27	中信证券股份有限公司上海淮海中路证券营业部	0元	11941220.78元	9.491%
2010－12－27	中国国际金融有限公司深圳福华一路证券营业部	0元	9823357.52元	7.808%
2010－12－27	机构专用	0元	8935392.72元	7.102%
2010－12－27	中国银河证券股份有限公司杭州解放路证券营业部	0元	4995902.04元	3.970%
2008－10－6	申银万国证券股份有限公司江苏南通南大街营业部	2040000.00元	0元	6.490%
2008－10－6	信达证券股份有限公司上海武进路证券营业部	1958887.00元	0元	6.232%
2008－10－6	中信金通证券有限责任公司杭州文晖路证券营业部	1020000.00元	0元	3.245%
2008－10－6	国联证券股份有限公司上海邯郸路证券营业部	980560.00元	0元	3.119%
2008－10－6	中信证券股份有限公司深圳湖贝路证券营业部	884000.00元	0元	2.812%
2008－10－6	华泰证券股份有限公司绍兴上大路证券营业部	0元	1427991.00元	4.543%

（续表）

日期	席位	买入金额	卖出金额	占总成交额
2008－10－6	光大证券股份有限公司苏州苏惠路证券营业部	0元	1276460.00元	4.061%
2008－10－6	国信证券股份有限公司武汉京汉大道证券营业部	0元	898280.00元	2.857%
2008－10－6	宏源证券股份有限公司北京裕民东路证券营业部	0元	808792.00元	2.573%
2008－10－6	中国银河证券股份有限公司佛山市顺德大良证券营业部	0元	739396.00元	2.352%
2008－5－30	国信证券有限责任公司深圳泰然九路证券营业部	1014868.40元	0元	2.443%
2008－5－30	东海证券有限责任公司常州延陵东路证券营业部	985782.00元	0元	2.373%
2008－5－30	国金证券股份有限公司长沙市白沙路证券营业部	794547.00元	0元	1.912%
2008－5－30	申银万国证券股份有限公司上海上中西路营业部	722999.97元	0元	1.740%
2008－5－30	招商证券股份有限公司上海澳门路证券营业部	601180.77元	0元	1.447%
2008－5－30	浙商证券有限责任公司永康九铃东路证券营业部	0元	1930799.90元	4.648%
2008－5－30	中银国际证券有限责任公司上海广元西路证券营业部	0元	1837363.18元	4.423%
2008－5－30	海通证券股份有限公司杭州解放路证券营业部	0元	765999.64元	1.844%
2008－5－30	国信证券有限责任公司上海北京东路证券营业部	0元	721216.96元	1.736%
2008－5－30	厦门证券有限公司厦门湖滨西路证券营业部	0元	597651.50元	1.438%

2010年12月27日

盘面特点：

（一）游资的操作也不是绝对正确的，有时候，他们的操作也会很盲目，有时候，也会很莫名其妙，甚至不可理喻。因此，我们在研究游资操盘的实战案例时，千万不可盲目地以为只要有游资参与股价就一定会拉升。游资有时候甚至是割肉的代名词。呜呼，哀哉！

（二）即使是一些声名赫赫的游资，有时也会出现盲目蛮干的情况。至于有一些游资研究水平有限，却喜欢跟风炒作，后果自然不堪设想。

（三）以下所举的案例，就是一个很失败的例子。参见图例 47 所示。

集合竞价时间段，金证股份股价以 15.76 元小幅度低开，开盘量是 552 手。早盘阶段，股价试图上攻，但每一次均是以失败告终。整个上午，股价基本上运行在均价线之下，完全运行在前收盘价之下，弱势的特征非常明显。

下午的走势更是叫人大跌眼镜，股价飞流直下，直奔跌停板而去。直至收盘，几乎没有什么抵抗，就这么静静地死去了。

图例 47　非常孱弱的走势示意图

从上交所发布的交易公开信息来看，当天一路买进甚至在跌停板上买进的，很可能是一些游资和机构。排列在买一位置的是银河证券绍兴营业部，买进金额1496万元，买二的是一家机构，买进金额776万元，买三、买四、买五各自买的数量不大。

从成交席位来看，买一的操作很显然叫人看不懂。

为什么要在跌停板买进呢？

为什么要在明显破位的途中买进呢？

观察金证股份（600446）的走势，很明显已经击穿了所有支撑，当天连60日均线也跌破了，这可是很恶劣的走势，至少也是中期彻底看空了。可是，这些游资却选择了买进，匪夷所思，真让人难以理解。

2010年12月27日金证股份（600446）交易公开信息

证券代码：600446	证券简称：金证股份
买入营业部名称：	累计买入金额(元)：
(1) 中国银河证券股份有限公司绍兴证券营业部	14961290.00
(2) 机构专用	7763540.00
(3) 长城证券有限责任公司北京中关村大街证券营业部	4191783.00
(4) 中航证券有限公司天津六纬路证券营业部	3682543.00
(5) 广发证券股份有限公司梅州梅江二路证券营业部	3054771.88
卖出营业部名称：	累计卖出金额(元)：
(1) 中信金通证券有限责任公司杭州延安路证券营业部	21178548.35
(2) 中信证券股份有限公司上海淮海中路证券营业部	11941220.78
(3) 中国国际金融有限公司深圳福华一路证券营业部	9823357.52
(4) 机构专用	8935392.72
(5) 中国银河证券股份有限公司杭州解放路证券营业部	4995902.04

2010年12月28日

盘面特点：

（一）集合竞价时间段，股价以14.19元小幅度低开，开盘量是52手。很显然，没有大资金参与集合竞价，预示着当天的走势不容乐观。

（二）早盘阶段，股价围绕均价线上下震荡，从成交量来看，显得凌乱无序，参见图例48所示，很显然，此时有人选择割肉出局。

（三）下午的走势更加疲软，几乎运行在均价线之下，毫无生气。

（四）尾盘阶段，上半段放量杀跌，抛盘汹涌而出，下半段略有反抽，也仅仅是拉回到均价线之上而已，这样的走势于事无补。

（五）观察全天的走势，一直运行在前收盘价之下，连一点像样的反弹也没有。盘中还不时出现大单杀跌，说明后市不值得看好。

图例 48　十分孱弱的走势示意图

2010 年 12 月 29 日

盘面特点：

（一）集合竞价时间段，股价以 14.05 元小幅度低开，开盘量是 10 手。这样的开盘方式看了叫人寒心，属于典型的散户行情，连一点大资金的气息也没有，当天的走势很难有什么起色，逢高出局是唯一正确的选择。

（二）早盘阶段，股价曾经尝试向上攻击，参见图例 49 所示。

（三）从盘口的波形来看，很明显属于疏朗的出货分时图，压低出货的迹象十分明显。

（四）从盘口的量峰来看，凌乱无序，混乱不堪。拉升缩量，下跌放量。争相出逃的迹象很明显，说明前期买进的游资此时开始纷纷割肉。

（五）尾盘阶段有所拉升，说明还有机构在努力试图反击，尽可能减少损失。

图例 49　斗志全无的走势

2010 年 12 月 30 日

盘面特点：

（一）集合竞价时间段，股价以 14.19 元极小的幅度高开，开盘量是可怜巴巴的 25 手。这么一点的开盘量，实在可怜至极，说明根本没有什么大资金参与集合竞价。

（二）早盘阶段，走势十分孱弱，惨不忍睹，参见图例 50 所示。

（三）下午虽有所反攻，但是，走势十分呆滞，上攻时量能又显得十分短缺。

（四）尾盘阶段，除了杀跌还是杀跌，慌不择路，似乎天要塌下来的样子。

（五）观察全天的走势，很明显，年末情结在左右着整个盘面，天寒岁暮，人心涣散，斗志全无，盘面显示出疏懒的走势，成交稀少，跟风不足，游资也好，机构也罢，已经没有什么心思作战了。

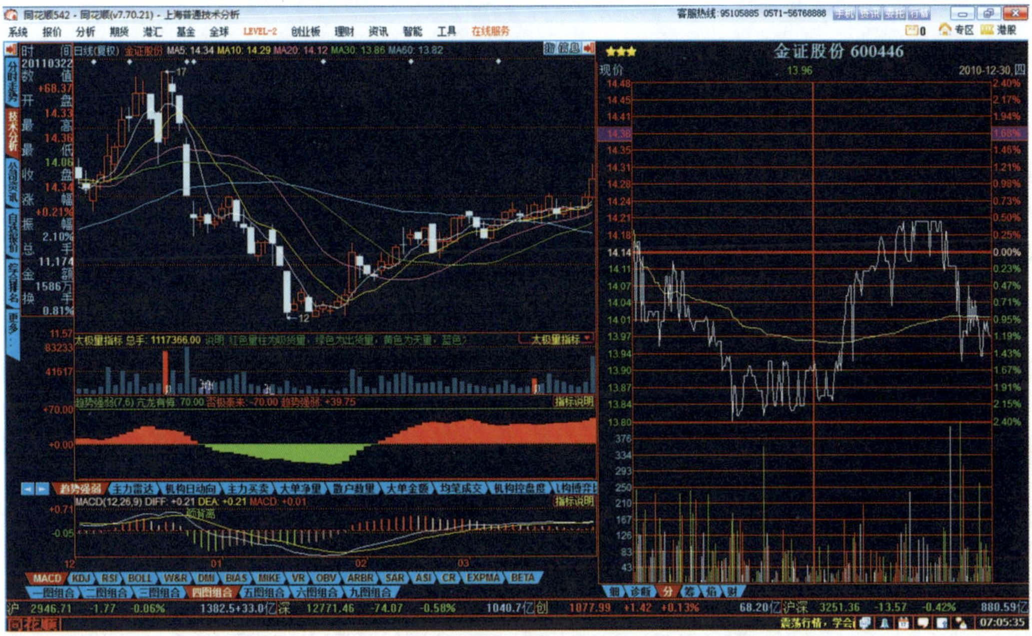

图例 50　跟风不足走势示意图

2010 年 12 月 31 日

盘面特点：

（一）每年年末，总有一些资金在最后一天买进一些筹码，赌一把，为的是在新的一年开始的第一天收取一个大红包。这种想法究竟能否实现呢？从盘面来看，实现的可能性很大。

（二）从盘面来看，走势虽然很弱，但是，盘中出现了不少冲击性的波形，说明有资金在悄悄吃进筹码，这是典型的低位建仓特征。参见图例 51 所示。

（三）从量峰来看，对倒打压的成分比较多，冲击性量峰也不少，说明有人在打压吸筹。

（四）早盘阶段和尾盘阶段，均出现了典型的试盘波形，说明有人在上试抛压，这样的盘面说明这些大资金已经拥有一定的筹码。

（五）从尾盘的走势来看，属于刻意打压，压低收盘。

图例 51　压低收盘示意图

第三节　中国银河证券厦门美湖路证券营业部实战案例

中国银河证券股份有限公司厦门美湖路证券营业部简称银河证券厦门美湖路，截至 2011 年 3 月 18 日，该营业部上榜次数 467 次，下面是该营业部的部分上榜数据。

日期	股票	营业部买入	营业部卖出	总成交金额	比例	排名
2011－3－16	美罗药业 600297	0	41671408.92	111609.72 万元	3.73%	卖出 2 名
2011－3－15	美罗药业 600297	40144472.00	0	80686.19 万元	4.97%	买入 1 名
2011－3－3	三江购物 601116	0	25896322.53	64754.59 万元	3.99%	卖出 1 名
2011－3－3	三江购物 601116	0	25896322.53	64754.59 万元	3.99%	卖出 1 名
2011－3－2	＊ST 黑化 600179	19569700.93	0	71333.40 万元	2.74%	买入 2 名
2011－3－2	＊ST 黑化 600179	0	20681271.77	71333.40 万元	2.89%	卖出 2 名
2011－3－2	N 三江 601116	26511291.86	0	9.45 万元	2.805%	买入 1 名
2011－2－28	TCL 集团 000100	55006707.22	123563.00	124586 万元	4.42%	买入 1 名
2011－2－25	凯美特气 002549	82571.00	2819844.00	14086 万元	2.06%	卖出 4 名
2011－2－23	金通灵 300091	6012928.00	539620.00	18955 万元	3.45%	买入 3 名
2011－2－23	鲁信高新 600783	13980000.00	0	26797.21 万元	5.21%	买入 1 名
2011－2－1	晋亿实业 601002	0	44041919.61	159419.63 万元	2.76%	卖出 3 名
2011－1－31	晋亿实业 601002	42561320.04	0	113435.40 万元	3.75%	买入 3 名
2011－1－27	＊ST 黑化 600179	0	10758349.10	43503.35 万元	2.47%	卖出 2 名
2011－1－19	精诚铜业 002171	20138048.16	303688.00	38248 万元	5.34%	买入 1 名
2011－1－18	云南锗业 002428	14370581.75	13752277.60	81840 万元	3.43%	买入 1 名
2011－1－18	云南锗业 002428	14370581.75	13752277.60	81840 万元	3.43%	卖出 5 名
2011－1－18	云南锗业 002428	75138.00	13720317.60	38845 万元	3.55%	卖出 1 名
2011－1－18	＊ST 黑化 600179	3642100.00	0	3188.41 万元	11.4%	买入 3 名
2011－1－18	＊ST 黑化 600179	3642100.00	0	3188.41 万元	11.4%	买入 3 名
2011－1－17	三五互联 300051	790416.29	12671.00	5185 万元	1.54%	买入 5 名
2011－1－17	云南锗业 002428	14295443.75	31960.00	42994 万元	3.33%	买入 1 名
2011－1－11	海南橡胶 601118	0	54641632.87	239552.12 万元	2.28%	卖出 4 名

（续表）

日期	股票	营业部买入	营业部卖出	总成交金额	比例	排名
2010－12－24	*ST 金城 000820	5482852.23	0.00	9537 万元	5.74%	买入 2 名
2010－12－24	*ST 金城 000820	5482852.23	0.00	9537 万元	5.74%	买入 2 名
2010－12－20	华英农业 002321	5258496.10	131212.00	25893 万元	2.08%	买入 5 名
2010－12－16	永辉超市 601933	0	51146990.51	167682.32 万元	3.05%	卖出 1 名
2010－12－15	N 永辉 601933	49871980.01	0	5.62 万元	8.874%	买入 4 名
2010－12－13	星河生物 300143	15900.00	12053120.83	28405 万元	4.24%	卖出 1 名
2010－12－10	星河生物 300143	11230659.44	158601.00	26353 万元	4.32%	买入 1 名
2010－12－10	星河生物 300143	11230659.44	158601.00	26353 万元	4.32%	买入 1 名
2010－12－10	北纬通信 002148	58128.00	3444084.00	11037 万元	3.17%	卖出 4 名
2010－12－10	双汇发展 000895	0.00	94170288.56	74573 万元	12.6%	卖出 1 名
2010－12－8	泰亚股份 002517	5024679.03	34179.00	18184 万元	2.78%	买入 1 名
2010－12－8	双汇发展 000895	120671924.00	0.00	256665 万元	4.70%	买入 3 名
2010－12－8	双汇发展 000895	120671924.00	0.00	252133 万元	4.78%	买入 3 名
2010－12－7	大连港 601880	0	47454370.90	103485.64 万元	4.58%	卖出 1 名
2010－12－7	大连港 601880	0	47454370.90	103485.64 万元	4.58%	卖出 1 名
2010－12－6	N 大连港 601880	46264726.98	0	9.15 万元	5.056%	买入 1 名
2010－11－29	丰原药业 000153	13263805.00	281637.00	63742 万元	2.12%	买入 2 名

经典实战案例解读：美罗药业（600297）

相关数据

日期	股票	营业部买入	营业部卖出	总成交金额	比例	排名
2011－3－15	美罗药业 600297	40144472.00	0	80686.19 万元	4.97%	买入 1 名

背景资料

2011 年 3 月 12 日，日本特大地震引发福岛第一核电站发生放射性物质泄漏事件，并引发核电站 1 号机组厂房在当日下午发生氢气爆炸。虽然官方称“目前暂时不会对中国造成影响”，但国内市场已经出现“恐慌性购买”现象，尤其是坊间传说具有抗辐射功能的碘化钾片的生产厂商，更成为“抗辐射药”概念的受益者。

国家食品药品监督局网站的资料显示，目前国内碘化钾片的有效生产批号共18个，全部为国产药品，并无国外进口，这些生产厂商中包括天津力生制药股份有限公司、修正药业集团股份有限公司、北京市燕京药业有限公司等企业。

其他相关的抗癌、含碘药物的医药股也开始大涨。生产具有防护核辐射作用药物阿米福汀的美罗药业（600297，SH）3月14日受到资金青睐，开盘涨停，全天成交3.76亿元，创了3个多月以来成交金额的新高。

炒作过程

美罗药业（600297）截至2011年3月18日游资炒作部分数据

日期	席位	买入金额	卖出金额	占总成交额
2011－3－18	华泰联合证券有限责任公司武汉首义路证券营业部	13009026.92元	0元	2.315%
2011－3－18	申银万国证券股份有限公司广东广州天河北路营业部	10490200.00元	0元	1.866%
2011－3－18	海通证券股份有限公司芜湖银湖路证券营业部	7009489.50元	0元	1.247%
2011－3－18	中信万通证券有限责任公司青岛标山路证券营业部	5479811.25元	0元	0.9751%
2011－3－18	中信证券股份有限公司上海淮海中路证券营业部	5089488.00元	0元	0.9056%
2011－3－18	中国银河证券股份有限公司宁波翠柏路证券营业部	0元	33463869.75元	5.955%
2011－3－18	中信证券股份有限公司上海溧阳路证券营业部	0元	16425660.66元	2.923%
2011－3－18	中信证券股份有限公司上海淮海中路证券营业部	0元	10400265.38元	1.850%
2011－3－18	方正证券股份有限公司上海保定路证券营业部	0元	10206152.00元	1.816%
2011－3－18	中国建银投资证券有限责任公司广州水荫路证券营业部	0元	10116544.38元	1.800%
2011－3－16	中国建银投资证券有限责任公司广州水荫路证券营业部	23468577.00元	0元	2.102%

（续表）

日期	席位	买入金额	卖出金额	占总成交额
2011-3-16	中信证券股份有限公司上海溧阳路证券营业部	18059581.45元	0元	1.618%
2011-3-16	招商证券股份有限公司深圳常兴路证券营业部	15281503.00元	0元	1.369%
2011-3-16	申银万国证券股份有限公司广州天河北路营业部	13900055.30元	0元	1.245%
2011-3-16	国泰君安证券股份有限公司深圳上步中路证券营业部	12999412.98元	0元	1.164%
2011-3-16	机构专用	0元	106780539.38元	9.567%
2011-3-16	中国银河证券股份有限公司厦门美湖路证券营业部	0元	41671408.92元	3.733%
2011-3-16	光大证券股份有限公司金华宾虹路证券营业部	0元	38339287.01元	3.435%
2011-3-16	西藏同信证券有限责任公司上海东方路证券营业部	0元	23385019.38元	2.095%
2011-3-16	机构专用	0元	21842953.09元	1.957%
2011-3-15	中国银河证券股份有限公司厦门美湖路证券营业部	40144472.00元	0元	4.975%
2011-3-15	光大证券股份有限公司金华宾虹路证券营业部	36047644.68元	0元	4.467%
2011-3-15	中国银河证券股份有限公司宁波翠柏路证券营业部	28605063.23元	0元	3.545%
2011-3-15	西藏同信证券有限责任公司上海东方路证券营业部	24557826.44元	0元	3.043%
2011-3-15	湘财证券有限责任公司上海枣阳路证券营业部	20514366.00元	0元	2.542%
2011-3-15	机构专用	0元	35724000.00元	4.427%
2011-3-15	华融证券股份有限公司北京金融大街证券营业部	0元	14956751.80元	1.853%
2011-3-15	招商证券股份有限公司深圳深南大道车公庙证券营业部	0元	14506670.00元	1.797%

（续表）

日期	席位	买入金额	卖出金额	占总成交额
2011-3-15	东方证券股份有限公司上海新川路证券营业部	0元	13746664.92元	1.703%
2011-3-15	机构专用	0元	13730230.86元	1.701%
2010-5-12	华泰证券股份有限公司常熟枫林路证券营业部	1521213.38元	0元	3.865%
2010-5-12	东吴证券有限责任公司苏州狮山路证券营业部	458419.00元	0元	1.164%
2010-5-12	海通证券股份有限公司上海乳山路证券营业部	433827.00元	0元	1.102%
2010-5-12	华泰证券股份有限公司扬州文昌中路证券营业部	419228.00元	0元	1.065%
2010-5-12	方正证券有限责任公司昆明三市街证券营业部	391000.00元	0元	0.9934%
2010-5-12	华泰证券股份有限公司常熟枫林路证券营业部	0元	2880011.00元	7.317%
2010-5-12	国联证券股份有限公司无锡人民东路证券营业部	0元	2221263.00元	5.643%
2010-5-12	国泰君安证券股份有限公司汕头金沙路营业部	0元	1921611.18元	4.882%
2010-5-12	海通证券股份有限公司上海乳山路证券营业部	0元	1912847.69元	4.860%
2010-5-12	国联证券股份有限公司上海邯郸路证券营业部	0元	1386854.00元	3.523%
2009-11-23	国信证券股份有限公司广州东风中路证券营业部	10995739.36元	0元	2.507%
2009-11-23	海通证券股份有限公司大连分公司天津街营业部	8255779.98元	0元	1.882%
2009-11-23	国信证券股份有限公司深圳泰然九路证券营业部	6765183.49元	0元	1.542%
2009-11-23	中信证券股份有限公司上海长寿路证券营业部	6558719.60元	0元	1.495%

(续表)

日期	席位	买入金额	卖出金额	占总成交额
2009-11-23	国信证券股份有限公司杭州体育场路证券营业部	4506539.99 元	0 元	1.027%
2009-11-23	爱建证券有限责任公司深圳深南中路证券营业部	0 元	16351176.94 元	3.728%
2009-11-23	国元证券股份有限公司上海虹桥路证券营业部	0 元	12973300.49 元	2.958%
2009-11-23	东方证券股份有限公司上海牡丹路证券营业部	0 元	9919140.77 元	2.262%
2009-11-23	国信证券股份有限公司杭州体育场路证券营业部	0 元	8259990.70 元	1.883%
2009-11-23	中国民族证券有限责任公司上海延平路证券营业部	0 元	5651607.00 元	1.288%

2011 年 3 月 15 日

盘面特点:

(一)集合竞价时间段,股价以 13.19 元大幅度高开,开盘量是 19560 手,属于绝对的巨量强势高开。这种开盘方式表明,游资从一开盘就志在必得,说明他们决心恶炒。

(二)早盘阶段,股价稍作停顿,便释放出巨大的成交量。三分钟后,股价从 13.58 元被迅速拉起,巨额大单 15232 手,直接拉到了涨停价 13.74 元,参见图例 52 所示。

(三)从盘口来看,参战的各方态度都很坚决,而且投入了巨量资金,操作风格非常凶悍,在分时图上,几乎是以直线的方式,垂直拉升,直奔涨停板而去。

(四)早盘阶段,出现了短暂时间打开涨停板,同时释放出很大的成交量,估计是老鼠仓。

(五)全天的走势异常强劲,封涨停非常坚决,体现了游资操盘的坚决、凶悍、威猛。这是最典型的借助消息题材猛烈炒作的案例之一。

从实战的角度来看,因为这是借消息而趁机炒作,虽然来势汹汹,但绝对难以持久。在操作上，能在第一时间跟进最好，如果无法跟进，不跟也罢。

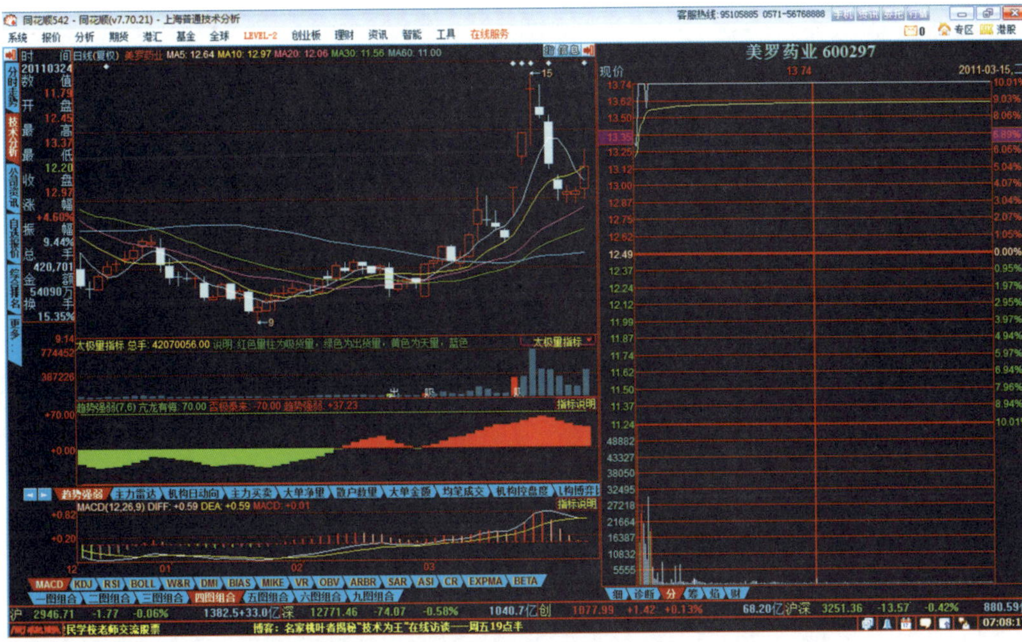

图例 52　借助消息猛烈炒作巨量高开示意图

从上交所发布的交易公开信息来看，当天排在买一位置的是中国银河证券厦门美湖路营业部，当天买入金额 4014 万元，买二位置的是光大证券金华滨虹路营业部，买入金额 3604 万元，这两家游资都是近年来声名赫赫的后起之秀。买三位置的是中国银河证券宁波翠柏路营业部，买入金额 2860 万元，买四、买五也分别买入 2455 万元和 2051 万元。从买一到买五，全部在千万元以上，说明游资极度看好短炒机会，都想从中猛捞一把。

有意思的是卖出排名榜，机构在这次炒作中，趁机大肆卖出。

卖一位置的是机构专用席位，卖出金额 3572 万元。

卖五位置的也是机构专用席位，卖出金额 1373 万元。

由此可见，机构和游资之间对题材炒作的分歧很大，游资抬轿，机构开溜。

由于游资和机构之间没有达成共识，那些还没来得及出逃的机构，在接下来的炒作中也可能采取同样的做法。因此，此番炒作，好景不会长久。

2011 年 3 月 15 日美罗药业（600297）交易公开信息

证券代码：600297　　　　　　　　　　　　　证券简称：美罗药业

买入营业部名称：	累计买入金额(元)：
(1) 中国银河证券股份有限公司厦门美湖路证券营业部	40144472.00
(2) 光大证券股份有限公司金华宾虹路证券营业部	36047644.68
(3) 中国银河证券股份有限公司宁波翠柏路证券营业部	28605063.23
(4) 西藏同信证券有限责任公司上海东方路证券营业部	24557826.44
(5) 湘财证券有限责任公司上海枣阳路证券营业部	20514366.00

卖出营业部名称：	累计卖出金额(元)：
(1) 机构专用	35724000.00
(2) 华融证券股份有限公司北京金融大街证券营业部	14956751.80
(3) 招商证券股份有限公司深圳深南大道车公庙证券营业部	14506670.00
(4) 东方证券股份有限公司上海新川路证券营业部	13746664.92
(5) 机构专用	13730230.86

2011 年 3 月 16 日

盘面特点：

（一）上午 10 时 30 分复牌后，股价以 14.74 元大幅度高开，开盘量是 10534 手。这样的开盘方式属于典型的巨量高开，如果如此巨量高开却不能封住涨停板，那么接下来就是一场灾难。投资者在不能封住涨停的时候，要坚决出局，落袋为安。

（二）上午的走势很叫人失望，参见图例 53 所示，虽然巨量大单开盘，但是，仅仅是上冲了一瞬间，旋即掉头向下，毫无斗志，昨天那种“虽千万人吾往矣的豪气”不知道哪里去了。

（三）从全天的走势来看，这是典型的各自为战，均价线一直向下倾斜，说明参战各方谁也不愿意出头护盘，只愿意快快溜掉。

（四）从盘口量峰来看，不时出现压低出货的大卖单，说明出货心切。

（五）尾盘阶段虽然尚且拉升一下，但是成交量却非常有限，说明仅仅是一些大户在自作多情地狙击尾盘，以为明天会冲高，借机出局。实际上，这样的想法很可笑，游资就是游资，他们能给你们这样的套利机会吗？

除非大盘非常威猛，否则，做梦去吧。

从上交所发布的交易公开信来看，买入席位上出现了新的面孔，但买入的数量都不算很大，买一的中投证券广州水荫路营业部买入 2346 万元，买

图例 53　斗志全无的出货图谱

二的才 1805 万元，买三的 1528 万元，买四的 1390 万元，买五的 1299 万元，相对比昨天的而言，也算是小意思了。

卖出位置上的却很有意思。

首先是机构专用席位，卖一位置的依然是机构，卖出金额高达 10678 万元，看样子是出货很坚决的，借游资炒作的时机，大规模减仓，似乎也是机构的惯常做法。

卖五位置的也是机构专用席位，卖出金额 2184 万元，操作思路和卖一相同。

令人惊奇不已的是卖二、卖三和卖四，居然全是昨天大举进场的那帮游资。由是观之，游资大多是喜欢一日游，今天大举进场，明天大举出场，毫不奇怪。

从卖二的卖出金额来看，几乎清空了。

卖三的卖出金额 3833 万元，也是如此。

卖四的卖出金额 2338 万元，也所剩无几。

呜呼，游资，哀哉，游资！

2011 年 3 月 16 日美罗药业（600297）交易公开信息

席位名称	性质	买入金额（万元）	卖出金额（万元）	净资金流（万元）	净资金流占流通市值比例(%)	净资金流占总成交额比例(%)
中国建银投资证券有限责任公司广州水荫路证券营业部	游资	2346.86	0.00	2346.86	0.58	2.10
中信证券股份有限公司上海溧阳路证券营业部	游资	1805.96	0.00	1805.96	0.45	1.62
招商证券股份有限公司深圳常兴路证券营业部	游资	1528.15	0.00	1528.15	0.38	1.37
申银万国证券股份有限公司广东广州天河北路营业部	游资	1390.01	0.00	1390.01	0.34	1.25
国泰君安证券股份有限公司深圳上步中路证券营业部	游资	1299.94	0.00	1299.94	0.32	1.16
机构专用	基金	0.00	10678.05	-10678.05	-2.64	-9.57
中国银河证券股份有限公司厦门美湖路证券营业部	次活跃游资	0.00	4167.14	-4167.14	-1.03	-3.73
光大证券股份有限公司金华宾虹路证券营业部	游资	0.00	3833.93	-3833.93	-0.95	-3.44
西藏同信证券有限责任公司上海东方路证券营业部	游资	0.00	2338.50	-2338.50	-0.58	-2.10
机构专用	基金	0.00	2184.30	-2184.30	-0.54	-1.96
美罗药业[600297]合计：		8370.92	23201.92	-14831.00	-3.67	-13.30

2011 年 3 月 17 日

盘面特点：

（一）集合竞价时间段，股价以 14.33 元小幅度低开，开盘量是 3973 手，属于巨量范畴。这样的巨量低开很叫人失望，意味着当天基本上没什么希望了。

（二）早盘阶段，股价稍微上攻，在触及前收盘价的瞬间，就掉头向下，同时放出巨大的成交量，说明抛盘极大，参见图例 54 所示。

（三）上午随后虽然出现过两次上攻，但是，攻击的力度都很小，成交量也完全不配合。如此可以预见到股价已经没什么作为了，出局是唯一正确的选择。

（四）下午的走势更叫人失望，泄洪一样，一路下跌，成交量也同步放大。

（五）观察全天的走势，不管是机构还是游资，除了出货还是出货，从盘口看，均价线一直处于向下倾斜的态势，说明抛压沉重。全天几乎没有穿越前收盘价，说明大势已去，昨天的长上影，已经成为坚定的标志性 K 线。今天的低开，则宣告炒作结束了。

醒醒吧，朋友！

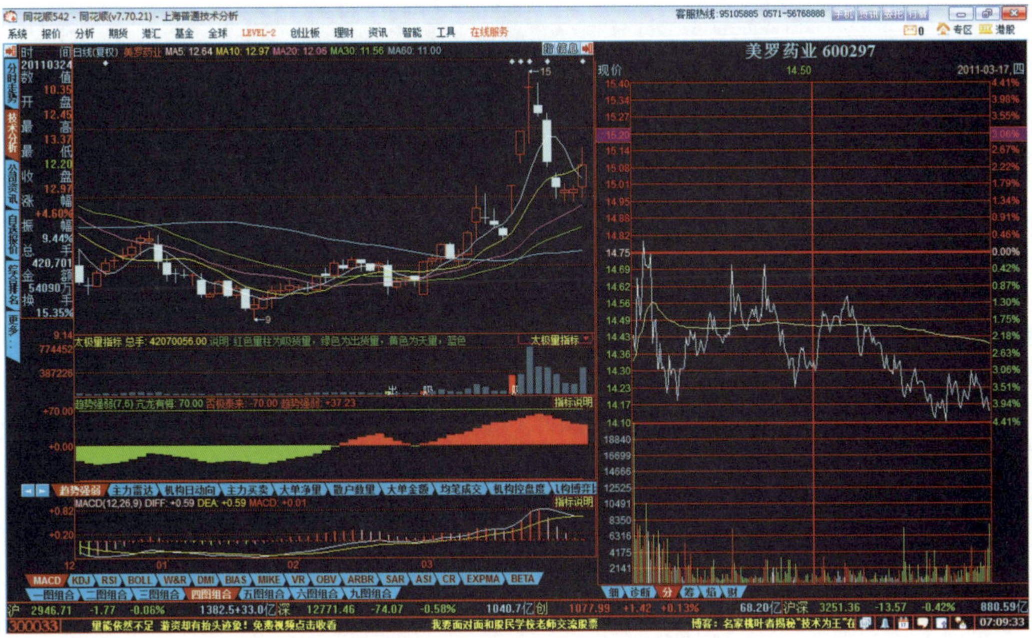

图例 54　大势已去，出货坚决

2011 年 3 月 18 日

盘面特点：

（一）市场上总有一些大资金，他们的炒作思路很莫名其妙，明明是大势已去的时候，他们却选择了进场，也不知道是不是脑子进了水。

（二）比如美罗药业（600297），明明是破位走势，趋势已经变坏，参见图例 55 所示。偏偏还是有那么一些人，就不信邪，选择坚决买入。

（三）集合竞价时间段，股价就选择了低开，而且是完全的跳空低开。

（四）早盘阶段，飞流直下似的，放量杀跌，属于不计成本的甩货。

（五）全天的走势乏善可陈，除了和出货有关之外，好像并没有什么亮点可言。当然，要出货，还得有对手接货，是谁接走了呢？

拭目以待吧。

图例 55　非常典型的出货图形

从今天的交易公开信息来看，真是很有意思，而且叫人哭笑不得。

先看买入的席位，买一的是华泰联合证券武汉首义路营业部，买进金额1300 万元，没有卖出金额。买二的是申银万国广州天河北路营业部，买进金额 1049 万元。这两家游资的操盘风格一向比较彪悍，属于气概不凡那一类。今天赶在如此恶劣的破位走势中买入，说明他们是有预谋的，有计划的，有目的的。

买三、买四、买五的买入数量比较小，可以不提。

可笑的是卖出席位上的游资，可以肯定，卖一位置的游资是没有获利的，卖五的游资也可以肯定是割肉的。回想前些天他们的买入金额，对比一下，就不难发现他们的亏损。

游资的操作，从此处来看，也有割肉的时候。

呵呵，也许，认赔也是一种技术吧。

2011 年 3 月 18 日美罗药业（600297）交易公开信息

席位名称	性质	买入金额（万元）	卖出金额（万元）	净资金流（万元）	净资金流占流通市值比例(%)	净资金流占总成交额比例(%)
华泰联合证券有限责任公司武汉首义路证券营业部	游资	1300.90	0.00	1300.90	0.36	2.32
申银万国证券股份有限公司广东广州天河北路营业部	游资	1049.02	0.00	1049.02	0.29	1.87
海通证券股份有限公司芜湖银湖路证券营业部	游资	700.95	0.00	700.95	0.20	1.25
中信万通证券有限责任公司青岛标山路证券营业部	游资	547.98	0.00	547.98	0.15	0.98
中信证券股份有限公司上海淮海中路证券营业部	游资	508.95	0.00	508.95	0.14	0.91
中国银河证券股份有限公司宁波翠柏路证券营业部	游资	0.00	3346.39	-3346.39	-0.94	-5.96
中信证券股份有限公司上海溧阳路证券营业部	游资	0.00	1642.57	-1642.57	-0.46	-2.92
中信证券股份有限公司上海淮海中路证券营业部	游资	0.00	1040.03	-1040.03	-0.29	-1.85
方正证券股份有限公司上海保定路证券营业部	游资	0.00	1020.62	-1020.62	-0.29	-1.82
中国建银投资证券有限责任公司广州水荫路证券营业部	游资	0.00	1011.65	-1011.65	-0.28	-1.80
美罗药业[600297]合计：		4107.80	8061.26	-3953.46	-1.12	-7.02

2011 年 3 月 21 日

盘面特点：

（一）集合竞价时间段，股价以 12.66 元小幅度跳空低开，开盘量是 3228 手，这是典型的巨量低开，是著名的杀跌形态之一。在关键技术位跳空低开，说明破位走势已经宣告成立，后市凶多吉少，观望为宜。

（二）早盘阶段，股价依旧选择下行，毫无斗志。上午的成交量十分巨大，说明杀跌盘很多，割肉者众多，鲜血淋漓，惨不忍睹。

（三）下午的走势相对平稳，量能也有所萎缩，说明做空动能开始衰竭，参见图例 56 所示，盘中不时出现积极性买单，说明已经有人开始回补。

图例 56　早盘杀跌出货示意图

（四）尾盘继续杀跌，有些出人意料。

（五）观察全天的走势，上午以杀跌出货为主，下午以回补为主，说明此处止跌企稳的概率比较大，如果能在关键技术点位站稳，则出现反弹的概率比较大。

2011 年 3 月 22 日

盘面特点：

（一）集合竞价时间段股价以 12.30 元小幅度低开，开盘量是 561 手，属于比较正常的开盘方式，经过前几天的杀跌出货，做空的力量已经很微弱。

（二）早盘阶段，出现了典型的攻击性冲击波，说明此时已经有资金在拉高建仓。与此同时，出现了凌乱的量峰，说明还有人在止损出货。

（三）上午 11 时左右，出现了巨量大单猛烈打压，这是典型的尖刀底走势，在这个位置出现，可以视为向下试盘的动作，测试下档 20 日均线的支撑力度。

（四）下午两次上攻，穿越前收盘价，但始终没有办法站稳，随后出现放量杀跌，说明有人还选择在此处坚决出货。

（五）尾盘上翘，但不能收回到前收盘价上方，说明弱势依旧。

图例 57　巨量向下试盘动作示意图

2011 年 3 月 23 日

盘面特点：

（一）集合竞价时间段，股价以 12.31 元小幅度低开，开盘量是 506 手。今天的开盘价和昨天的大致相同，出场的位置相似，说明今天的高度和昨天大致相似。

（二）早盘阶段，股价上窜下跳，大约在 10 时左右，股价放量下跌，价跌量升。在关键技术位 20 日均线附近出现这样的走势，可以视为诱空动作。

（三）随后的走势很有意思，盘口出现了非常典型的冲击性波形，攻击性冲击波不断出现，说明有资金在这个位置积极进场，随后出现反弹的概率比较大。

（四）下午的走势很耐人寻味，两波攻击可以看作是为建仓而做出来的拉抬动作。

（五）尾盘的放量，属于正常行为，但是凌乱的量峰则说明割肉盘还是不少。

图例 58　关键技术点位建仓示意图

2011 年 3 月 24 日

盘面特点：

（一）集合竞价时间段，股价以微小的幅度高开，开盘价是 12.5 元，开盘量是 1467 手。

（二）早盘阶段，股价向下击穿了开盘价、均价线和前收盘价，但成交量却显得比较稳定，下跌的过程中并没出现明显的放量行为。参见图例 59 所示。

（三）上午 10 时，股价开始止跌企稳，随后带量拉升，一举收复了均价线、前收盘价和当天的开盘价，开始震荡上行。

（四）之后的走势比较坚挺，基本上运行在当天的均价线之上，盘中虽然不时出现巨量大卖单，但是股价依旧上行，说明逐利的资金并没有砸盘的意思。

（五）尾盘略微走软，但依旧收在了当天的均价线之上，强势的特征依旧。

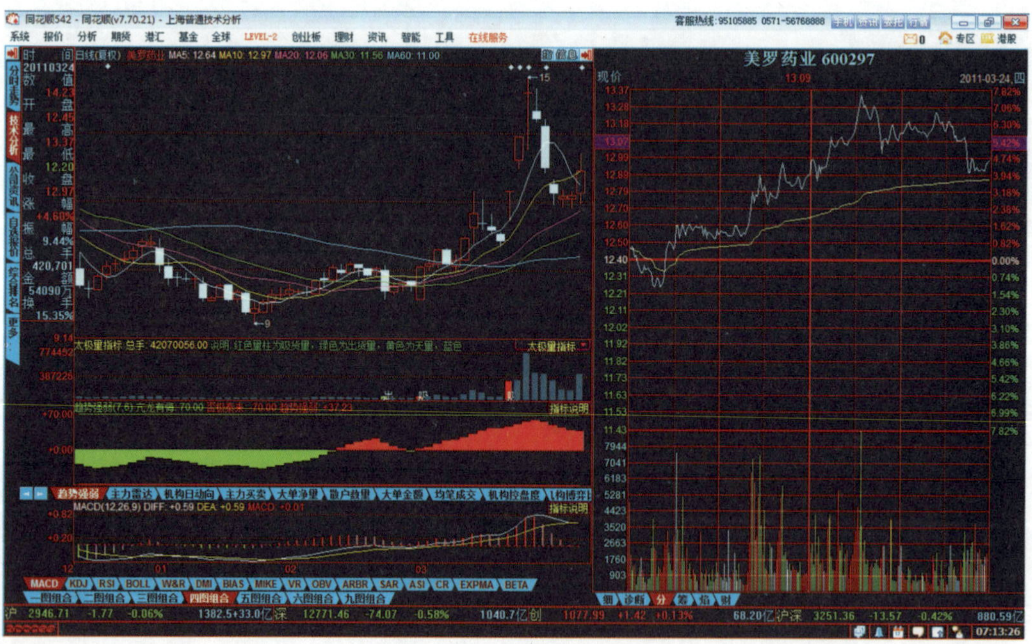

图例 59　比较强势的分时走势

第四章　财通系游资操盘实战案例

第一节　财通系游资操盘的基本特征

财通系游资的历史比较悠久，在江湖上，颇有自己的特色，而且操盘风格比较稳健，因而被称为未败的老江湖。2008 年开始，财通系游资逐渐走进人们的视野，当初，财通证券的两家营业部绍兴人民中路营业部游资和温岭东辉北路营业部云集了大批游资，而且在操作上协同到位，如影随形，亦步亦趋，被人戏称为资本市场上独特的二人转。2010 年以来，这两大营业部的游资不但未见消退，反而迅猛成长起来，上榜的次数越来越多。

从操作风格上来看，这两家营业部的游资都具有共同的偏爱，一般喜欢江浙一带的股票。前面我们已经对他们的操盘特色做过介绍，可供各位参考。财通系游资秉承了江浙一带做熟不做生的习惯，操盘手法稳健老到，一般喜欢选择题材股来炒作，而且，连续上涨的概率比较大。在众多的游资中，财通系游资的江湖口碑历来比较好。

有兴趣研究游资的朋友，注意下边的营业部：

（一）财通证券有限责任公司绍兴人民中路证券营业部

（二）财通证券有限责任公司温岭东辉北路证券营业部

相关内容请参见《游资操盘核心机密》（上册）有关章节，在此不再赘述。

第二节 财通证券绍兴人民中路证券营业部实战案例

财通证券有限责任公司绍兴人民中路证券营业部简称财通证券绍兴人民中路，截至2011年3月18日，该营业部上榜次数884次，下面是该营业部近期的上榜数据。

日期	股票	营业部买入	营业部卖出	总成交金额	比例	排名
2011-3-18	N益盛002566	727217.50	2017433.10	46748万元	0.587%	卖出4名
2011-3-18	N上绿新002565	92172.00	793160.00	22535万元	0.392%	卖出5名
2011-3-17	广济药业000952	6564120.61	913298.00	28554万元	2.61%	买入4名
2011-3-16	N潜能恒300191	470042.00	2158068.41	51864万元	0.506%	卖出4名
2011-3-16	N神农300189	482542.00	2778704.22	64283万元	0.507%	卖出3名
2011-3-16	N维尔利300190	1131067.00	1781314.10	54498万元	0.534%	卖出5名
2011-3-16	精功科技002006	500553.00	8830333.60	58563万元	1.59%	卖出3名
2011-3-15	包钢股份600010	98766264.08	0	302058.36万元	3.26%	买入2名
2011-3-15	包钢股份600010	97789374.72	0	272975.45万元	3.58%	买入2名
2011-3-7	中国神华601088	0	46238191.90	264093.22万元	1.75%	卖出3名
2011-3-3	N亚威002559	218392.00	903041.00	24275万元	0.461%	卖出5名
2011-3-3	N通达002560	294904.99	1596490.30	40878万元	0.462%	卖出5名
2011-3-3	巨化股份600160	0	14848913.20	69840.29万元	2.12%	卖出5名
2011-3-2	N辉隆002556	1777313.00	2515678.60	76839万元	0.558%	卖出5名
2011-3-2	N顺荣002555	867973.00	1843461.70	33038万元	0.820%	卖出2名
2011-3-2	N世纪游002558	246992.44	1749139.15	36961万元	0.540%	卖出3名
2011-2-28	三爱富600636	0	19366721.74	56741.14万元	3.41%	卖出1名
2011-2-25	N惠博普002554	300517.00	2272279.36	59651万元	0.431%	卖出4名
2011-2-25	N宝鼎002552	577914.10	1745036.75	41330万元	0.562%	卖出3名
2011-2-25	N尚荣002551	773488.00	3037724.58	87997万元	0.433%	卖出5名
2011-2-25	N南方轴002553	435682.00	1508190.66	36516万元	0.532%	卖出3名
2011-2-25	万好万家600576	23408830.58	0	159566.13万元	1.46%	买入3名
2011-2-25	海欣股份600851	0	7842251.00	39311.24万元	1.99%	卖出3名

（续表）

日期	股票	营业部买入	营业部卖出	总成交金额	比例	排名
2011-2-18	N 金新农 002548	703721.50	1483026.00	40646 万元	0.537%	卖出 4 名
2011-2-18	N 春兴 002547	895121.00	2146220.76	51621 万元	0.589%	卖出 3 名
2011-2-18	珠江啤酒 002461	2495161.84	363915.00	22554 万元	1.26%	买入 3 名
2011-2-9	光正钢构 002524	28659.00	1576078.68	14795 万元	1.08%	卖出 2 名
2011-2-9	光正钢构 002524	28659.00	1576078.68	14795 万元	1.08%	卖出 2 名
2011-2-1	N 汉得 300170	136060.00	766765.76	13582 万元	0.664%	卖出 1 名
2011-2-1	N 元力 300174	89039.00	1326680.90	24735 万元	0.572%	卖出 1 名
2011-2-1	N 中电环 300172	746465.00	1782657.10	39120 万元	0.646%	卖出 3 名
2011-2-1	中科三环 000970	2555189.80	4414403.80	59320 万元	1.17%	卖出 4 名
2011-1-28	N 中化岩 002542	3452.00	722825.00	11165 万元	0.650%	卖出 1 名
2011-1-28	N 万和 002543	230172.00	849417.41	20089 万元	0.537%	卖出 4 名
2011-1-28	N 杰赛 002544	462785.00	1590070.50	39201 万元	0.523%	卖出 5 名
2011-1-27	光正钢构 002524	1668449.01	84383.90	14358 万元	1.22%	买入 5 名
2011-1-27	N 博威 601137	0	1262237.00	3.27 万元	3.860%	卖出 4 名
2011-1-27	中国西电 601179	0	13459844.00	110738.89 万元	1.21%	卖出 5 名
2011-1-25	N 万达信 300168	110685.00	812501.36	15385 万元	0.600%	卖出 2 名
2011-1-25	N 天晟 300169	496451.00	3178823.85	64190 万元	0.572%	卖出 3 名

经典实战案例解读：包钢股份（600010）

相关数据

日期	股票	营业部买入	营业部卖出	总成交金额	比例	排名
2011-3-15	包钢股份 600010	97789374.72	0	272975.45 万元	3.58%	买入 2 名

背景资料

包钢股份（600010）在 2011 年 3 月 12 日发布公告称，拟以不低于 3.68 元每股的价格发行不超过 16.3 亿股，募资不超过 60 亿元，用于收购控股股东包钢集团持有的巴润矿业有限责任公司 100% 股权以及白云鄂博铁矿西矿采矿权。

白云鄂博矿是世界上稀土储量最大的矿山，而包钢股份非公开增发拟注入的资产就包含白云鄂博铁矿西矿的采矿权。不过，山西证券分析师刘俊清告诉《每日经济新闻》记者，遗憾的是，该区域稀土含量较低，白云鄂博矿主要稀土储量在东矿和主矿，仍属于大股东包钢集团。另有研究员指出，由于牵涉到复杂的关联交易，主矿、东矿短期内难以注入。

炒作过程

包钢股份（600010）截至2011年3月15日游资炒作部分数据

日期	席位	买入金额	卖出金额	占总成交额
2011－3－15	机构专用	148111253.32元	0元	4.903%
2011－3－15	财通证券有限责任公司绍兴人民中路证券营业部	98766264.08元	0元	3.269%
2011－3－15	中信万通证券有限责任公司淄博美食街证券营业部	77155412.66元	0元	2.554%
2011－3－15	兴业证券股份有限公司福州湖东路证券营业部	53927140.60元	0元	1.785%
2011－3－15	东方证券股份有限公司公司总部	52700026.35元	0元	1.744%
2011－3－15	华西证券有限责任公司客户资产管理部	0元	27711671.14元	0.9174%
2011－3－15	光大证券股份有限公司深圳深南中路证券营业部	0元	24680447.15元	0.8170%
2011－3－15	国信证券股份有限公司深圳泰然九路证券营业部	0元	22438197.01元	0.7428%
2011－3－15	兴业证券股份有限公司福州湖东路证券营业部	0元	20234164.71元	0.6698%
2011－3－15	华安证券有限责任公司上海丽园路证券营业部	0元	17756099.32元	0.5878%
2011－3－15	机构专用	148111253.32元	0元	5.425%
2011－3－15	财通证券有限责任公司绍兴人民中路证券营业部	97789374.72元	0元	3.582%
2011－3－15	中信万通证券有限责任公司淄博美食街证券营业部	76929856.66元	0元	2.818%
2011－3－15	兴业证券股份有限公司福州湖东路证券营业部	53827537.60元	0元	1.971%

（续表）

日期	席位	买入金额	卖出金额	占总成交额
2011 - 3 - 15	中国银河证券股份有限公司宁波大庆南路证券营业部	49596111.00 元	0 元	1.816%
2011 - 3 - 15	华西证券有限责任公司客户资产管理部	0 元	27711671.14 元	1.015%
2011 - 3 - 15	光大证券股份有限公司深圳深南中路证券营业部	0 元	24677812.15 元	0.9040%
2011 - 3 - 15	兴业证券股份有限公司福州湖东路证券营业部	0 元	20117170.71 元	0.7369%
2011 - 3 - 15	国信证券股份有限公司深圳泰然九路证券营业部	0 元	19303074.01 元	0.7071%
2011 - 3 - 15	华安证券有限责任公司上海丽园路证券营业部	0 元	17750829.32 元	0.6502%
2010 - 11 - 4	海通证券股份有限公司上海建国西路证券营业部	41490940.44 元	0 元	1.839%
2010 - 11 - 4	中国建银投资证券有限责任公司深圳爱国路证券营业部	36223989.00 元	0 元	1.605%
2010 - 11 - 4	光大证券股份有限公司佛山绿景路证券营业部	35748706.50 元	0 元	1.584%
2010 - 11 - 4	国信证券股份有限公司深圳泰然九路证券营业部	28240573.03 元	0 元	1.251%
2010 - 11 - 4	申银万国证券股份有限公司温州人民路证券营业部	25551873.23 元	0 元	1.132%
2010 - 11 - 4	中国银河证券股份有限公司宁波大庆南路证券营业部	0 元	123841258.14 元	5.490%
2010 - 11 - 4	国元证券股份有限公司上海虹桥路证券营业部	0 元	70696466.27 元	3.134%
2010 - 11 - 4	山西证券股份有限公司太原迎泽大街证券营业部	0 元	63586653.44 元	2.818%
2010 - 11 - 4	兴业证券股份有限公司福州湖东路证券营业部	0 元	45662999.25 元	2.024%
2010 - 11 - 4	东方证券股份有限公司苏州临顿路证券营业部	0 元	41079827.09 元	1.821%

（续表）

日期	席位	买入金额	卖出金额	占总成交额
2010－11－2	中国银河证券股份有限公司宁波大庆南路证券营业部	125801971.00 元	0 元	7.844%
2010－11－2	国元证券股份有限公司上海虹桥路证券营业部	69168984.00 元	0 元	4.313%
2010－11－2	光大证券股份有限公司佛山绿景路证券营业部	65456858.00 元	0 元	4.081%
2010－11－2	中国银河证券股份有限公司杭州新塘路证券营业部	46151185.04 元	0 元	2.877%
2010－11－2	兴业证券股份有限公司福州湖东路证券营业部	40822699.38 元	0 元	2.545%
2010－11－2	山西证券股份有限公司太原迎泽大街证券营业部	0 元	24040779.68 元	1.499%
2010－11－2	国泰君安证券股份有限公司杭州庆春路证券营业部	0 元	19319194.98 元	1.204%
2010－11－2	广发证券股份有限公司深圳民田路证券营业部	0 元	19212900.63 元	1.198%
2010－11－2	东吴证券股份有限公司苏州西北街证券营业部	0 元	18892167.52 元	1.178%
2010－11－2	兴业证券股份有限公司福州湖东路证券营业部	0 元	18577763.72 元	1.158%
2010－11－2	中国银河证券股份有限公司宁波大庆南路证券营业部	90754482.00 元	0 元	19.16%
2010－11－2	光大证券股份有限公司佛山绿景路证券营业部	65446836.00 元	0 元	13.82%
2010－11－2	中信金通证券有限责任公司杭州延安路证券营业部	27761370.00 元	0 元	5.863%
2010－11－2	招商证券股份有限公司深圳南山南油大道证券营业部	27326208.00 元	0 元	5.771%
2010－11－2	中国国际金融有限公司深圳福华一路证券营业部	24024000.00 元	0 元	5.074%
2010－11－2	山西证券股份有限公司太原迎泽大街证券营业部	0 元	23471797.44 元	4.957%

（续表）

日期	席位	买入金额	卖出金额	占总成交额
2010－11－2	国泰君安证券股份有限公司杭州庆春路证券营业部	0 元	16448593.98 元	3.474%
2010－11－2	东吴证券股份有限公司苏州西北街证券营业部	0 元	14337282.96 元	3.028%
2010－11－2	机构专用	0 元	7927920.00 元	1.674%
2010－11－2	光大证券股份有限公司北京东中街证券营业部	0 元	6687375.24 元	1.412%

2011 年 3 月 15 日

盘面特点：

（一）集合竞价时间段股价以 5.79 元大幅度跳空高开，开盘量是 27.1 万手。这是非常典型的极限强势巨量高开，说明当天做盘的态度非常坚决。

（二）早盘阶段的走势却令人大跌眼镜，股价高开低走，活脱脱一副出货走势，非常不合常理。结合前期的走势，不难明白，这是典型的洗盘。由于前期已经经过大幅度炒作，短期内获利盘过多，抛压沉重，需要清洗，参见图例 60 所示。

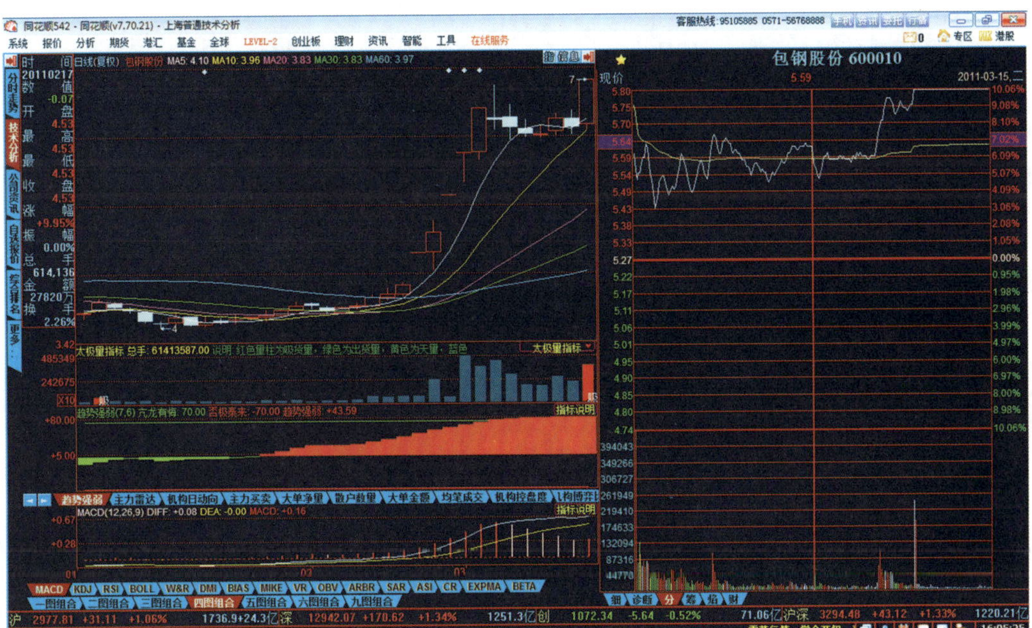

图例 60　巨量高开低走洗盘示意图

（三）整个上午的走势基本上围绕均价线上下震荡，还是洗盘中。

（四）下午开盘后，延续了上午的洗盘走势，成交量大幅度萎缩，说明此时该出的已经出了，不愿意卖出的已经不打算卖出，浮筹已经不多。

（五）下午13时40分，股价开始发动攻击，带量拉升。14时08分，一笔42万手的巨量大单牢牢封住了涨停，直至收盘。

从上交所发布的交易公开信息来看，排在买一位置的是机构专用席位，买入金额14811万元，处于今天的主导地位。买二位置的是财通证券绍兴人民中路营业部，买入金额9778万元，也不算少。买三的是中信万通淄博美食街营业部，买入金额7692万元。买四的是兴业证券福州湖东路营业部，买入金额5382万元，买五的是中国银河证券宁波大庆南路营业部，买入金额4959万元。从买入方的阵营来看，风格比较强悍。

再从卖出方来看，卖出的金额都不算很大，最大的卖一卖出金额2771万元，还不及买五的一半。说明卖盘并不沉重，后市继续看高一线。

2011年3月15日包钢股份（600010）交易公开信息

席位名称	性质	买入金额(万元)	卖出金额(万元)	净资金流(万元)	净资金流占流通市值比例(%)	净资金流占总成交额比例(%)
机构专用	基金	14811.13	0.00	14811.13	0.94	5.43
财通证券有限责任公司绍兴人民中路证券营业部	次活跃游资	9778.94	0.00	9778.94	0.62	3.58
中信万通证券有限责任公司淄博美食街证券营业部	游资	7692.99	0.00	7692.99	0.49	2.82
兴业证券股份有限公司福州湖东路证券营业部	次活跃游资	5382.75	0.00	5382.75	0.34	1.97
中国银河证券股份有限公司宁波大庆南路证券营业部	游资	4959.61	0.00	4959.61	0.31	1.82
华西证券有限责任公司客户资产管理部	券商	0.00	2771.17	-2771.17	-0.18	-1.02
光大证券股份有限公司深圳深南中路证券营业部	游资	0.00	2467.78	-2467.78	-0.16	-0.90
兴业证券股份有限公司福州湖东路证券营业部	次活跃游资	0.00	2011.72	-2011.72	-0.13	-0.74
国信证券股份有限公司深圳泰然九路证券营业部	活跃游资	0.00	1930.31	-1930.31	-0.12	-0.71
华安证券有限责任公司上海丽园路证券营业部	游资	0.00	1775.08	-1775.08	-0.11	-0.65
包钢股份[600010]合计:		42625.42	10956.06	31669.36	2.00	11.60

2011年3月16日

盘面特点：

（一）上午10时30分复牌后，股价以5.80元平开，随后快速上攻，直奔涨停而去。

（二）但是，股价并不封住涨停板，而是快速滑落，成交量也同时放大，说明短线获利盘急于出货。前期的获利筹码实在太多了，清洗也是很有必要的。

（三）下午股价再次上攻，并且封住涨停板。

（四）尾盘的走势很有肆意出货的意图，垂直打开涨停板，成交量急剧放大，属于典型的尾盘出货图形。最后未能继续封住涨停板，则预示着后市震荡在所难免。

（五）观察全天的走势，拉洗结合，比较合理。从成交量急剧放大来看，已经有不少游资选择了落袋为安。从换手率来看，还算比较正常。

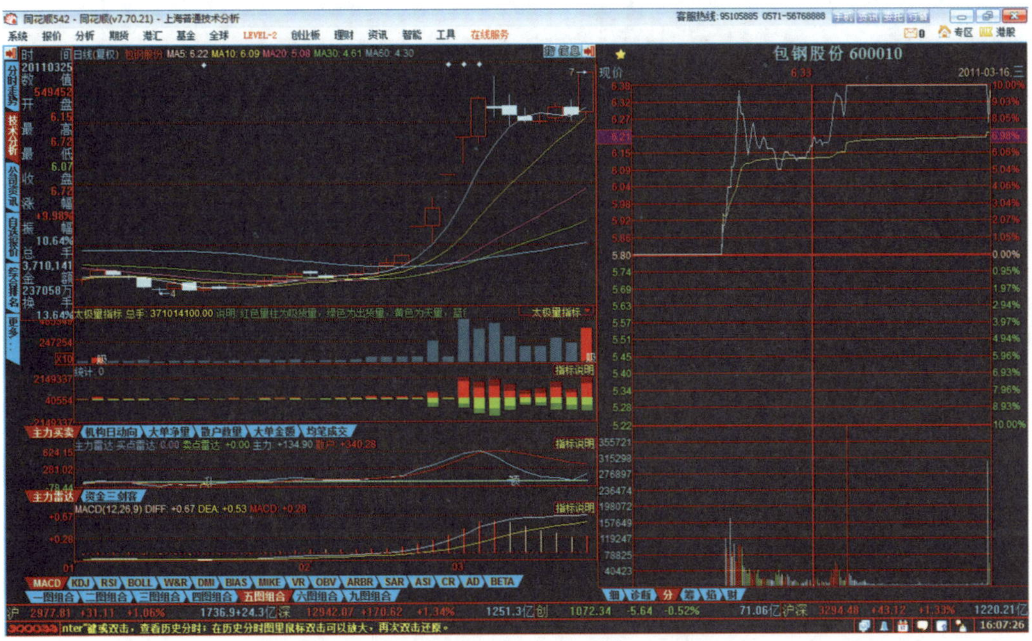

图例 61　尾盘瞬间打开涨停板出货示意图

2011 年 3 月 17 日

盘面特点：

（一）集合竞价时间段，股价以 6.24 元小幅度低开，开盘量 37961 手，属于巨量低开。股价经过短期大幅度拉升之后，出现这样的开盘方式，属于典型的出货行为。低开高走，就是为了出货，这一点从来就是如此。

（二）早盘阶段，股价首先向下俯冲一下，之后被快速拉起，这是游资操盘的经典骗术。参见图例 62 所示，向下俯冲而快速返回，造成跌不动的感觉，随后，对倒推高股价，成交量却有些异常。到达一定的高度后，反手做空，将追高盘一网打尽。

（三）从盘面来看，高位杀跌很坚决，属于典型的出货行为。

（四）下午的走势几乎没有什么悬念，继续延续出货走势。

（五）尾盘放量杀跌，成交量也同步放大，但并不是爆量杀跌，说明短线获利盘纷纷了结，股价将步入整理态势，后市经过整理之后，继续看好。

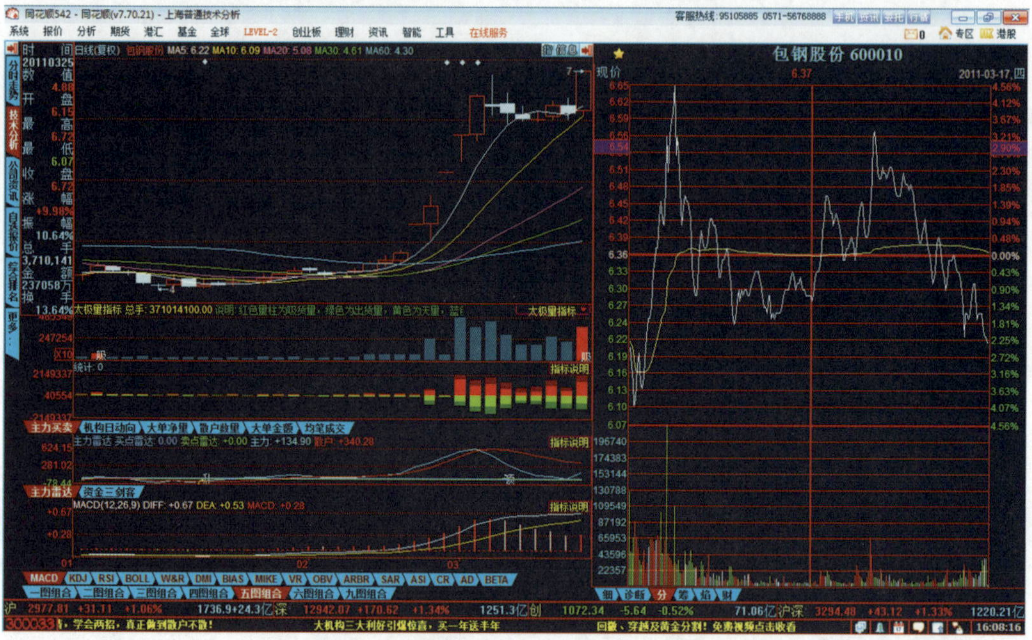

图例 62　早盘推土机式推高股价示意图

2011 年 3 月 18 日

盘面特点：

（一）经过昨天的尾盘杀跌出货之后，今天集合竞价开盘后，出现了一阵的快速冲高，是典型的拉高套利行为，为昨天尾盘买进的筹码腾出套利空间。

（二）早盘阶段，快速拉升之后再度杀跌，是昨天出货行为的延续。

（三）整个上午的走势以带量杀跌为主，参见图例 63 所示。

（四）下午虽然继续保持弱势格局，但是，股价已经不再创出新低，说明下跌的动能开始衰竭，预示着股价将进入横盘整理阶段。

（五）尾盘阶段稍微上攻，但量能欠佳，无法拉回到前收盘价之上，说明游资暂时没有继续拉升的计划，保持观望是正确的选择。

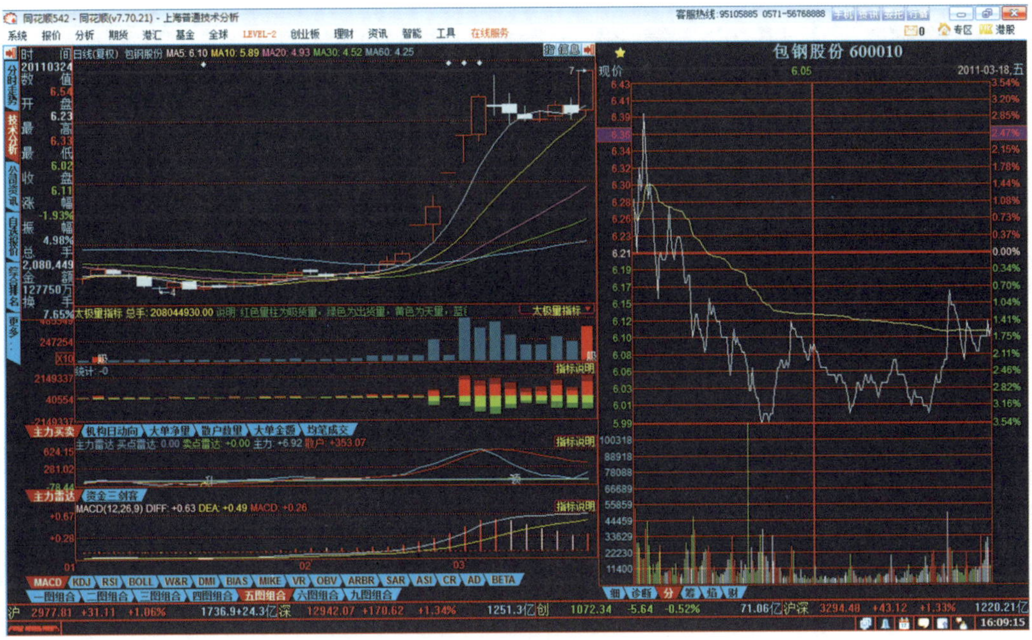

图例 63　弱势格局示意图

2011 年 3 月 21 日

盘面特点：

（一）集合竞价时间段，股价以 6.10 元极小的幅度低开，开盘量 27038 手，这样的开盘方式说明主力依然活动其中，弱势开盘，说明整理尚未结束。

（二）早盘阶段，先是向下俯冲，打出一个极小的尖刀底，随后转身上攻，但对敲的性质明显，股价出现快速回落，直接击穿当天的均价线、当天的开盘价和前收盘价，带量下行。

（三）随后的走势很难看，股价击穿早盘的低点，再创新低，稍微上攻，再创新低。

（四）午后的走势略有起色，三次下行，但在 6 元一带基本上获得支撑，股价不再下行。

（五）尾盘略微上翘，预示着股价已经不愿意继续下跌，表明整理的空间已经很小，股价随时有可能结束调整，展开新一轮上攻。

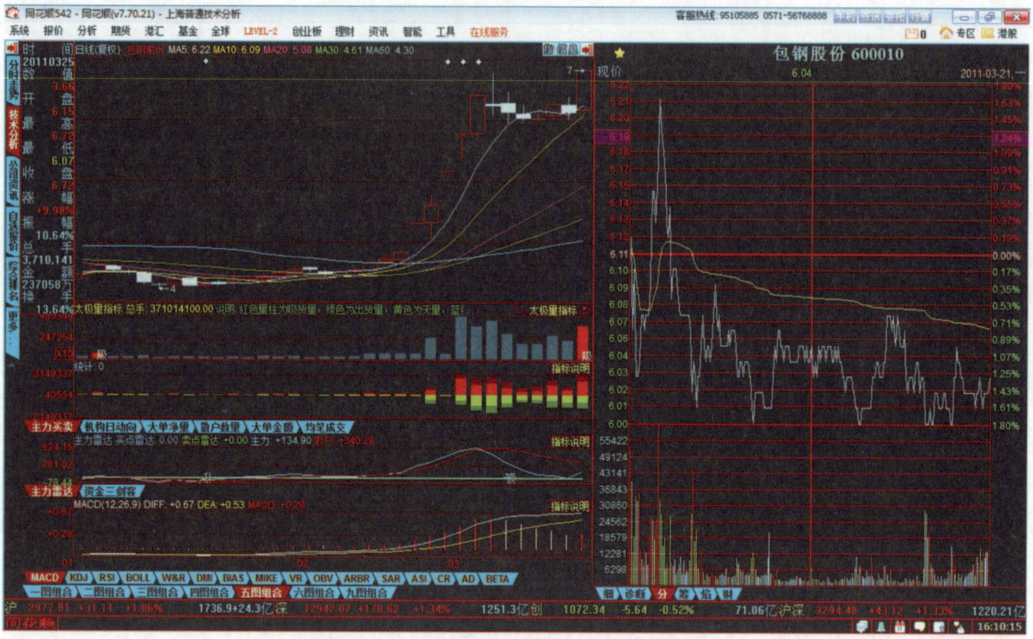

图例 64　分时图上构筑多重底示意图

2011 年 3 月 22 日

盘面特点：

（一）集合竞价时间段，股价以 6.01 元极小的幅度低开，开盘量 14995 手。开盘后股价快速向下俯冲，貌似很凶，但成交量很小。旋即转身向上，也同样没有成交量配合。

（二）早盘阶段上窜下跳，构筑了典型的分时图震荡走势，参见图例 65 所示。

（三）上午 10 时 10 分，股价脉冲式拉升，同时放量，但高度也很有限。

（四）随后股价围绕均价线和前收盘价做窄幅整理，量能萎缩。

（五）尾盘阶段快速砸盘，又被快速拉起，之后再也没有创出新低，最终收出了一个实体部分很小、振幅也很小的红十字星，预示着股价整理即将结束。

从全天的走势来看，这是典型的弱势整理走势。因为该股背后具有重大炒作题材，整理结束后，还将继续拉升。

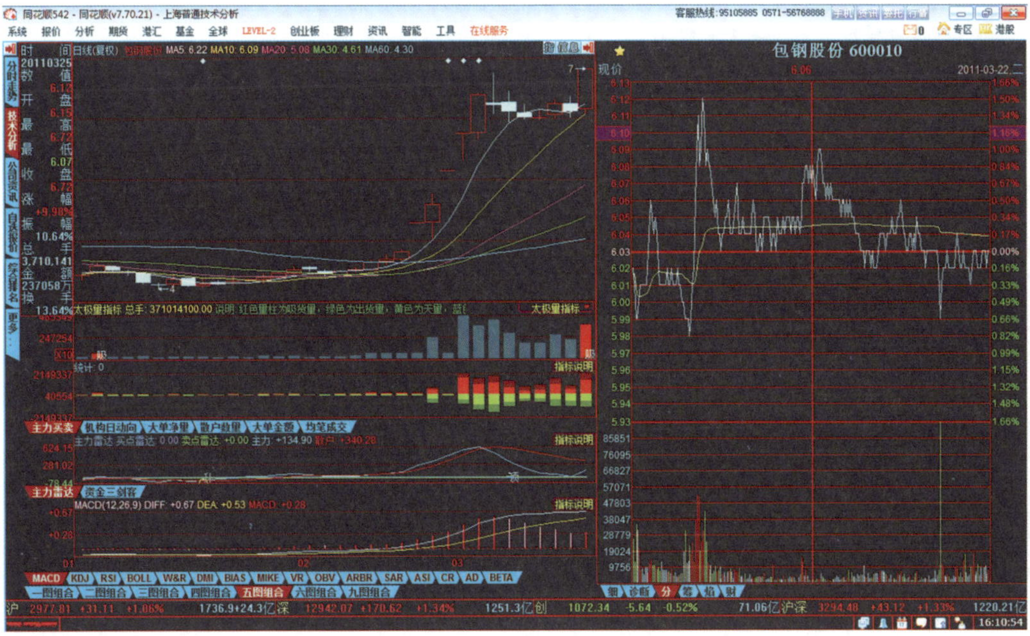

图例 65　非常典型的弱势整理格局

2011 年 3 月 23 日

盘面特点：

（一）集合竞价时间段，股价以 6.06 元小幅度高开，开盘量 4150 手，对于流通盘高达 27 亿的大盘股来说，这么点开盘量属于很微小的，因此属于缩量高开。

（二）早盘阶段，股价发起了第一波攻击，参见图例 66 所示。

（三）随后出现了获利盘回吐走势，但是回落的幅度不深，虽然跌穿了均价线，但在前收盘价附近出现止跌迹象。

（四）上午 10 时 30 分，股价再次发起攻击，并且出现了价量齐升的攻击形态，创出了分时图的新高，量价结构健康，说明攻击力度合理，量能配合理想。

（五）下午的走势先抑后扬，回落时并没跌破上午的低点就被迅速拉起，之后再创出新高，成交量出现了典型的对敲型量峰，说明控盘力度很高。

尾盘虽然有所走软，但当天的走势已经表明，股价还会创出新高。

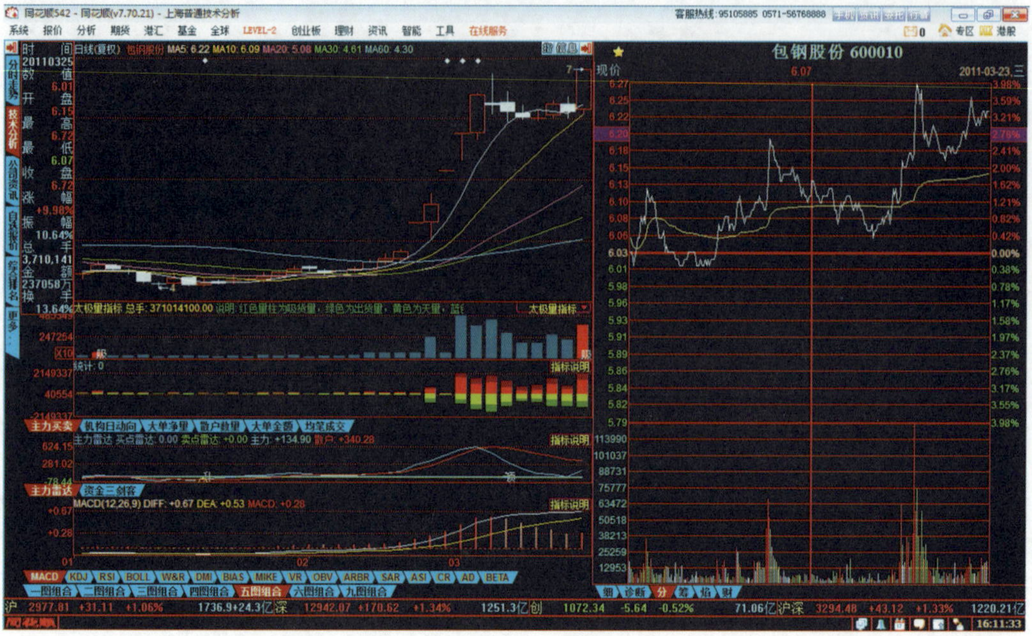

图例 66　三波攻击拉升示意图

2011 年 3 月 24 日

盘面特点：

（一）经过昨天的拉升，已经积累了不少获利筹码，需要进行清洗。从做盘的角度来说，今天震荡走低是最理智选择，参见图例 67 所示。

（二）集合竞价时间段出现低开，就是一种征兆。

（三）早盘三波弱势攻击，随后反手做空，是非常经典的诱多图形。

（四）随后股价放量下挫，一举击穿均价线和前收盘价，带量下行。

（五）略作反抽之后，再次击穿开盘价，三波盘跌，每一次下跌均是带量猛烈砸盘所致，说明如此盘面属于人为操作，不是自然的成交。

尾盘阶段出现翘头，预示着当天砸盘达到了清洗的目的，股价将继续拉升。

图例 67　人为操纵清洗浮筹示意图

2011 年 3 月 25 日

盘面特点：

（一）集合竞价时间段，股价以 6.15 元小幅度高开，开盘量是 18160 手，属于极普通的带量高开。经过昨天的洗盘之后，今天出现带量高开，是整理结束的信号，临盘应积极介入，跟随游资一起积极做多。

（二）上午的走势基本上很平淡，参见图例 68 所示。

（三）上午 11 时以后，股价开始出现异动，成交量也开始出现放大迹象。

（四）下午出现了三波猛烈的攻击型走势，每一波均是以对敲的方式拉升股价。

（五）尾盘阶段，股价直接攻击涨停板，宣告第二轮拉升正式开始。

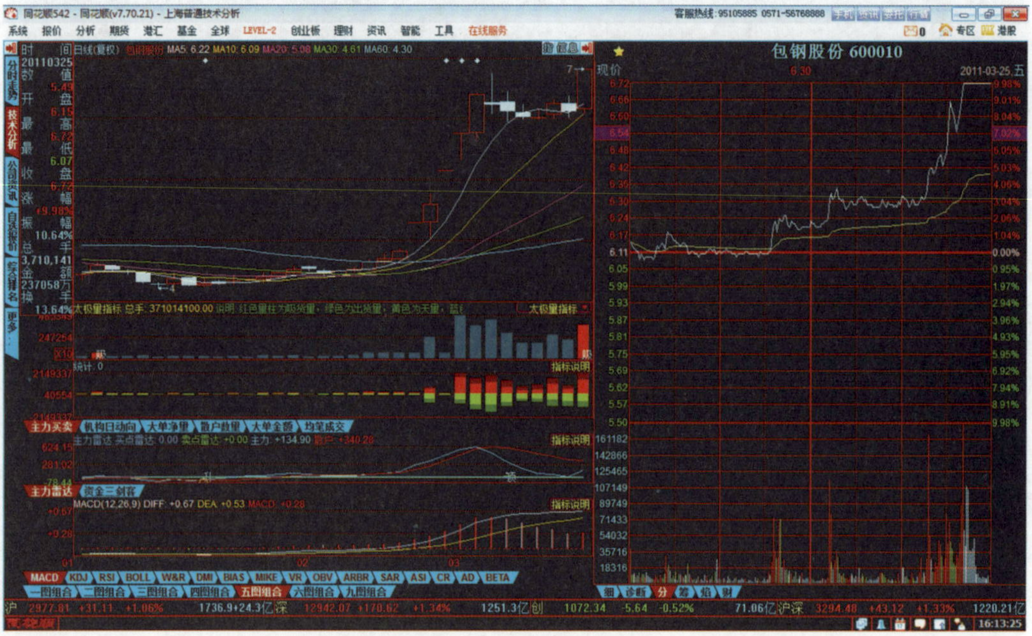

图例 68　以涨停的方式展开第二波拉升

第三节　财通证券温岭东辉北路证券营业部实战案例

财通证券有限责任公司温岭东辉北路证券营业部简称财通证券温岭东辉北路，是近年来新崛起的著名游资之一，声名赫赫，远播江湖。截至 2011 年 3 月 18 日，该营业部上榜次数 470 次，虽然不算很多，但位列买一位置的却很多。下面是该营业部近期的上榜数据。

日期	股票	营业部买入	营业部卖出	总成交金额	比例	排名
2011－3－18	云南盐化 002053	91818.00	15766607.03	28621 万元	5.54%	卖出 2 名
2011－3－17	云南盐化 002053	16595081.20	15100.00	10962 万元	15.1%	买入 1 名
2011－3－17	九龙山 600555	18890816.10	0	14941.20 万元	12.6%	买入 1 名
2011－3－15	中 关 村 000931	5255919.10	2638559.12	92239 万元	0.855%	买入 5 名
2011－3－15	江苏吴中 600200	0	56350779.50	208094.26 万元	2.70%	卖出 3 名
2011－3－7	中信海直 000099	16248544.00	38811.00	28971 万元	5.62%	买入 4 名
2011－3－3	三江购物 601116	0	14433464.26	64754.59 万元	2.22%	卖出 3 名
2011－3－3	三江购物 601116	0	14433464.26	64754.59 万元	2.22%	卖出 3 名
2011－3－2	N 三江 601116	13420591.78	0	9.45 万元	1.420%	买入 4 名
2011－2－24	苏州高新 600736	31204625.88	0	18561.47 万元	16.8%	买入 1 名
2011－2－24	正和股份 600759	13144887.79	0	17231.18 万元	7.62%	买入 1 名
2011－2－18	紫光古汉 000590	10576882.58	86160.00	16188 万元	6.58%	买入 1 名
2011－2－9	三峡水利 600116	48813613.89	0	208998.44 万元	2.33%	买入 1 名
2011－2－9	三峡水利 600116	0	60632808.28	208998.44 万元	2.90%	卖出 2 名
2011－2－9	晋亿实业 601002	73722570.08	0	453215.58 万元	1.62%	买入 1 名
2011－2－9	三峡水利 600116	23038052.00	0	99795.36 万元	2.30%	买入 3 名
2011－2－9	三峡水利 600116	0	26254013.94	99795.36 万元	2.63%	卖出 2 名
2011－2－9	皖维高新 600063	0	4556469.65	44252.16 万元	1.02%	卖出 5 名
2011－2－1	大智慧 601519	0	22144960.86	65451.24 万元	3.38%	卖出 1 名
2011－2－1	三峡水利 600116	25775561.89	0	109203.09 万元	2.36%	买入 3 名
2011－2－1	三峡水利 600116	0	34378794.34	109203.09 万元	3.14%	卖出 4 名
2011－2－1	晋亿实业 601002	37750440.27	0	159419.63 万元	2.36%	买入 1 名
2011－1－31	大智慧 601519	7969250.00	0	78227.96 万元	1.01%	买入 5 名
2011－1－31	大智慧 601519	7969250.00	0	78227.96 万元	1.01%	买入 5 名

（续表）

日期	股票	营业部买入	营业部卖出	总成交金额	比例	排名
2011－1－28	N 大智慧 601519	24078311.60	0	0.74 万元	3.253%	买入 1 名
2011－1－26	圣莱达 002473	893523.00	2553.00	2776 万元	3.22%	买入 1 名
2011－1－26	湖北能源 000883	7473009.00	0.00	4114 万元	18.1%	买入 1 名
2011－1－26	超声电子 000823	16239170.33	284437.75	45461 万元	3.63%	买入 3 名
2011－1－20	银鸽投资 600069	11836200.90	0	134912.65 万元	0.877%	买入 4 名
2011－1－20	界龙实业 600836	14590168.66	0	20345.59 万元	7.17%	买入 1 名
2011－1－19	中珠控股 600568	5540992.03	0	4801.82 万元	11.5%	买入 1 名
2011－1－18	弘业股份 600128	17811196.16	0	6030.50 万元	29.5%	买入 1 名
2011－1－17	＊ST 罗顿 600209	12862333.00	0	34542.64 万元	3.72%	买入 1 名
2011－1－17	＊ST 罗顿 600209	0	13026821.11	34542.64 万元	3.77%	卖出 1 名
2011－1－14	联环药业 600513	14168197.97	0	14869.56 万元	9.52%	买入 1 名
2011－1－7	狮头股份 600539	0	20552535.63	26042.66 万元	7.89%	卖出 2 名
2011－1－6	新纶科技 002341	623110.00	1837726.00	5644 万元	4.36%	卖出 2 名
2011－1－6	大江股份 600695	34268424.00	0	8111.48 万元	42.2%	买入 1 名
2011－1－5	狮头股份 600539	20353095.25	0	17980.59 万元	11.3%	买入 1 名
2011－1－4	耀皮玻璃 600819	17643833.59	0	19400.34 万元	9.09%	买入 2 名

经典实战案例解读：云南盐化（002053）

相关数据

日期	股票	营业部买入	营业部卖出	总成交金额	比例	排名
2011－3－17	云南盐化 002053	16595081.20	15100.00	10962 万元	15.1%	买入 1 名

背景资料

云南盐化（002053）老挝盐矿进入试生产阶段。云南盐化（002053）2011 年 3 月 9 日晚间公告称，子公司勐腊天勐对外经济贸易公司投资的老挝乌多姆赛盐业公司曼宽盐矿近日完成联动试车，进入试生产阶段。目前整套生产线运行基本正常，预计 2011 年可生产精制盐 6000 吨，2011 年可实现利润总额约 130 万元。

炒作过程

云南盐化（002053）截至2011年3月18日游资炒作部分数据

日期	席位	买入金额	卖出金额	占总成交额
2011-3-18	长江证券股份有限公司深圳红岭中路证券营业部	6309378.68元	0.00元	2.204%
2011-3-18	招商证券股份有限公司北京建国路证券营业部	5857512.54元	0.00元	2.046%
2011-3-18	光大证券股份有限公司海口国贸大道证券营业部	4237592.00元	0.00元	1.480%
2011-3-18	中航证券有限公司武汉新华路证券营业部	2762842.47元	0.00元	0.9652%
2011-3-18	国泰君安证券股份有限公司上海威海路证券营业部	2569538.05元	136112.00元	0.8977%
2011-3-18	机构专用	0.00元	22141127.73元	7.735%
2011-3-18	财通证券有限责任公司温岭东辉北路证券营业部	91818.00元	15766607.03元	5.508%
2011-3-18	湘财证券有限责任公司杭州教工路证券营业部	135164.00元	14392401.77元	5.028%
2011-3-18	金元证券股份有限公司杭州体育场路证券营业部	1469.00元	7637142.94元	2.668%
2011-3-18	东海证券有限责任公司南京长江路证券营业部	14690.00元	6329921.00元	2.211%
2011-3-17	财通证券有限责任公司温岭东辉北路证券营业部	16595081.20元	15100.00元	15.13%
2011-3-17	湘财证券有限责任公司杭州教工路证券营业部	15192110.00元	30200.00元	13.85%
2011-3-17	金元证券股份有限公司杭州体育场路证券营业部	8055850.00元	0.00元	7.348%
2011-3-17	东海证券有限责任公司南京长江路证券营业部	6506590.00元	0.00元	5.935%
2011-3-17	中国银河证券股份有限公司杭州湖墅南路证券营业部	5387680.00元	0.00元	4.914%
2011-3-17	中信证券股份有限公司北京花园东路证券营业部	0.00元	12487775.50元	11.39%

（续表）

日期	席位	买入金额	卖出金额	占总成交额
2011-3-17	机构专用	0.00元	4955049.90元	4.519%
2011-3-17	机构专用	0.00元	2825210.00元	2.577%
2011-3-17	东吴证券股份有限公司昆明拓东路证券营业部	0.00元	2767830.00元	2.524%
2011-3-17	机构专用	0.00元	2110345.80元	1.924%
2009-3-4	国泰君安证券股份有限公司上海杨树浦路证券营业部	7204326.00元	0.00元	1.878%
2009-3-4	光大证券股份有限公司海口国贸大道证券营业部	5906149.00元	11720.00元	1.539%
2009-3-4	国泰君安证券股份有限公司深圳益田路证券营业部	5774400.00元	0.00元	1.505%
2009-3-4	兴业证券股份有限公司深圳景田路证券营业部	4791540.00元	14470.00元	1.249%
2009-3-4	东莞证券有限责任公司上海仙霞路证券营业部	4320000.00元	0.00元	1.126%
2009-3-4	东方证券股份有限公司上海宝庆路证券营业部	0.00元	64447607.20元	16.80%
2009-3-4	中国银河证券股份有限公司宁波解放南路证券营业部	213407.00元	28401914.40元	7.404%
2009-3-4	光大证券宁波槐树路证券营业部	86380.00元	27338459.72元	7.127%
2009-3-4	光大证券宁波孝闻街证券营业部	330387.00元	24290121.22元	6.332%
2009-3-4	国泰君安交易单元（010000）	0.00元	15842347.24元	4.130%
2009-2-11	渤海证券股份有限公司上海彰武路证券营业部	17340302.96元	6040.00元	4.209%
2009-2-11	海通证券股份有限公司上海玉田支路证券营业部	14441476.16元	7260.00元	3.506%
2009-2-11	中国建银投资证券有限责任公司广州番禺平康路证券营业部	8024414.78元	110724.00元	1.948%
2009-2-11	红塔证券股份有限公司北京板井路证券营业部	5586885.42元	7161631.27元	1.356%

（续表）

日期	席位	买入金额	卖出金额	占总成交额
2009－2－11	方正证券有限责任公司台州解放路证券营业部	5085470.95 元	623827.45 元	1.234%
2009－2－11	红塔证券股份有限公司北京板井路证券营业部	5586885.42 元	7161631.27 元	1.738%
2009－2－11	国信证券股份有限公司深圳泰然九路证券营业部	3327497.00 元	5547048.30 元	1.346%
2009－2－11	华泰证券股份有限公司苏州何山路证券营业部	625948.06 元	4758447.99 元	1.155%
2009－2－11	江南证券有限责任公司武汉新华路证券营业部	28524.00 元	4408118.74 元	1.070%
2009－2－11	广发证券股份有限公司上海民生路证券营业部	451049.00 元	3852633.68 元	0.9353%
2008－11－26	闽发证券福州北环东路证券营业部（东方资产托管）	3557282.13 元	0.00 元	2.458%
2008－11－26	华泰证券股份有限公司常州和平南路证券营业部	2343348.05 元	234509.00 元	1.619%
2008－11－26	招商证券股份有限公司深圳益田路免税商务大厦证券营业部	2273918.11 元	483133.22 元	1.571%
2008－11－26	中信建投证券有限责任公司深圳市振华路证券营业部	1964814.00 元	0.00 元	1.358%
2008－11－26	海通证券股份有限公司苏州竹辉路证券营业部	1828693.72 元	4945.00 元	1.263%
2008－11－26	机构专用	0.00 元	9206886.59 元	6.363%
2008－11－26	申银万国证券股份有限公司温州人民路证券营业部	514572.78 元	1675886.09 元	1.158%
2008－11－26	国信证券股份有限公司北京三里河路证券营业部	1087895.73 元	1486446.36 元	1.027%
2008－11－26	广发华福证券有限责任公司福州杨桥路证券营业部	13740.00 元	1297945.60 元	0.8971%
2008－11－26	中信金通证券有限责任公司余姚南雷路证券营业部	93979.00 元	1050744.50 元	0.7262%

2011 年 3 月 11 日

盘面特点：

（一）集合竞价时间段，股价以 13.19 元小幅度低开，开盘量 49 手，这样的开盘方式很平常，没有任何特色。从操盘的角度来说，也没有什么参考价值。

（二）早盘阶段，分时图上构筑了典型的双头走势，则预示着随后将会出现杀跌走势。

（三）随后出现了凌厉的带量杀跌，参见图例 69 所示，这也是意料中事。

（四）尾盘阶段，再次放量杀跌，但是这次杀跌却有些异样，属于无缘无故的杀跌吗？不是的。因为当时传闻日本发生地震，受消息的影响，导致恐慌性杀跌。

观察全天的走势，除了尾盘杀跌之外，其他还算正常。

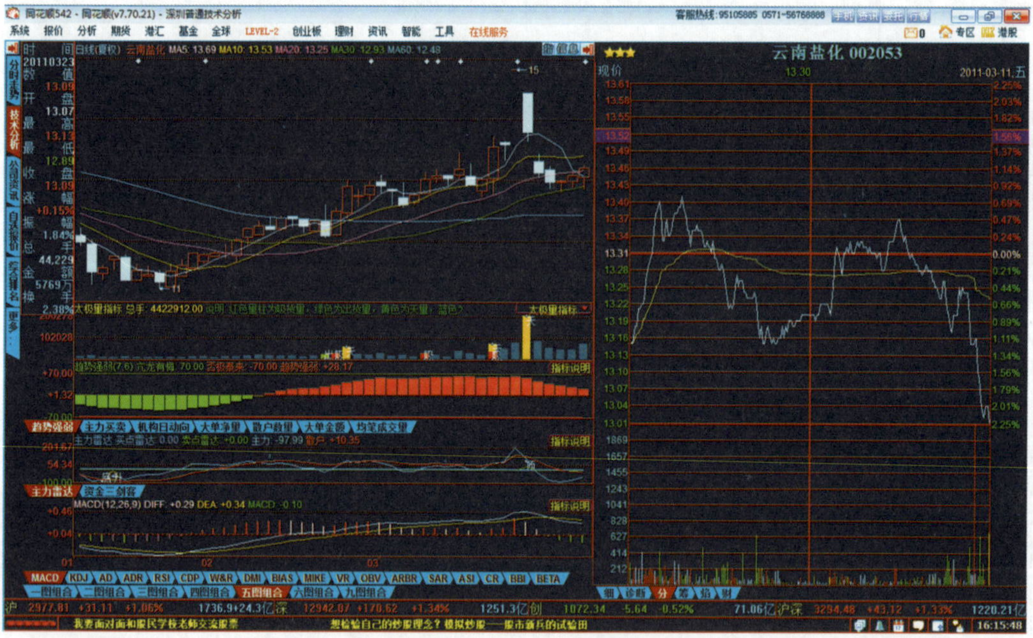

图例 69　因利空传闻而放量杀跌

2011 年 3 月 14 日

盘面特点：

（一）集合竞价时间段，股价以 12.90 元小幅度低开，开盘量 124 手，这样的开盘方式也没有什么异样，顺势低开也属于正常反应。

（二）早盘阶段，股价的走势开始有点异常，先是稍稍上冲，随后猛烈砸下来，再次急速上冲，就显得很急于进场了。参见图例 70 所示。

（三）上午 10 时 30 分，股价三次冲击性拉升，这是典型的攻击性冲击波，是拉高建仓的典型分时图，每一次均以冲击型量峰出现，说明此时有大资金在暗中积极建仓。

（四）这样的冲击性波形下午继续出现，每一次均伴随着冲击性量峰出现，更说明有大资金开始不断建仓，至于为什么要建仓，就不得而知。

（五）观察全天的走势，从分时图盘口来看，出现了非常罕见的冲击性建仓量峰，攻击性冲击波屡屡出现，说明有人开始大批建仓。

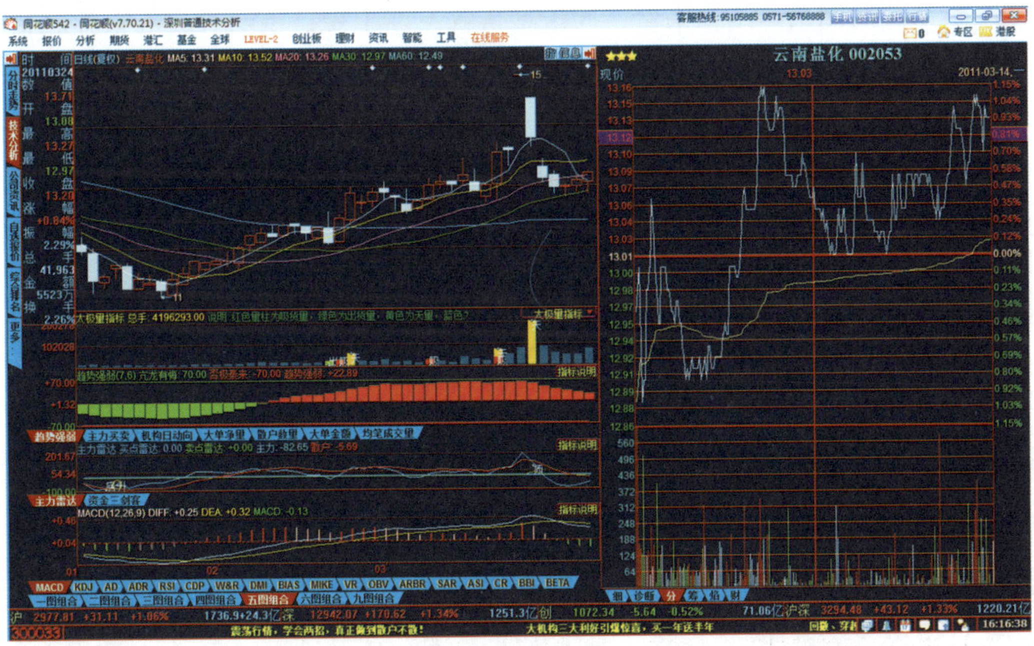

图例 70　非常典型的建仓分时图

2011年3月15日

盘面特点：

（一）集合竞价时间段，股价以13.12元微小的幅度低开，开盘量2手。很显然，这是非常典型的散户开盘定式，说明根本没有大资金参与集合竞价。

（二）开盘后，早盘的走势很沉闷，参见图例71所示。

（三）由于大资金的缺失，上午10时30分之前，走势疲软。

（四）10时30分之后，有预谋的资金进场了，开始了迅雷不及掩耳的猛烈拉升，瞬间拉抬，涨幅高达7个点以上（从低点到高点），如此猛烈的蹿升，全场惊叹不已。

（五）随后股价稍有回落，但基本上运行在均价线之上。

观察午后的分时图走势，很容易发现，尖角状的波形特别多，锯齿状的波形特别多。这是有人在猛烈吃货的盘口特征。

再从分时图量峰结构来看，冲击型量峰不断出现，说明有大资金在积极吸筹。

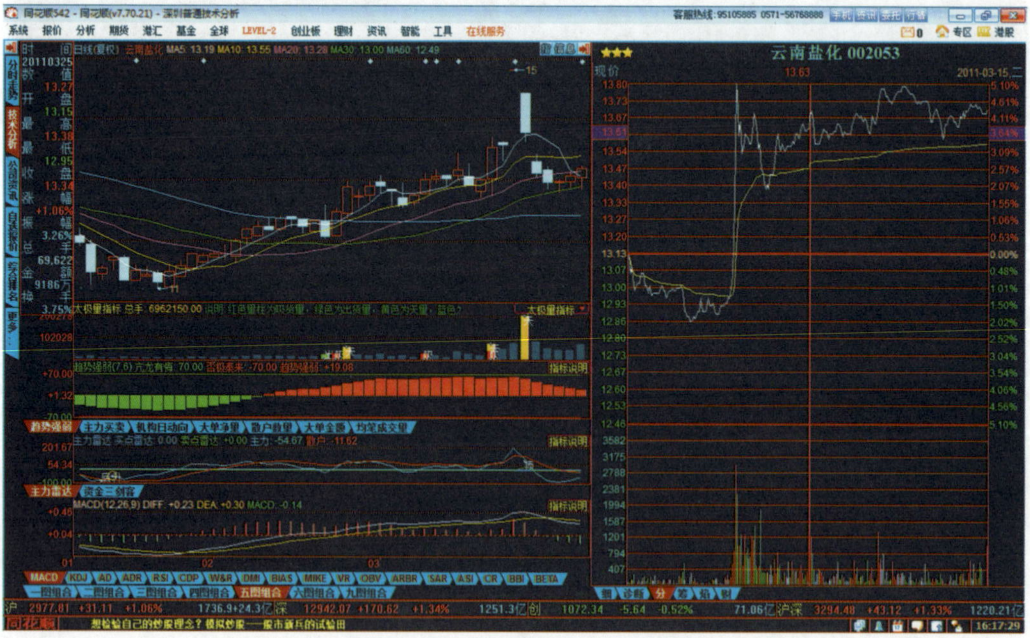

图例71　非常典型的拉高建仓分时图

2011 年 3 月 16 日

盘面特点：

（一）集合竞价时间段，股价以 13.80 元小幅度高开，开盘量 1098 手，属于典型的巨量高开，这样的开盘方式说明当天有大资金积极参与集合竞价，当天的走势很需要高度重视。

（二）早盘阶段，股价选择了向下冲击，两次向下打压，成交量均是同步放大，如此快速的垂直打压，很显然是一宗典型的打压洗盘。

（三）上午的走势相当疲软，击穿前收盘价之后，高点不断下移，盘面出现了拉升发力的态势，均价线压制，低点放量，都构成了恶劣的、难看的盘口。

（四）下午的走势则截然不同，盘面上攻击性拉升不断出现，冲击性量峰也同步出现，说明有大资金在继续吃进筹码，需要密切留意。

（五）尾盘阶段略微走软，而且成交量也不小。

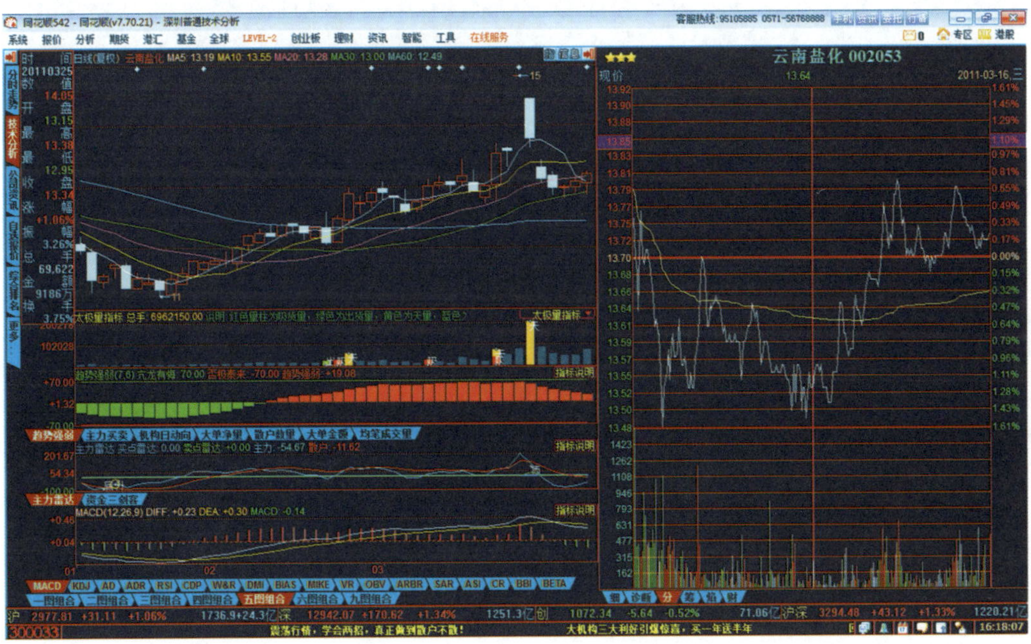

图例 72　一边洗盘，一边建仓

2011 年 3 月 17 日

盘面特点：

（一）经过前面几天的收集之后，预计游资已经掌握了不少筹码。

（二）随着媒体的热炒，地震概念股的炒作也越来越热。

（三）集合竞价时间段，股价直接以一字板开盘，不给任何人低价买入的机会。

（四）封板之后，成交量并没有同步极度萎缩，而是不断有大单卖出。

（五）当天成交金额 1.1 亿元，略高于 3 月 15 日的成交金额。

从盘口来看，参与炒作的游资当天在涨停板已经部分减仓，也许是回笼资金，也许是落袋为安，不管是哪一种情况，总之，已经开始出货。

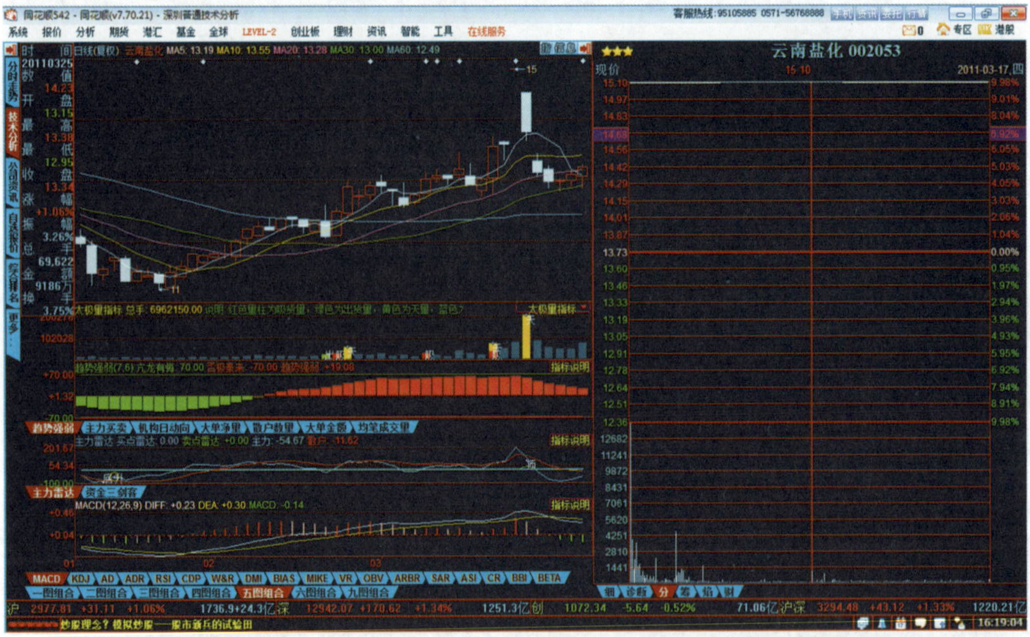

图例 73　一字板拉升

盘后从深交所发布的交易公开信息来看，游资和机构又一次出现了唱反调的对决。排在买一位置的是著名游资财通证券温岭东辉北路营业部，买进金额 1659 万元。买二的是湘财证券杭州教工路营业部，买入金额 1519 万元。这两家游资主导了云南盐化（002053）的炒作大戏。买三的游资买入金额 805 万元，买四的只有 650 万元，买五的 538 万元，属于跟风性质，不足以主导股价走势。

在这次炒作中，机构的意见明显出现了分歧，在卖出席位上，出现了三家机构。卖二的机构卖出金额为495万元，卖三的机构卖出金额为282万元，卖五的机构卖出金额为211万元。游资进场，机构离场，谁是最后的胜利者呢？

2011年3月17日云南盐化（002053）交易公开信息

席位名称	性质	买入金额(万元)	卖出金额(万元)	净资金流(万元)	净资金流占流通市值比例(%)	净资金流占总成交额比例(%)
财通证券有限责任公司温岭东辉北路证券营业部	游资	1659.51	1.51	1658.00	0.59	15.12
湘财证券有限责任公司杭州教工路证券营业部	次活跃游资	1519.21	3.02	1516.19	0.54	13.83
金元证券股份有限公司杭州体育场路证券营业部	游资	805.59	0.00	805.59	0.29	7.35
东海证券有限责任公司南京长江路证券营业部	游资	650.66	0.00	650.66	0.23	5.94
中国银河证券股份有限公司杭州胡墅南路证券营业部	游资	538.77	0.00	538.77	0.19	4.91
中信证券股份有限公司北京花园东路证券营业部	游资	0.00	1248.78	-1248.78	-0.44	-11.39
机构专用	基金	0.00	495.50	-495.50	-0.18	-4.52
机构专用	基金	0.00	282.52	-282.52	-0.10	-2.58
东吴证券股份有限公司昆明拓东路证券营业部	游资	0.00	276.78	-276.78	-0.10	-2.52
机构专用	基金	0.00	211.03	-211.03	-0.08	-1.93
云南盐化[002053]合计:		5173.74	2519.14	2654.60	0.94	24.21

2011年3月18日

盘面特点：

（一）题材股的炒作永远是风险很高的，尤其是一些捕风捉影的题材。

（二）如果这种题材还牵涉到政策的层面，受到管理层的干预，那风险就更高了。

（三）云南盐化（002053）的炒作，可以说是非常不成功的。

（四）因为受到政策因素的影响，刚刚开始的行情，立即就夭折了。

（五）集合竞价时间段，股价直接跳空低开，随后一路下跌，最终黯淡收盘。

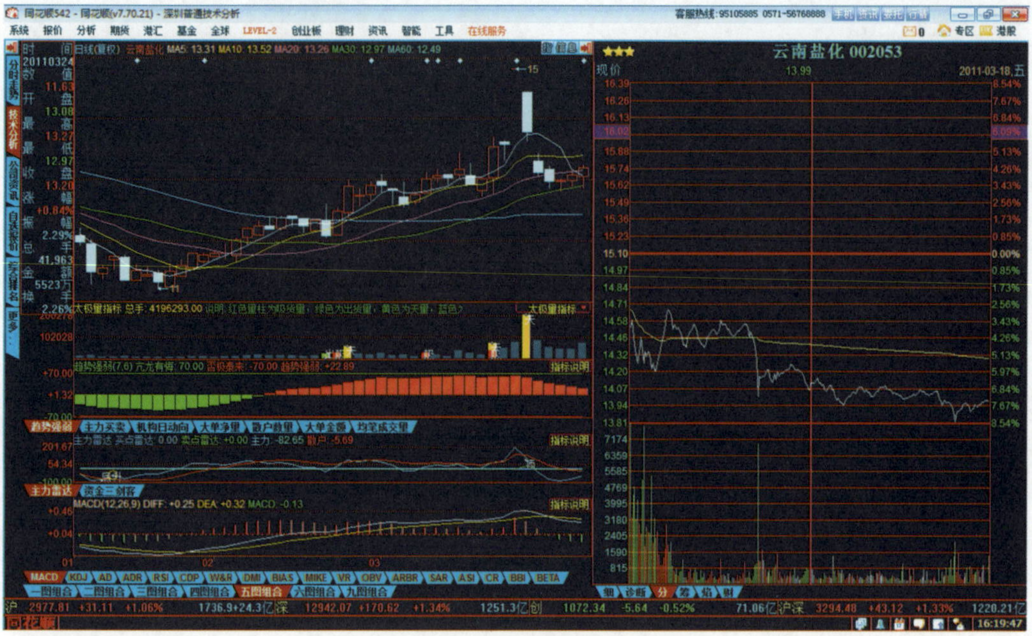

图例 74　匆匆结束的游资行情

从深交所发布的成交公开信息来看，原先进场的游资选择了离开，出现在卖出席位上的卖二和卖三，就是昨天大举进场的两家游资，说明他们选择了认赔出局。

由是观之，游资也不是万能的。

出现在卖一席位的，依旧是机构，可惜这家机构也是不够聪明，为什么昨天不卖出呢?

由是观之，机构也不是任何时候都正确的。

可笑的是买入席位上的游资，明明已经风向不对，却在大举进场，真不知道他们在想什么，难道打算亏钱吗?

莫名其妙。

2011 年 3 月 18 日云南盐化（002053）交易公开信息

席位名称	性质	买入金额（万元）	卖出金额（万元）	净资金流（万元）	净资金流占流通市值比例(%)	净资金流占总成交额比例(%)
长江证券股份有限公司深圳红岭中路证券营业部	游资	630.94	0.00	630.94	0.24	2.20
招商证券股份有限公司北京建国路证券营业部	游资	585.75	0.00	585.75	0.23	2.05
光大证券股份有限公司海口国贸大道证券营业部	游资	423.76	0.00	423.76	0.16	1.48
中航证券有限公司武汉新华路证券营业部	游资	276.28	0.00	276.28	0.11	0.97
国泰君安证券股份有限公司上海威海路证券营业部	游资	256.95	13.61	243.34	0.09	0.85
机构专用	基金	0.00	2214.11	-2214.11	-0.85	-7.74
财通证券有限责任公司温岭东辉北路证券营业部	游资	9.18	1576.66	-1567.48	-0.60	-5.48
湘财证券有限责任公司杭州教工路证券营业部	次活跃游资	13.52	1439.24	-1425.72	-0.55	-4.98
金元证券股份有限公司杭州体育场路证券营业部	游资	0.15	763.71	-763.56	-0.29	-2.67
东海证券有限责任公司南京长江路证券营业部	游资	1.47	632.99	-631.52	-0.24	-2.21
云南盐化[002053]合计：		2198.00	6640.32	-4442.32	-1.70	-15.53

2011 年 3 月 21 日

盘面特点：

（一）集合竞价时间段，股价以 13.45 元直接小幅度跳空低开，开盘量是 1424 手。很明显，这是大资金参与集合竞价，并且以割肉的方式出场，何其壮烈。

（二）早盘阶段，股价继续下跌，成交量同步放大，开始割肉比赛。

（三）全天的走势十分疲软，参见图例 75 所示，连一点像样的反弹也没有。

图例 75 割肉比赛分时图

（四）尾盘阶段，加速杀跌，唯恐避之不及。呜呼！早知今日悔不当初。

（五）从全天的走势来看，昨天没有来得及割肉的人，今天还是选择了割肉。

2011 年 3 月 22 日

盘面特点：

（一）集合竞价时间段，股价以 13.30 元小幅度高开，开盘量 227 手。

（二）早盘阶段，先是选择下行，再做反抽，在反抽的时候，引发了大量的抛盘。

（三）随后，开始了杀跌比赛，成交量急剧放大，参见图例 76 所示。

（四）之后的走势十分疲软，一直受均价线压制，毫无起色。

（五）尾盘阶段，杀跌后出现反抽，有止跌意图。

观察全天的走势，很有意思，全天虽然以杀跌出货为主，却出现了明显的冲击性波形，说明在杀跌的同时，开始又在建仓，至于是谁在建仓，就不得而知了。

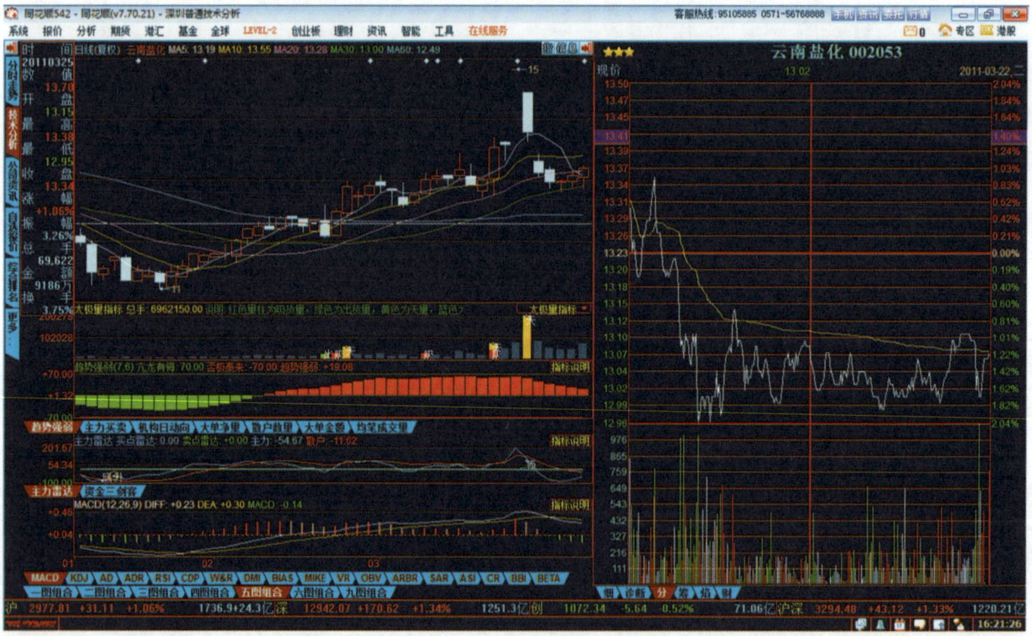

图例 76　一边杀跌，一边建仓

2011 年 3 月 23 日

盘面特点：

（一）集合竞价时间段，股价以 13.07 元平开，开盘量 61 手。

（二）早盘阶段，股价向下俯冲，参见图例 77 所示。

（三）从成交量看，早盘的成交量峰凌乱无序，杀跌特征明显，很显然，还有人在这个时候继续割肉。但是，随后继续出现的尖刀底，却是另外的意思，这是有人刻意砸盘，制造恐慌，以达到吸筹的目的。

（四）上午 10 时 30 分以后，盘口出现了很多尖角状的波形，说明有人在积极建仓。

（五）下午的走势比较平稳，运行在均价线之上，说明割肉盘已经殆尽。

从日线图来看，此时已经跌无可跌，在关键的技术点位，出现了积极建仓的动作，那么，后市的走势还是值得期待的。

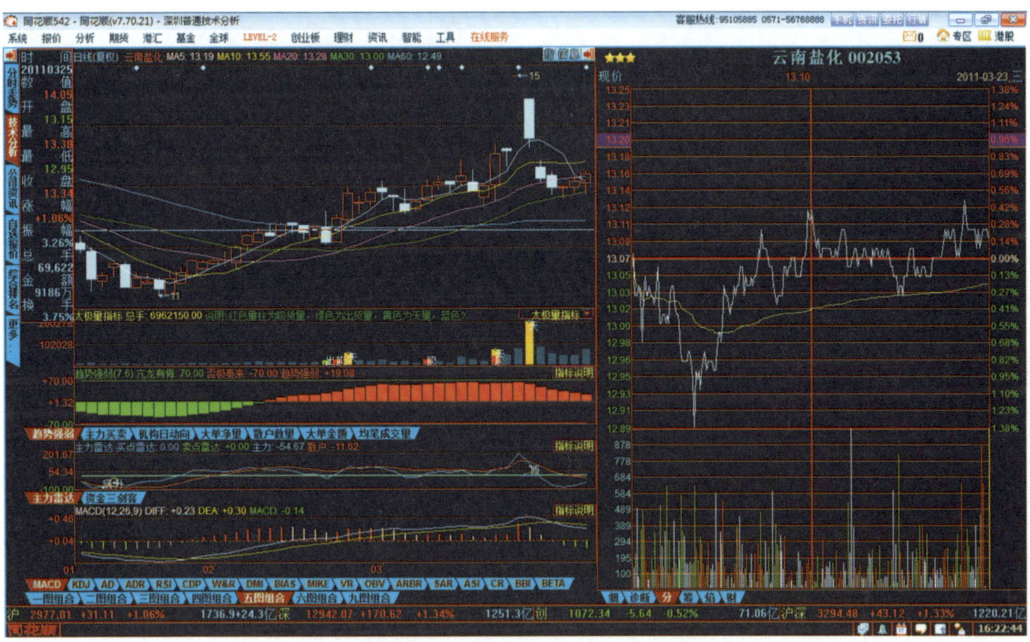

图例 77　止跌回升的分时图

第五章　光大系游资操盘实战案例

第一节　光大系游资操盘的基本特征

光大系游资曾经是市场上风光无限、声名显赫的超级大佬，不过近年来随着老牌敢死队的没落，光大系游资也日渐式微，被江湖人士戏称为“没落的贵族”。

现在人们说起光大系游资，总是喜欢和宁波涨停敢死队联系在一起，但是，据了解，真正的宁波涨停敢死队已经散伙，徐翔已经发了阳光私募，张建斌则去了一级市场。由于这两位大佬各奔前程，光大系游资走向了没落。当然，在市场上还有些许的余威。

在光大系游资中，目前还比较活跃的主要有以下营业部：

（一）光大证券股份有限公司宁波槐树路证券营业部

（二）光大证券股份有限公司宁波灵桥路证券营业部

（三）光大证券股份有限公司苏州苏惠路证券营业部

（四）光大证券股份有限公司海口国贸大道证券营业部

（五）光大证券股份有限公司广州林和西路证券营业部

相关内容，请参见《游资操盘核心机密》（上册）有关章节，在此不再赘述。

第二节 光大证券宁波解放南路证券营业部实战案例

光大证券股份有限公司宁波解放南路证券营业部简称光大证券宁波解放南，是声名赫赫的游资之一，近年来，略有收敛。截至 2011 年 3 月 18 日，该营业部上榜次数 737 次。下面收录的是该营业部近来的上榜数据，供读者参考。

日期	股票	营业部买入	营业部卖出	总成交金额	比例	排名
2011－3－17	*ST 源发 600757	251672.00	0	440.59 万元	5.71%	买入 3 名
2011－3－17	*ST 源发 600757	251672.00	0	440.59 万元	5.71%	买入 3 名
2011－3－3	宁波海运 600798	25297978.00	0	80742.85 万元	3.13%	买入 1 名
2011－3－3	宁波海运 600798	17722978.00	0	65323.35 万元	2.71%	买入 1 名
2011－3－2	京投银泰 600683	13994642.00	0	70096.26 万元	1.99%	买入 5 名
2011－3－2	京投银泰 600683	13994642.00	0	70096.26 万元	1.99%	买入 5 名
2011－3－1	N 金隅 601992	22486685.99	0	9.74 万元	2.308%	买入 5 名
2011－3－1	江苏吴中 600200	10429336.76	0	10814.28 万元	9.64%	买入 3 名
2011－2－9	东方通信 600776	18532615.00	0	29486.61 万元	6.28%	买入 1 名
2011－2－1	云海金属 002182	23581963.00	186829.00	57300 万元	4.14%	买入 2 名
2011－2－1	*ST 光华 000703	1861381.50	0.00	2633 万元	7.06%	买入 4 名
2011－1－31	江钻股份 000852	13377515.00	54988.00	43444 万元	3.09%	买入 4 名
2011－1－28	精诚铜业 002171	12643632.80	37250.00	57311 万元	2.21%	买入 3 名
2011－1－28	三峡水利 600116	26491436.44	0	130662.63 万元	2.02%	买入 1 名
2011－1－27	*ST 黑化 600179	0	44136160.76	133009.22 万元	3.31%	卖出 1 名
2011－1－27	*ST 黑化 600179	0	9941727.02	43503.35 万元	2.28%	卖出 3 名
2011－1－26	三峡水利 600116	12575200.00	0	21177.27 万元	5.93%	买入 5 名
2011－1－25	云南旅游 002059	3758691.30	3810637.32	9576 万元	7.90%	买入 3 名
2011－1－25	云南旅游 002059	3758691.30	3810637.32	9576 万元	7.90%	卖出 2 名
2011－1－25	*ST 黑化 600179	0	34194433.74	84001.82 万元	4.07%	卖出 1 名
2011－1－24	云南旅游 002059	3758691.30	0.00	2951 万元	12.7%	买入 3 名
2011－1－24	*ST 黑化 600179	20457651.90	0	7009.24 万元	29.1%	买入 1 名

(续表)

日期	股票	营业部买入	营业部卖出	总成交金额	比例	排名
2011-1-24	*ST 黑化 600179	20457651.90	0	7009.24 万元	29.1%	买入 1 名
2011-1-21	青海华鼎 600243	0	3225488.00	43698.86 万元	0.738%	卖出 4 名
2011-1-19	西北轴承 000595	7461677.08	10950.00	61819 万元	1.20%	买入 4 名
2011-1-19	西北轴承 000595	7308678.08	10950.00	32769 万元	2.23%	买入 3 名
2011-1-19	海南橡胶 601118	0	45525783.31	109354.66 万元	4.16%	卖出 1 名
2011-1-18	*ST 黑化 600179	8213385.36	0	3188.41 万元	25.7%	买入 2 名
2011-1-18	*ST 黑化 600179	8213385.36	0	3188.41 万元	25.7%	买入 2 名
2011-1-13	*ST 黑化 600179	2100792.65	0	1374.65 万元	15.2%	买入 3 名
2011-1-13	海南橡胶 601118	25198351.83	0	112928.18 万元	2.23%	买入 2 名
2011-1-13	海南橡胶 601118	25198351.83	0	112928.18 万元	2.23%	买入 2 名
2011-1-12	海南橡胶 601118	29807002.82	0	126904.35 万元	2.34%	买入 2 名
2011-1-11	深振业 A000006	580129.00	10291350.84	54094 万元	2.00%	卖出 4 名
2011-1-5	星河生物 300143	38968.00	5280503.04	19839 万元	2.68%	卖出 4 名
2011-1-5	长征电气 600112	14677903.00	0	87204.68 万元	1.68%	买入 4 名
2011-1-4	星河生物 300143	4963398.96	0.00	8975 万元	5.53%	买入 1 名
2011-1-4	首开股份 600376	0	74205479.20	71174.42 万元	10.4%	卖出 1 名
2011-1-4	金地集团 600383	94517993.00	0	170678.13 万元	5.53%	买入 2 名
2010-12-30	方正电机 002196	11575236.00	649.20	31591 万元	3.66%	买入 2 名

经典实战案例解读：东方通信（600776）

相关数据

日期	股票	营业部买入	营业部卖出	总成交金额	比例	排名
2011-2-9	东方通信 600776	18532615.00	0	29486.61 万元	6.28%	买入 1 名

背景资料

前期走势一直不瘟不火的东方通信（600776）在 2011 年 1 月 5 日、6 日连拉涨停，在大盘震荡调整的大背景下十分惹人眼球。信达证券分析师梁浩在接受记者采访时表示，“十二五”期间我国将全面普及物联网、三网融合，而东方通信作为移动通信龙头，公司将明显受益，业绩也有望出现快速提升。值得注意的是，其拥有“新一代宽带网络”概念，题材概念受到市场资金爆炒也很正常。除此之外，该股股价前期调整已十分充分，加之绝对股价相对较低，这也为资金炒作提供了较好的平台。

一位不愿具名的私募人士对此表示：“公司金融电子设备和交换传输网络产品等业务占比将增加，而低毛利的通信电子制造业务占比继续被压缩，这对公司业绩起到了积极正面的作用，若公司继续加大高毛利产品的主营占比，那公司业绩有望稳定地持续上涨。就 2010 年全年业绩来看，我们预计 2010 年四季度能达到 0.1 元。按现阶段股价来看市盈率在 60 多倍，在沪市来说估值已明显过高。但考虑到公司所处行业受政府扶持力度较大以及行业前景，东方通信并未远离合理估值区间。”

炒作过程

东方通信（600776）截至 2011 年 2 月 9 日游资炒作部分数据

日期	席位	买入金额	卖出金额	占总成交额
2011 - 2 - 9	光大证券股份有限公司宁波解放南路证券营业部	18532615.00 元	0 元	6.284%
2011 - 2 - 9	招商证券股份有限公司深圳益田路免税商务大厦证券营业部	15960746.00 元	0 元	5.412%
2011 - 2 - 9	广发证券股份有限公司辽阳民主路证券营业部	14647537.00 元	0 元	4.967%
2011 - 2 - 9	广发证券股份有限公司北京阜成门南大街证券营业部	12712690.15 元	0 元	4.311%
2011 - 2 - 9	中信建投证券有限责任公司深圳深南中路中核大厦证券营业部	11355674.00 元	0 元	3.850%
2011 - 2 - 9	机构专用	0 元	35661252.23 元	12.09%
2011 - 2 - 9	海通证券股份有限公司芜湖银湖路证券营业部	0 元	16011987.35 元	5.430%
2011 - 2 - 9	中国银河证券股份有限公司宁波解放南路证券营业部	0 元	10499503.55 元	3.560%
2011 - 2 - 9	中信金通证券有限责任公司杭州定安路证券营业部	0 元	4585011.00 元	1.554%

(续表)

日期	席位	买入金额	卖出金额	占总成交额
2011-2-9	齐鲁证券有限公司深圳吉祥中路证券营业部	0元	4060741.10元	1.377%
2011-1-24	国信证券股份有限公司深圳红岭中路证券营业部	19467274.00元	0元	5.271%
2011-1-24	国泰君安证券股份有限公司上海江苏路证券营业部	18903672.00元	0元	5.118%
2011-1-24	中信建投证券有限责任公司武汉市中北路证券营业部	12577950.00元	0元	3.405%
2011-1-24	五矿证券有限责公司深圳金田路证券营业部	12001652.00元	0元	3.249%
2011-1-24	华泰证券股份有限公司南京长江路证券营业部	6871917.30元	0元	1.860%
2011-1-24	机构专用	0元	36145386.90元	9.787%
2011-1-24	安信证券股份有限公司南昌胜利路证券营业部	0元	24352046.55元	6.594%
2011-1-24	招商证券股份有限公司福州群众东路证券营业部	0元	4583225.44元	1.241%
2011-1-24	国盛证券有限责任公司南昌永叔路证券营业部	0元	4170473.00元	1.129%
2011-1-24	华泰证券股份有限公司南京中华路证券营业部	0元	3679704.00元	0.9964%
2011-1-6	机构专用	34219528.18元	0元	4.765%
2011-1-6	广发证券股份有限公司辽阳民主路证券营业部	34053256.36元	0元	4.742%
2011-1-6	机构专用	33953909.92元	0元	4.728%
2011-1-6	中国银河证券股份有限公司杭州新塘路证券营业部	25962875.02元	0元	3.615%
2011-1-6	招商证券股份有限公司上海娄山关路证券营业部	14731689.45元	0元	2.051%
2011-1-6	中信金通证券有限责任公司杭州延安路证券营业部	0元	12802008.84元	1.782%

（续表）

日期	席位	买入金额	卖出金额	占总成交额
2011－1－6	西藏同信证券有限责任公司上海东方路证券营业部	0元	11515891.04元	1.603%
2011－1－6	宏源证券股份有限公司深圳上步中路证券营业部	0元	11180681.64元	1.557%
2011－1－6	平安证券有限责任公司上海零陵路证券营业部	0元	9783957.62元	1.362%
2011－1－6	中国银河证券股份有限公司杭州新塘路证券营业部	0元	9507168.76元	1.323%
2011－1－6	机构专用	33953909.92元	0元	7.784%
2011－1－6	广发证券股份有限公司辽阳民主路证券营业部	31477101.36元	0元	7.216%
2011－1－6	中国银河证券股份有限公司杭州新塘路证券营业部	16721245.02元	0元	3.833%
2011－1－6	招商证券股份有限公司上海娄山关路证券营业部	14683391.45元	0元	3.366%
2011－1－6	山西证券股份有限公司太原府西街营业部	12956112.00元	0元	2.970%
2011－1－6	中信金通证券有限责任公司杭州延安路证券营业部	0元	12641524.84元	2.898%
2011－1－6	西藏同信证券有限责任公司上海东方路证券营业部	0元	11422323.04元	2.618%
2011－1－6	宏源证券股份有限公司深圳上步中路证券营业部	0元	11180681.64元	2.563%
2011－1－6	平安证券有限责任公司上海零陵路证券营业部	0元	9578477.62元	2.195%
2011－1－6	中国银河证券股份有限公司杭州新塘路证券营业部	0元	9492503.76元	2.176%
2011－1－5	机构专用	34219528.18元	0元	12.13%
2011－1－5	中信金通证券有限责任公司杭州延安路证券营业部	11867942.00元	0元	4.209%

（续表）

日期	席位	买入金额	卖出金额	占总成交额
2011－1－5	宏源证券股份有限公司深圳上步中路证券营业部	10585615.07元	0元	3.755%
2011－1－5	西藏同信证券有限责任公司上海东方路证券营业部	10437266.60元	0元	3.702%
2011－1－5	中国银河证券股份有限公司杭州新塘路证券营业部	9241630.00元	0元	3.278%
2011－1－5	广发证券股份有限公司江门天宁路证券营业部	0元	4540574.50元	1.610%
2011－1－5	信达证券股份有限公司上海虹梅南路证券营业部	0元	2972286.00元	1.054%
2011－1－5	广发证券股份有限公司上海中山西路证券营业部	0元	2767543.84元	0.9817%
2011－1－5	长江证券股份有限公司杭州庆春路证券营业部	0元	2394888.00元	0.8495%
2011－1－5	平安证券有限责任公司西安南关正街证券营业部	0元	2167040.00元	0.7687%

2011年2月9日

盘面特点：

（一）集合竞价时间段，股价以6.72元小幅度高开，开盘量是1752手，结合流通盘的大小来看，属于普通高开。

（二）早盘阶段，股价三波上攻，直奔涨停而去。参见图例78所示。

（三）从分时图的角度来说，这是典型的攻击性拉升，拉升的节拍很自然流畅。

（四）从盘口量峰来看，攻击涨停的量峰带有对敲性质，说明主力有备而来。

（五）全天走势强劲，封涨停后，再也没有开板，说明主力做盘的决心巨大。

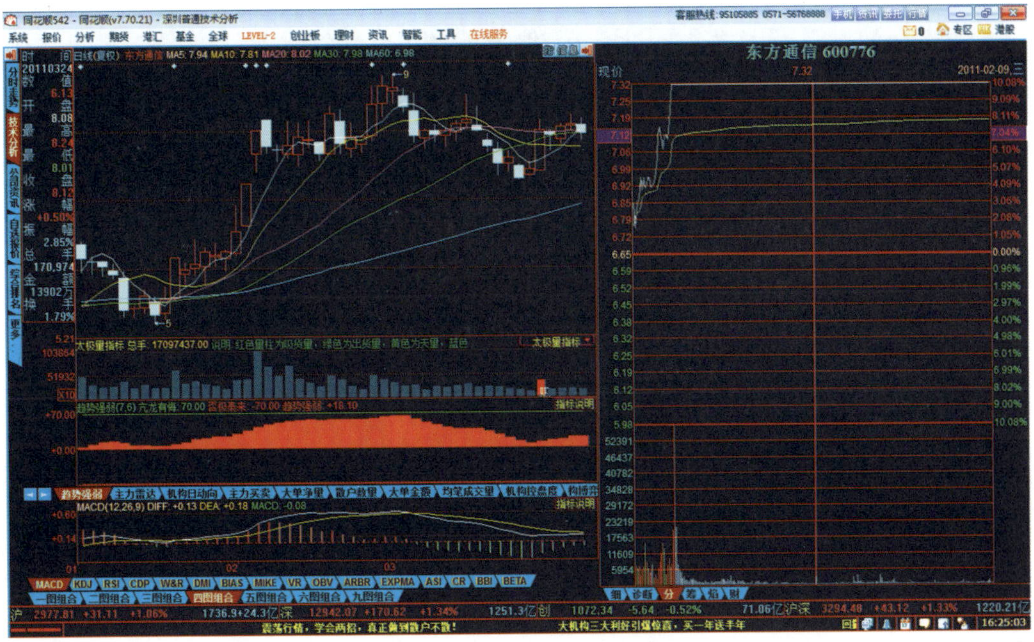

图例 78　早盘三波拉升示意图

从上交所发布的交易公开信息来看，游资和机构之间再次出现对决。买入席位中，排在买一位置的是光大证券宁波解放南路营业部，买入金额 1853 万元。买二位置是招商证券深圳益田路营业部，买入金额 1596 万元。买三位置是广发证券辽阳民主路营业部，买入金额 1464 万元。这三家都是声名赫赫的游资。买四、买五的游资也十分厉害，分别买入 1271 万元和 1135 万元。从买一到买五，每一家游资都买入千万元以上，说明它们的热情很高。

与此相反的是机构，卖一位置上的机构专用席位，卖出金额 3566 万元。看来，又是游资抬轿，机构出逃。真不知道是谁有问题，为什么游资一拉升，就有机构开溜呢？

2011 年 2 月 9 日东方通信（600776）交易公开信息

席位名称	性质	买入金额(万元)	卖出金额(万元)	净资金流(万元)	净资金流占流通市值比例(%)	净资金流占总成交额比例(%)
光大证券股份有限公司宁波解放南路证券营业部	活跃游资	1853.26	0.00	1853.26	0.26	6.29
招商证券股份有限公司深圳益田路免税商务大厦证券营业部	游资	1596.07	0.00	1596.07	0.23	5.41
广发证券股份有限公司辽阳民主路证券营业部	次活跃游资	1464.75	0.00	1464.75	0.21	4.97
广发证券股份有限公司北京阜成门南大街证券营业部	游资	1271.27	0.00	1271.27	0.18	4.31
中信建投证券有限责任公司深圳深南中路中核大厦证券营业部	游资	1135.57	0.00	1135.57	0.16	3.85
机构专用	基金	0.00	3566.13	-3566.13	-0.51	-12.09
海通证券股份有限公司芜湖银湖路证券营业部	游资	0.00	1601.20	-1601.20	-0.23	-5.43
中国银河证券股份有限公司宁波解放南路证券营业部	游资	0.00	1049.95	-1049.95	-0.15	-3.56
中信金通证券有限责任公司杭州定安路证券营业部	游资	0.00	458.50	-458.50	-0.07	-1.55
齐鲁证券有限公司深圳吉祥中路证券营业部	游资	0.00	406.07	-406.07	-0.06	-1.38
东方通信[600776]合计：		7320.92	7081.85	239.07	0.02	0.82

2011 年 2 月 10 日

盘面特点：

（一）集合竞价时间段，股价以 7.72 元大幅度高开，开盘量是 20501 手，这样的开盘方式属于巨量强势高开，预示着当天强势拉升的机会极大。但是，由于开盘的幅度很高，开盘量很大，如果不能封住涨停板，那将会是一场灾难。

（二）早盘阶段，稍稍上冲之后，便拐头向下，成交量也开始放大，参见图例 79 所示。很明显，此时获利回吐的筹码很多，股价大部分时间都运行在均价线下方，说明抛压沉重。

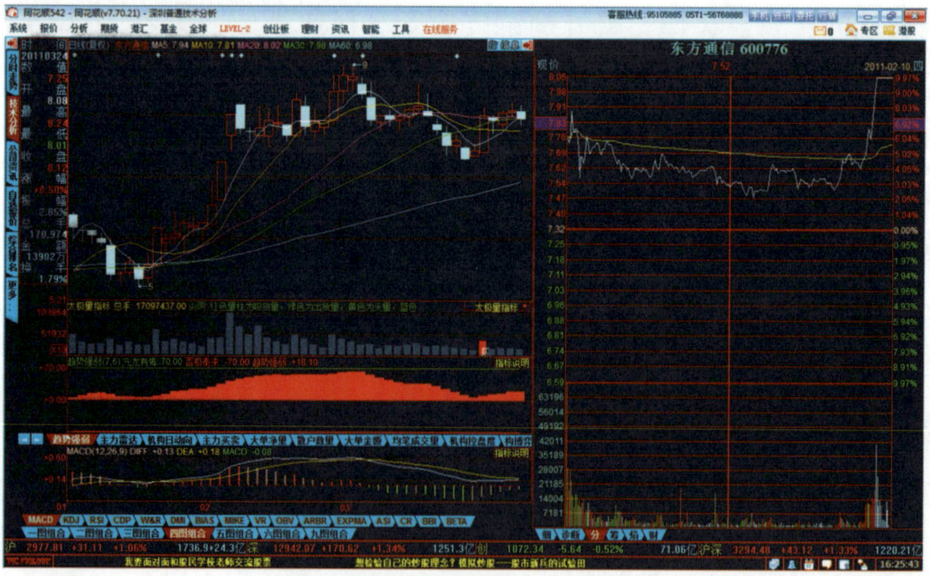

图例 79　投机色彩很浓烈的尾盘拉升

（三）尾盘阶段，股价快速拉升，最终能够封住涨停板。

（四）从全天的走势来看，一是获利盘过多，导致回吐压力很大。二是尾盘拉升，投机的色彩很浓，后市需要反复整理，消化浮筹。

（五）从股价的空间位置来看，当天已经处于第一波拉升的量度涨幅高点，后市高度已经有限，不宜过分乐观。

2011 年 2 月 11 日

盘面特点：

（一）上午 10 时 30 分复盘时，股价以 8.20 元小幅度高开，随后垂直向下，成交量急剧放大，说明出货心切，夺路狂奔。

（二）逐波杀跌的走势说明，游资已经无心恋战，参见图例 80 所示，说明此时除了出货还是出货，虽然盘中偶有反弹，但是力度很小，已是回天无力。

（三）尾盘阶段略有上翘，成交量再次放大，一方面说明大量出货，另一方面也说明承接有力，预计股价经过整理之后，还将继续拉升。

（四）从日线图来看，这是典型的短线见顶信号。

（五）因此，临盘最正确的策略，就是出局观望。

图例 80　高开低走宣告炒作结束

第三节　光大证券深圳深南大道证券营业部实战案例

光大证券股份有限公司深圳深南大道证券营业部简称光大证券深南大道，是赫赫有名的游资聚集营业部之一。截至2011年3月18日，该营业部上榜次数300次。下面收录的是近期该营业部的部分上榜数据，供各位读者参考。

日期	股票	营业部买入	营业部卖出	总成交金额	比例	排名
2011－2－25	东软载波300183	111913.54	4680579.50	19906万元	2.40%	卖出3名
2011－2－24	东软载波300183	7784915.50	46640.00	25837万元	3.03%	买入2名
2011－1－28	天晟新材300169	29376.00	4337795.00	14572万元	2.99%	卖出2名
2011－1－27	天晟新材300169	4558369.00	1521579.00	19973万元	3.04%	买入2名
2011－1－21	*ST高陶600562	0	2262757.20	10584.45万元	2.13%	卖出5名
2011－1－14	林州重机002535	4094281.43	367795.00	24942万元	1.78%	买入2名
2011－1－14	精诚铜业002171	12441.00	10140762.64	41390万元	2.45%	卖出2名
2011－1－13	N华中数300161	4693333.54	158392.00	42151万元	1.15%	买入5名
2011－1－6	燃控科技300152	1146998.00	9141195.15	24048万元	4.27%	卖出2名
2011－1－5	四方股份601126	5614204.98	0	51288.45万元	1.09%	买入5名
2010－12－29	亚星锚链601890	0	9148635.79	56576.22万元	1.61%	卖出4名
2010－12－28	N亚星601890	11323152.00	0	8.68万元	1.304%	买入4名
2010－12－27	世纪瑞尔300150	185612.00	3792229.68	39171万元	1.01%	卖出5名
2010－12－27	东方银星600753	1901698.00	0	13403.05万元	1.41%	买入5名
2010－12－24	光正钢构002524	409230.00	1417230.00	12826万元	1.42%	卖出4名
2010－12－23	光正钢构002524	1619468.00	324238.00	17621万元	1.10%	买入5名
2010－12－21	香雪制药300147	4382791.55	114411.00	26725万元	1.68%	买入4名
2010－12－16	宝馨科技002514	0.00	5434989.08	15364万元	3.53%	卖出2名
2010－11－26	老板电器002508	879322.00	6152963.76	75212万元	0.934%	卖出2名
2010－11－26	老板电器002508	879322.00	6152963.76	75212万元	0.934%	卖出2名
2010－11－25	老板电器002508	5489563.67	568035.00	61125万元	0.991%	买入2名
2010－11－25	老板电器002508	5489563.67	568035.00	61125万元	0.991%	买入2名

（续表）

日期	股票	营业部买入	营业部卖出	总成交金额	比例	排名
2010－11－23	新 大 陆 000997	21937080.00	153637.00	160099 万元	1.37%	买入 3 名
2010－11－23	新 大 陆 000997	21937080.00	153637.00	160099 万元	1.37%	买入 3 名
2010－11－22	东晶电子 002199	28600.00	5804546.00	31344 万元	1.86%	卖出 3 名
2010－11－16	福星晓程 300139	0.00	3649422.00	30536 万元	1.19%	卖出 5 名
2010－11－15	莱宝高科 002106	35795763.25	203674.34	43166 万元	8.33%	买入 1 名
2010－11－12	太原刚玉 000795	18340534.01	666954.00	175799 万元	1.08%	买入 3 名
2010－11－12	太原刚玉 000795	18340534.01	666954.00	175799 万元	1.08%	买入 3 名
2010－11－12	ST 天龙 600234	0	444500.00	756.83 万元	5.87%	卖出 4 名
2010－11－12	ST 天龙 600234	0	444500.00	756.83 万元	5.87%	卖出 4 名
2010－11－5	浪潮信息 000977	2369443.00	12789711.77	118546 万元	1.27%	卖出 2 名
2010－11－4	中航精机 002013	38145259.78	80727.00	230930 万元	1.65%	买入 5 名
2010－10－28	青松股份 300132	0.00	5026160.48	11779 万元	4.26%	卖出 2 名
2010－10－18	豫光金铅 600531	16385373.74	0	108320.64 万元	1.51%	买入 1 名
2010－10－15	建新股份 300107	0.00	3243742.14	7466 万元	4.34%	卖出 2 名
2010－10－15	中航动控 000738	9580019.06	254920.00	93630 万元	1.05%	买入 1 名
2010－9－28	岳阳纸业 600963	0	33233446.47	53008.82 万元	6.26%	卖出 1 名
2010－9－20	立讯精密 002475	6922814.61	153860.00	33815 万元	2.09%	买入 3 名
2010－9－9	沙隆达 A000553	5424045.00	179897.00	40841 万元	1.37%	买入 5 名

经典实战案例解读：莱宝高科（002106）

相关数据

日期	股票	营业部买入	营业部卖出	总成交金额	比例	排名
2010－11－15	莱宝高科 002106	35795763.25	203674.34	43166 万元	8.33%	买入 1 名

背景资料

电容式触摸屏概念股：随着苹果示范效应，带动众多知名厂商纷纷进入智能手机和平板电脑时代，从而带动上游关键部件电容式触摸屏行业快速发展，我们预计电容式触摸屏行业未来几年年复合增长率将超过 50%。通过详细分析 2011 年全球电容式触摸屏行业供求关系，我们预计 2011 年全球大尺寸电容式触摸屏将达到供求平衡，而小尺寸电容式触摸屏仍将供不应求，按全球各主要厂商中小尺寸规划产能计算，只能满足约70%市场需求。

炒作过程

莱宝高科（002106）截至2010年12月29日游资炒作部分数据

日期	席位	买入金额	卖出金额	占总成交额
2010-12-29	机构专用	30516774.57元	0.00元	6.710%
2010-12-29	机构专用	30167812.53元	0.00元	6.633%
2010-12-29	中银国际证券有限责任公司三亚新风路证券营业部	19458776.00元	375266.00元	4.278%
2010-12-29	机构专用	17716576.78元	0.00元	3.895%
2010-12-29	机构专用	17618378.15元	0.00元	3.874%
2010-12-29	机构专用	0.00元	25519184.19元	5.611%
2010-12-29	机构专用	0.00元	9871727.44元	2.170%
2010-12-29	财富证券有限责任公司温州车站大道证券营业部	12294.00元	9208789.12元	2.024%
2010-12-29	中国建银投资证券有限责任公司北京方庄芳群园证券营业部	486445.72元	6198772.35元	1.363%
2010-12-29	湘财证券有限责任公司上海枣阳路证券营业部	72802.00元	5613598.00元	1.234%
2010-12-9	机构专用	71140114.54元	0.00元	3.637%
2010-12-9	机构专用	50130566.21元	0.00元	2.563%
2010-12-9	机构专用	38874974.32元	0.00元	1.988%
2010-12-9	中国国际金融有限公司上海淮海中路证券营业部	37454273.16元	44655139.93元	1.915%
2010-12-9	机构专用	35743169.35元	0.00元	1.827%
2010-12-9	机构专用	0.00元	54231099.34元	2.773%
2010-12-9	中国国际金融有限公司上海淮海中路证券营业部	37454273.16元	44655139.93元	2.283%
2010-12-9	机构专用	0.00元	42472796.80元	2.171%
2010-12-9	兴业证券股份有限公司福州五一南路证券营业部	6852085.60元	29675388.17元	1.517%

（续表）

日期	席位	买入金额	卖出金额	占总成交额
2010－12－9	中信金通证券有限责任公司金华中山路证券营业部	27885336.03元	24525268.92元	1.254%
2010－12－7	机构专用	15662643.76元	0.00元	3.071%
2010－12－7	机构专用	12745696.33元	0.00元	2.499%
2010－12－7	招商证券交易单元（052300）	12270905.90元	0.00元	2.406%
2010－12－7	财通证券有限责任公司温岭东辉北路证券营业部	9998699.51元	542717.88元	1.960%
2010－12－7	机构专用	9838368.69元	0.00元	1.929%
2010－12－7	机构专用	0.00元	22975796.80元	4.505%
2010－12－7	机构专用	0.00元	12596364.32元	2.469%
2010－12－7	国信证券股份有限公司佛山体育路证券营业部	0.00元	11002086.98元	2.157%
2010－12－7	国信证券股份有限公司深圳泰然九路证券营业部	1166883.24元	8547782.10元	1.676%
2010－12－7	中国建银投资证券有限责任公司北京方庄芳群园证券营业部	6855668.93元	7354256.46元	1.442%
2010－11－15	光大证券股份有限公司深圳深南大道证券营业部	35795763.25元	203674.34元	8.292%
2010－11－15	机构专用	22422526.00元	0.00元	5.194%
2010－11－15	中信证券股份有限公司长沙芙蓉路证券营业部	17655000.00元	0.00元	4.089%
2010－11－15	机构专用	17271625.97元	0.00元	4.001%
2010－11－15	中国国际金融有限公司上海淮海中路证券营业部	14540816.87元	0.00元	3.368%
2010－11－15	机构专用	0.00元	22005805.41元	5.097%
2010－11－15	兴业证券股份有限公司上海金陵东路证券营业部	0.00元	17655536.50元	4.090%
2010－11－15	机构专用	0.00元	17655000.00元	4.089%
2010－11－15	机构专用	0.00元	11766174.75元	2.725%
2010－11－15	机构专用	0.00元	11084991.56元	2.567%
2010－11－4	机构专用	18153646.43元	0.00元	4.736%
2010－11－4	机构专用	17258197.40元	0.00元	4.502%

（续表）

日期	席位	买入金额	卖出金额	占总成交额
2010－11－4	机构专用	10768815.26 元	0.00 元	2.809%
2010－11－4	机构专用	10176353.89 元	0.00 元	2.654%
2010－11－4	中国建银投资证券有限责任公司南京中央路证券营业部	7921299.93 元	47928.00 元	2.066%
2010－11－4	机构专用	0.00 元	20255456.60 元	5.284%
2010－11－4	机构专用	0.00 元	16401657.52 元	4.279%
2010－11－4	机构专用	0.00 元	10935085.00 元	2.852%
2010－11－4	机构专用	0.00 元	10450007.18 元	2.726%
2010－11－4	机构专用	0.00 元	10129888.40 元	2.642%

2010 年 11 月 15 日

盘面特点：

（一）集合竞价时间段，股价以 54.50 元在关键技术点位 10 日均线附近小幅度高开，开盘量 108 手，属于正常的开盘方式。

（二）早盘阶段，股价稍微向下，成交量很小，旋即掉头向上，带量发起攻击，冲高回落时，在均价线附近得到支撑，参见图例 81 所示。

图例 81　虽然涨停了但高度却有限

（三）随后股价运行在均价线之上，震荡盘升。

（四）下午13时18分，股价直奔涨停而去，但是，涨停后，成交量反复放大，多次出现放量行为，说明筹码锁定性不好，出货现象明显。

（五）从全天的走势来看，虽然午后强力拉升，封住涨停板，但拉升的高度有限。

从深交所发布的交易公开信息来看，游资和机构之间对该股的看法出现了明显的分歧。排在买一位置的是光大证券深南大道营业部，买入金额3579万元。买二位置的是机构专用席位，买入金额2242万元。买三位置的是中信证券长沙芙蓉路营业部，买入金额1765万元。买四位置的是机构专用席位，买入金额1727万元。买五位置的是中金上海淮海中路营业部，买入金额1454万元。买方的三家游资，都是赫赫有名的。

但是，从卖出席位来看，机构却是很坚决，说明对后市的看法比较悲观。

2010年11月15日莱宝高科（002106）交易公开信息

买/卖	会员营业部名称	买入金额（元）	卖出金额（元）
买1	光大证券股份有限公司深圳深南大道证券营业部	35795763	203674
买2	机构专用	22422526	0
买3	中信证券股份有限公司长沙芙蓉路证券营业部	17655000	0
买4	机构专用	17271626	0
买5	中国国际金融有限公司上海淮海中路证券营业部	14540817	0
卖1	机构专用	0	22005805
卖2	兴业证券股份有限公司上海金陵东路证券营业部	0	17655537
卖3	机构专用	0	17655000
卖4	机构专用	0	11766175
卖5	机构专用	0	11084992

2010年11月16日

盘面特点：

（一）集合竞价时间段，股价以60.34元跳空高开，开盘量270手，属于正常的开盘方式，但从开盘来看，上攻的愿望还在。

（二）早盘阶段，走势却很牛。先是向下带量杀跌，转身向上反抽时，却没有放量配合，几经反复，围绕均价线折腾了几回之后，终于选择向下破位，参见图例82所示。

（三）上午11时，股价击穿前收盘价，带巨量杀跌，出货的愿望十分强烈。

（四）下午的走势更是奇谲诡秘，先是继续带量杀跌，在两点附近构筑了分时图双底结构，才止跌回升，但在均价线附近止住了，无法穿越。

（五）尾盘阶段再次下行，杀跌特征明显。

从全天的走势来看，游资操盘的特征很明显，既有放量杀跌，又有冲击性吃货行为，这是非常典型的滚动套利做盘手法。

图例82　一边出货一边吃货示意图

2010年11月18日

盘面特点：

（一）集合竞价时间段，股价以56.28元小幅度低开，开盘量708手。

（二）早盘阶段，略微下探后被快速拉起，随后对倒拉升，造成价量齐升的假象，吸引场外投资者跟风。参见图例83所示。几分钟后，开始放量杀跌，大举出货。股价击穿均价线，直奔前收盘价而去，就是因为游资大举出货造成的。

（三）在前收盘价附近，出现了比较有力的承接，说明有资金在这个价位回补。几分钟后再次巨量拉升，旋即出现分时图的头肩顶形态，再次放量杀跌。

（四）下午的走势相对平稳，一直运行在均价线之上。

（五）尾盘突击拉升，出现抢筹迹象，预示着明天可能会出现比较大的涨幅。

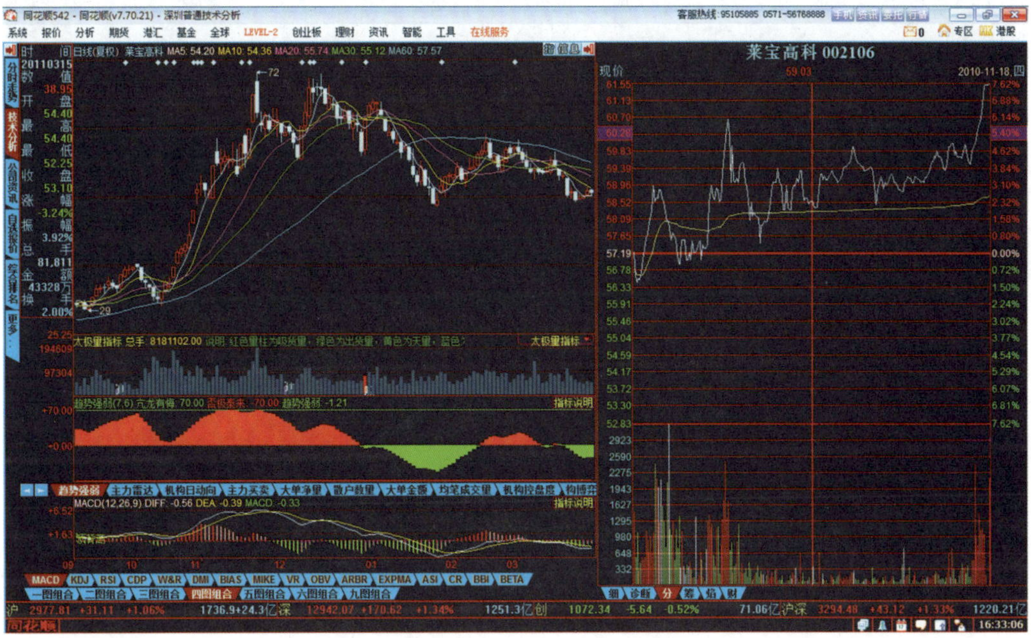

图例 83　尾盘放量拉升

2010 年 11 月 19 日

盘面特点：

（一）集合竞价时间段，股价以 62.72 元小幅度高开，开盘量是 765 手。跳空高开，说明主动攻击的愿望比较强烈，从开盘来看，强势特征明显。

（二）早盘阶段，略微下探即被强行拉起，随后出现三波拉升，线性比较流畅。

（三）上午10时09分，股价一波拉升，封住涨停板，做多力度看起来比较强劲。

（四）但是，11时之后，出现了很多次打开涨停板的行为，这不是好现象，说明有大资金开始暗中出货，后市的走势堪忧。

（五）从全天的走势来看，上午攻击力度强劲，下午出货心切，说明游资已经无心恋战，炒作即将宣告结束，明天逢高出局是明智的选择。

图例84　盘中反复开板，去意已决

2010年11月22日

盘面特点：

（一）集合竞价时间段，股价以70.10元跳空高开，开盘量2978手，属于巨量高开。这样的开盘方式如果不能封住涨停，就是一种灾难。

（二）早盘阶段，稍微上冲，就立即掉头向下，放量杀跌，出货特征明显。

（三）随后出现了一波拉升，但量能不济，很明显，跟风盘已经不足。

（四）午后的走势令人大跌眼镜，活脱脱的回头波杀跌出货，一路下行，均价线没有支撑，前收盘价也没有支撑，参见图例 85 所示。

（五）从全天的走势来看，属于典型的出货 K 线结构，说明游资获利丰厚，出货意愿十分强烈，炒作行情到此宣告结束。

图例 85

第六章　华泰系游资操盘实战案例

第一节　华泰系游资操盘的基本特征

华泰系游资是近年来崛起的新锐，被市场人士戏称为最高调的游资新贵。从2010年下半年起，华泰证券下辖的几家营业部的游资突然活跃起来。据不完全统计，2010年，华泰证券江阴福泰路营业部席位在深市上榜179次，仅次于国信系的几个营业部，而华泰证券南京长江路营业部则在沪市风生水起，2010年总共上榜187次，成为上榜次数第二多的营业部。

华泰系游资有一个非常突出的特点，那就是善于协同作战，善于合作操盘，特别是华泰证券南京长江路营业部的游资，更是如此。进入2011年后，华泰系游资又增加了很多新面孔，比如下面的营业部，就值得密切留意：

（一）华泰证券股份有限公司江阴福泰路证券营业部

（二）华泰证券股份有限公司昆山黑龙江北路证券营业部

（三）华泰证券股份有限公司无锡解放西路证券营业部

（四）华泰证券股份有限公司绍兴上大路证券营业部

相关内容，请参见《游资操盘核心机密》（上册）有关章节，在此不再赘述。

第二节　华泰证券江阴福泰路证券营业部实战案例

华泰证券股份有限公司江阴福泰路证券营业部简称华泰证券江阴福泰路，是近年来新崛起的游资，截至2011年3月18日，该营业部上榜次数650次，令人刮目相看。

日期	股票	营业部买入	营业部卖出	总成交金额	比例	排名
2011-3-16	N潜能恒300191	1058250.56	2499016.50	51864万元	0.685%	卖出3名
2011-3-16	N神农300189	1960794.03	2546282.95	64283万元	0.701%	卖出5名
2011-3-16	N维尔利300190	1443532.50	3157485.79	54498万元	0.844%	卖出1名
2011-3-16	N美亚柏300188	104060.00	2248872.00	45101万元	0.521%	卖出3名
2011-3-16	园城股份600766	0	1163402.80	5761.64万元	2.01%	卖出5名
2011-3-15	鑫茂科技000836	244587.62	6606079.11	28365万元	2.41%	卖出2名
2011-3-15	凯诺科技600398	0	14242927.22	84373.97万元	1.68%	卖出2名
2011-3-15	凯诺科技600398	0	14242927.22	84373.97万元	1.68%	卖出2名
2011-3-7	西部建设002302	26368.00	3298330.50	21940万元	1.51%	卖出2名
2011-3-3	N通达002560	208545.75	1650313.61	40878万元	0.454%	卖出4名
2011-3-3	N徐家汇002561	1134208.00	2757272.07	93351万元	0.416%	卖出4名
2011-3-2	N辉隆002556	1267908.81	3202962.11	76839万元	0.581%	卖出3名
2011-3-2	N洽洽002557	664060.00	1854491.22	46539万元	0.541%	卖出4名
2011-3-2	N顺荣002555	186122.00	1603241.11	33038万元	0.541%	卖出4名
2011-3-2	N世纪游002558	188524.00	1416485.50	36961万元	0.434%	卖出5名
2011-3-2	南方轴承002553	3788816.00	87610.00	16894万元	2.29%	买入2名
2011-3-2	*ST黑化600179	0	55620621.72	71333.40万元	7.79%	卖出1名
2011-2-25	N惠博普002554	463888.00	2547098.00	59651万元	0.504%	卖出3名
2011-2-25	N宝鼎002552	247570.00	1549461.50	41330万元	0.434%	卖出4名
2011-2-25	N尚荣002551	1625546.22	3520081.50	87997万元	0.584%	卖出3名
2011-2-25	N南方轴002553	171135.00	1402550.50	36516万元	0.430%	卖出4名
2011-2-24	江钻股份000852	1200871.60	15113736.58	43020万元	3.79%	卖出1名
2011-2-24	华神集团000790	208006.00	4128224.70	22978万元	1.88%	卖出4名

（续表）

日期	股票	营业部买入	营业部卖出	总成交金额	比例	排名
2011-2-24	江钻股份 000852	1200871.60	15113736.58	43020 万元	3.79%	卖出 1 名
2011-2-18	利欧股份 002131	332996.42	16141219.28	73310 万元	2.24%	卖出 4 名
2011-2-18	利欧股份 002131	332996.42	16141219.28	72134 万元	2.28%	卖出 4 名
2011-2-18	利欧股份 002131	332996.42	16141219.28	72134 万元	2.28%	卖出 4 名
2011-2-18	大智慧 601519	5413823.68	0	51398.68 万元	1.05%	买入 3 名
2011-2-1	N 东富龙 300171	443950.00	4575714.90	72281 万元	0.694%	卖出 2 名
2011-2-1	N 元力 300174	7918.00	1030648.18	24735 万元	0.419%	卖出 4 名
2011-2-1	N 松德 300173	1146732.00	805946.05	21696 万元	0.900%	卖出 4 名
2011-1-28	N 杰赛 002544	225479.00	1695343.40	39201 万元	0.489%	卖出 3 名
2011-1-27	*ST 黑化 600179	85483735.49	0	133009.22 万元	6.42%	买入 1 名
2011-1-27	*ST 黑化 600179	50152957.21	0	43503.35 万元	11.5%	买入 1 名
2011-1-25	N 天晟 300169	701833.00	2489037.92	64190 万元	0.497%	卖出 4 名
2011-1-25	*ST 黑化 600179	35330778.28	0	84001.82 万元	4.20%	买入 2 名
2011-1-13	N 华中数 300161	140728.00	1319406.00	42151 万元	0.346%	卖出 5 名
2011-1-13	N 雷曼光 300162	826345.00	1423607.50	40879 万元	0.550%	卖出 5 名
2011-1-13	N 通源 300164	5928632.14	2176133.05	62636 万元	1.29%	卖出 4 名
2011-1-11	N 林州重 002535	2605326.00	2914501.43	95400 万元	0.578%	卖出 5 名

经典实战案例解读：*ST 黑化（600179）

相关数据

日期	股票	营业部买入	营业部卖出	总成交金额	比例	排名
2011-1-27	*ST 黑化 600179	50152957.21	0	43503.35 万元	11.5%	买入 1 名

背景资料

重组后的*ST 黑化之所以能够逆势连创涨停奇迹，除了高倍溢价注入资产外，主要产品 PTA 近期连创新高也功不可没。

根据重组预案，通过资产置换、股份转让、换股吸收合并三部曲，*ST 黑化拟将全部资产和负债与厦门翔鹭化纤股份有限公司（下称“翔鹭化纤”）所持翔鹭石化的等值股份进行置换。置出资产的预估值为 5.49 亿元，置入资产预估值为 72.43 亿元，按照 4.74 元每股的换股价格，*ST 黑化新增股份的数量约为14.12亿股。

根据公开信息，*ST黑化现为中国化工集团公司旗下上市平台，主要产品包括焦炭、尿素等，因2008年、2009年连续两年亏损而被"披星戴帽"，2010年上半年依旧亏损8111万元，若不卖壳重组，将面临退市风险。

交易对方翔鹭石化是精对苯二甲酸（PTA）生产厂商，现有PTA项目产能为150万吨/年，另有漳州150万吨/年PTA项目在建。2010年前7月实现营业收入61.87亿元，归属于母公司股东净利润5.83亿元，截至7月底净资产为36.1亿元，评估增值率约为100.36%。

对此重组方案，大同证券投资顾问付永翀认为，若重组预案能够顺利实施，*ST黑化主业将变为PTA产品的生产销售，这对濒临退市的*ST黑化而言无疑是一大利好，复牌后的股价表现也证明了这一点。

但这并不是*ST黑化涨停的唯一原因，PTA连续涨价是其股价走高的另一引擎。据了解，PTA是一种化工原料，75%的产量用于生产涤纶。从郑商所PTA期货的近期价格走势来看，主力合约1105自2010年11月末开始上扬至昨天收盘的11350元，已逼近2010年11月高点11750元，其间累计涨幅达27%。

对于该品种的市场行情，银河期货分析师陈朝泽认为，由于棉花减产，作为高价棉花的替代品，涤纶价格持续上涨对PTA价格形成较强的拉动作用；而且化工行业整体来看已经走出低迷，进入了景气周期，因此中期来看PTA价格还将维持强势。

炒作过程

*ST黑化（600179）截至2011年3月2日游资炒作部分数据

日期	席位	买入金额	卖出金额	占总成交额
2011-3-2	中国银河证券股份有限公司宁波大庆南路证券营业部	88725936.73元	0元	12.43%
2011-3-2	中国银河证券股份有限公司厦门美湖路证券营业部	19569700.93元	0元	2.743%
2011-3-2	华泰证券股份有限公司绍兴上大路证券营业部	12338105.00元	0元	1.729%

(续表)

日期	席位	买入金额	卖出金额	占总成交额
2011-3-2	宏源证券股份有限公司深圳上步中路证券营业部	11703866.00元	0元	1.640%
2011-3-2	国信证券股份有限公司杭州萧然东路证券营业部	10453266.00元	0元	1.465%
2011-3-2	华泰证券股份有限公司江阴福泰路证券营业部	0元	55620621.72元	7.797%
2011-3-2	中国银河证券股份有限公司厦门美湖路证券营业部	0元	20681271.77元	2.899%
2011-3-2	东北证券股份有限公司江阴朝阳路证券营业部	0元	17577726.68元	2.464%
2011-3-2	第一创业证券有限责任公司上海巨野路证券营业部	0元	13711919.00元	1.922%
2011-3-2	国联证券股份有限公司南京太平南路证券营业部	0元	13541103.96元	1.898%
2011-1-27	华泰证券股份有限公司江阴福泰路证券营业部	85483735.49元	0元	6.426%
2011-1-27	东方证券股份有限公司上海鹤庆路证券营业部	84854128.81元	0元	6.379%
2011-1-27	国联证券股份有限公司江阴大桥北路证券营业部	35832131.20元	0元	2.693%
2011-1-27	西藏同信证券有限责任公司上海东方路证券营业部	21497421.42元	0元	1.616%
2011-1-27	东方证券股份有限公司上海张杨路证券营业部	17042075.21元	0元	1.281%
2011-1-27	光大证券股份有限公司宁波解放南路证券营业部	0元	44136160.76元	3.318%
2011-1-27	齐鲁证券有限公司武汉徐东大街证券营业部	0元	20614048.56元	1.549%
2011-1-27	中银国际证券有限责任公司武汉武珞路证券营业部	0元	18169078.90元	1.365%
2011-1-27	平安证券有限责任公司深圳福华路证券营业部	0元	18084390.44元	1.359%

（续表）

日期	席位	买入金额	卖出金额	占总成交额
2011－1－27	西藏同信证券有限责任公司上海东方路证券营业部	0元	17040706.32元	1.281%
2011－1－27	华泰证券股份有限公司江阴福泰路证券营业部	50152957.21元	0元	11.52%
2011－1－27	国联证券股份有限公司江阴大桥北路证券营业部	33887104.20元	0元	7.789%
2011－1－27	广发证券股份有限公司广州体育东路证券营业部	12601690.00元	0元	2.896%
2011－1－27	广发证券股份有限公司汕头梅溪东路证券营业部	10997568.50元	0元	2.527%
2011－1－27	中信金通证券有限责任公司杭州朝晖路证券营业部	8102856.34元	0元	1.862%
2011－1－27	西藏同信证券有限责任公司上海东方路证券营业部	0元	16426883.21元	3.775%
2011－1－27	中国银河证券股份有限公司厦门美湖路证券营业部	0元	10758349.10元	2.472%
2011－1－27	光大证券股份有限公司宁波解放南路证券营业部	0元	9941727.02元	2.285%
2011－1－27	申银万国证券股份有限公司湖北武汉中山路营业部	0元	9703177.00元	2.230%
2011－1－27	齐鲁证券有限公司武汉徐东大街证券营业部	0元	9693944.00元	2.228%
2011－1－25	东方证券股份有限公司上海鹤庆路证券营业部	84322639.81元	0元	10.03%
2011－1－25	华泰证券股份有限公司江阴福泰路证券营业部	35330778.28元	0元	4.205%
2011－1－25	西藏同信证券有限责任公司上海东方路证券营业部	18284948.02元	0元	2.176%
2011－1－25	东方证券股份有限公司上海张杨路证券营业部	16695877.21元	0元	1.987%
2011－1－25	广发证券股份有限公司杭州富春江路证券营业部	16562565.00元	0元	1.971%

（续表）

日期	席位	买入金额	卖出金额	占总成交额
2011－1－25	光大证券股份有限公司宁波解放南路证券营业部	0元	34194433.74元	4.070%
2011－1－25	平安证券有限责任公司深圳福华路证券营业部	0元	18055588.44元	2.149%
2011－1－25	中银国际证券有限责任公司武汉武珞路证券营业部	0元	16861652.90元	2.007%
2011－1－25	国信证券股份有限公司深圳福中一路证券营业部	0元	16463808.90元	1.959%
2011－1－25	中国银河证券股份有限公司佛山南海桂平西路证券营业部	0元	11293506.00元	1.344%
2011－1－24	光大证券股份有限公司宁波解放南路证券营业部	20457651.90元	0元	29.18%
2011－1－24	齐鲁证券有限公司武汉徐东大街证券营业部	10795680.00元	0元	15.39%
2011－1－24	中国银河证券股份有限公司佛山南海桂平西路证券营业部	9759820.00元	0元	13.92%
2011－1－24	光大证券股份有限公司上海世纪大道证券营业部	7840000.00元	0元	11.18%
2011－1－24	广发证券股份有限公司江门新会知政中路证券营业部	5233200.00元	0元	7.465%
2011－1－24	海通证券股份有限公司鹤岗东解放路证券营业部	0元	2235870.00元	3.189%
2011－1－24	安信证券股份有限公司茂名市文明中路证券营业部	0元	1819272.00元	2.595%
2011－1－24	招商证券股份有限公司北京颐和园路证券营业部	0元	1307948.00元	1.865%
2011－1－24	招商证券股份有限公司成都西一环路证券营业部	0元	927129.00元	1.322%
2011－1－24	华泰联合证券有限责任公司深圳侨香路证券营业部	0元	926720.00元	1.321%

2011 年 1 月 27 日

盘面特点：

（一）集合竞价时间段，股价以 9.60 元大幅度低开，开盘量 56912 手。这是非常典型的超级巨量极限低开，开盘价已经接近跌停价，说明有特大资金参与集合竞价。

（二）早盘阶段，股价被巨量大单 16793 手迅速拉起，说明有资金极度看好后市，在此价位快速建仓，积极抢筹。参见图例 86 所示。

（三）随后一路抢进筹码，很快就回到了前收盘价附近。

（四）之后的走势却是大跌眼镜，股价一路下行，再也没有回到前收盘价上方。

（五）尾盘的走势更叫人心寒，直接钉死在跌停板上。

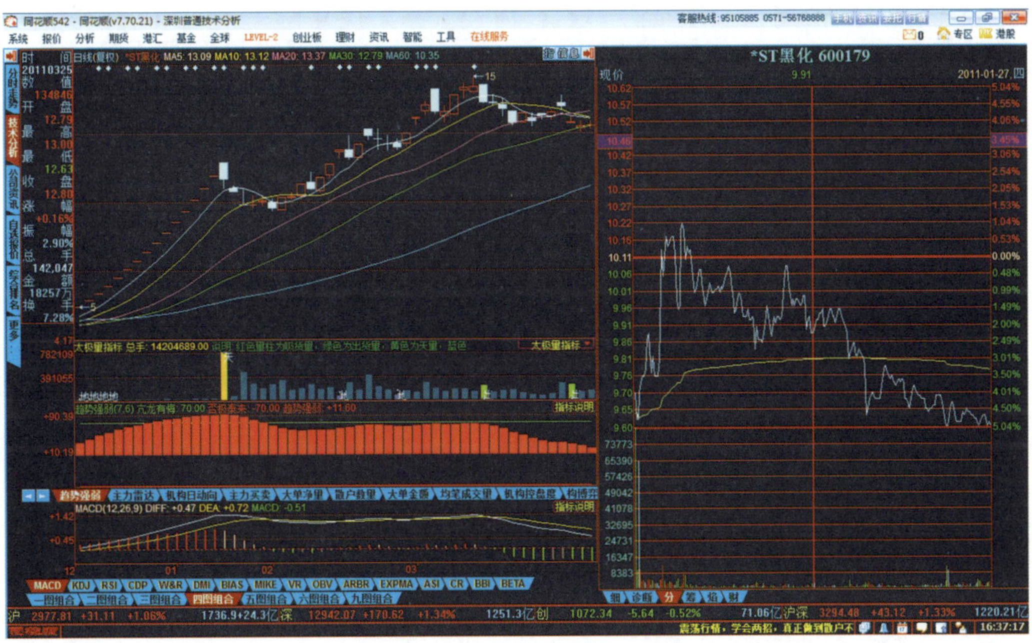

图例 86　悲喜交加的分时走势

从深交所发布的交易公开信息来看，今天的涨停和跌停都是游资干的好事。

买入席位上，排在买一位置的是华泰证券江阴福泰路营业部，买入金额

5015万元。买二位置的是国联证券江阴大桥北路营业部，买入金额3388万元。买三位置的是广发证券广州体育东路营业部，买入金额1260万元。买四位置的是广发证券汕头梅溪东路营业部，买入金额1099万元，买五位置的是中信金通杭州朝晖路营业部，买入金额810万元。很显然，早盘的强劲走势，就是他们制造的。

2011年1月27日＊ST黑化（600179）交易公开信息

席位名称	性质	买入金额(万元)	卖出金额(万元)	净资金流(万元)	净资金流占流通市值比例(%)	净资金流占总成交额比例(%)
华泰证券股份有限公司江阴福泰路证券营业部	游资	5015.30	0.00	5015.30	2.68	11.53
国联证券股份有限公司江阴大桥北路证券营业部	游资	3388.71	0.00	3388.71	1.81	7.79
广发证券股份有限公司广州体育东路证券营业部	游资	1260.17	0.00	1260.17	0.67	2.90
广发证券股份有限公司汕头梅溪东路证券营业部	游资	1099.76	0.00	1099.76	0.59	2.53
中信金通证券有限责任公司杭州朝晖路证券营业部	游资	810.29	0.00	810.29	0.43	1.86
西藏同信证券有限责任公司上海东方路证券营业部	游资	0.00	1642.69	-1642.69	-0.88	-3.78
中国银河证券股份有限公司厦门美湖路证券营业部	次活跃游资	0.00	1075.83	-1075.83	-0.57	-2.47
光大证券股份有限公司宁波解放南路证券营业部	活跃游资	0.00	994.17	-994.17	-0.53	-2.29
申银万国证券股份有限公司湖北武汉中山路营业部	游资	0.00	970.32	-970.32	-0.52	-2.23
齐鲁证券有限公司武汉徐东大街证券营业部	游资	0.00	969.39	-969.39	-0.52	-2.23
*ST黑化[600179]合计:		11574.23	5652.40	5921.83	3.16	13.61

2011年1月28日

盘面特点：

（一）集合竞价时间段，停牌。10时30分复牌时股价以9.57元小幅度低开，开盘量325手。随后快速上攻，却遭遇了疯狂的卖出，股价快速回落，成交量急剧放大。

（二）几分钟之后，再次发动进攻，股价创出新高，但成交量已经明显萎缩，参见图例87所示。这是量价背离，预示着股价即将发生逆转。

（三）下午开盘后，股价一路杀跌，成交量同步放大。

（四）尾盘的走势更叫人吃惊，直接击穿前收盘价，虽然最后拉回，但是，令人心惊肉跳。

（五）观察全天的走势，主要以出货为主。从下午瞬间拉升的图形来看，有新多资金进场，说明他们看好该股的后市，应密切关注。

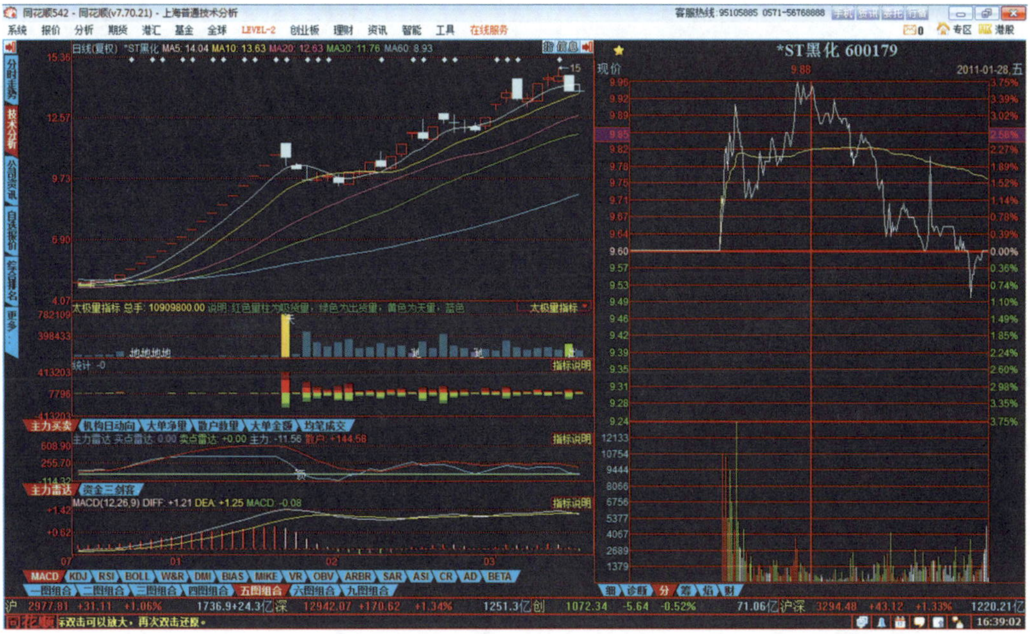

图例 87 下午有新资金进场

2011 年 1 月 31 日

盘面特点：

（一）集合竞价时间段，股价以 9.70 元小幅度高开，开盘量 2132 手。

（二）早盘阶段，先是快速下挫，这是典型的早盘瞬间诱空，属于洗盘动作。

（三）随后展开了一波快速上攻，参见图例 88 所示。

（四）几分钟后，再次上攻，但对敲的特点明显，而且，出现了量价背离。

（五）下午的走势比较疲软，杀跌走势，目的在于洗盘。尾盘上翘，说明盘中洗盘已经达到了预期目标，随后将以拉升为主。

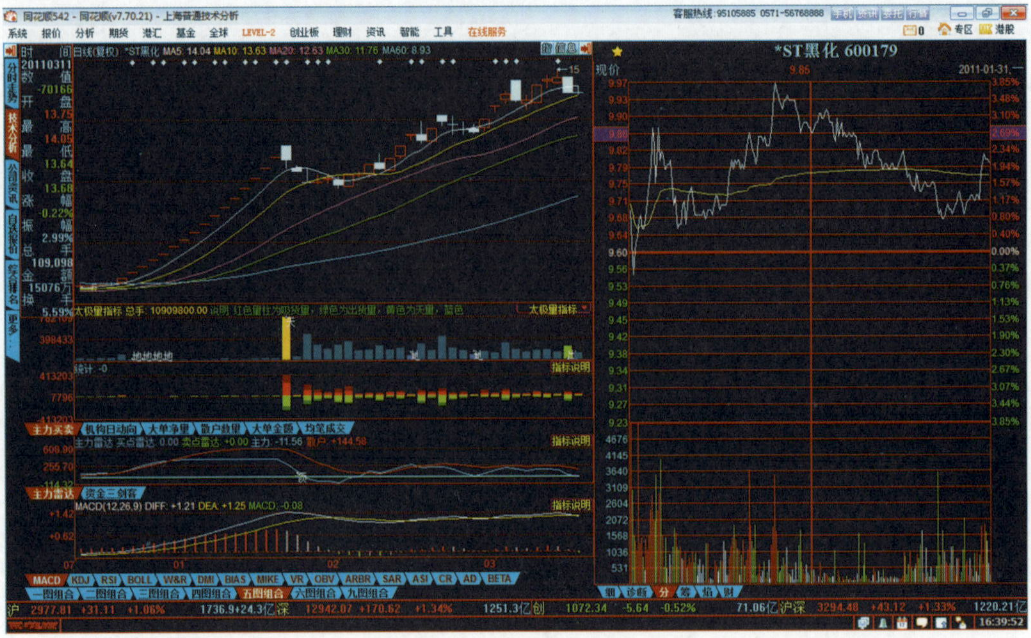

图例 88　震仓洗盘示意图

2011 年 2 月 1 日

盘面特点：

（一）集合竞价时间短，股价以 9.71 元小幅度低开，开盘量 2034 手。

（二）早盘阶段略微上攻，旋即掉头向下，迅速击穿前收盘价，再击穿均价线，击穿开盘价，一路下跌，参见图例 89 所示。

（三）上午的走势以杀跌为主，量峰凌乱无序，成交量急剧放大。

（四）盘中出现了两次明显的向上试盘动作，说明有资金在测试盘面，后市看好。

（五）下午的走势虽然疲软，但是盘中不时出现冲击性建仓波形，说明上午的杀跌是有预谋的、有计划的、有目的的洗盘。

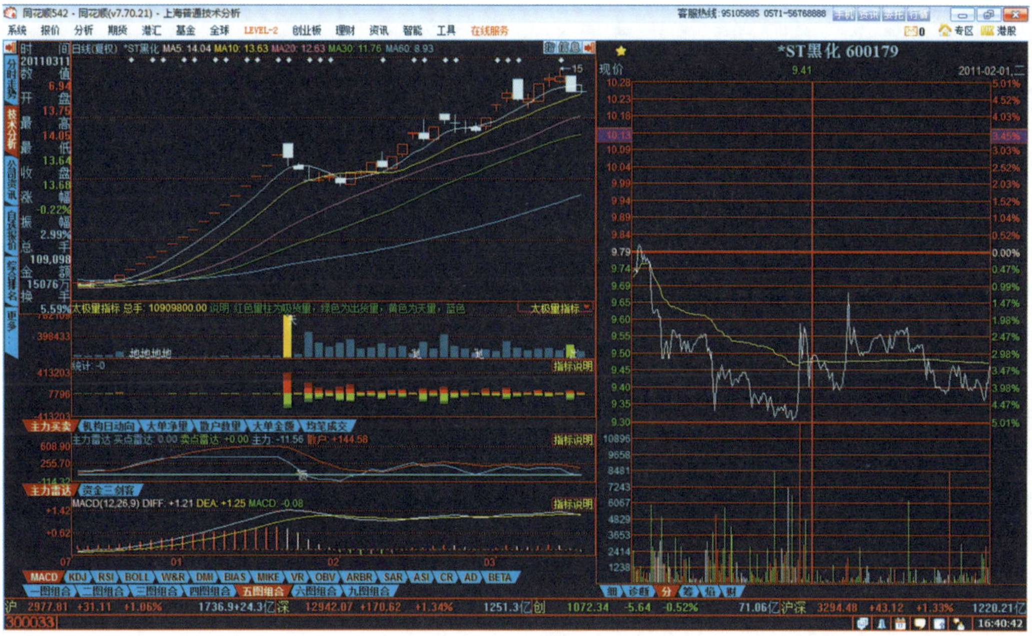

图例 89　向上试盘示意图

2011 年 2 月 9 日

盘面特点：

（一）集合竞价时间段，股价以 9.37 元小幅度低开，开盘量 871 手。

（二）早盘阶段，股价快速上攻。回落时，在前收盘价和均价线附近获得支撑，参见图例 90 所示，稍作停顿，再次发力上攻。

（三）从盘口来看，今天上攻的愿望比较强烈，上午 10 时 30 分左右，再次发力上攻，直奔涨停而去，说明主力坚决做多，力度很大。

（四）但是，在涨停板附近，抛压沉重，盘中反复打开涨停板。

（五）从全天的走势来看，有人急于出货，导致涨停板反复打开。但从成交的数据来分析，买入的一方态度也很坚决，说明他们坚定看好后市走势。

图例 90　盘中反复开板

2011 年 2 月 14 日

盘面特点：

（一）集合竞价时间段，股价以 10.52 元小幅度高开，开盘量 1916 手。

（二）早盘阶段，股价急速上冲，两波攻击态势，参见图例 91 所示。但成交量却没有相应配合，背离而且混乱，预示着股价将反身向下。

（三）随后，股价翻身向下，以回头波的形式，向下做空，放量击穿均价线。

（四）下午的走势很让人揪心，先是在均价线附近反复徘徊，始终不能有效向上突破，结果选择了向下，一路狂泻，杀跌，放量，再杀跌，再放量，恶劣至极。

（五）尾盘的走势更是叫人大跌眼镜，恶心透顶。

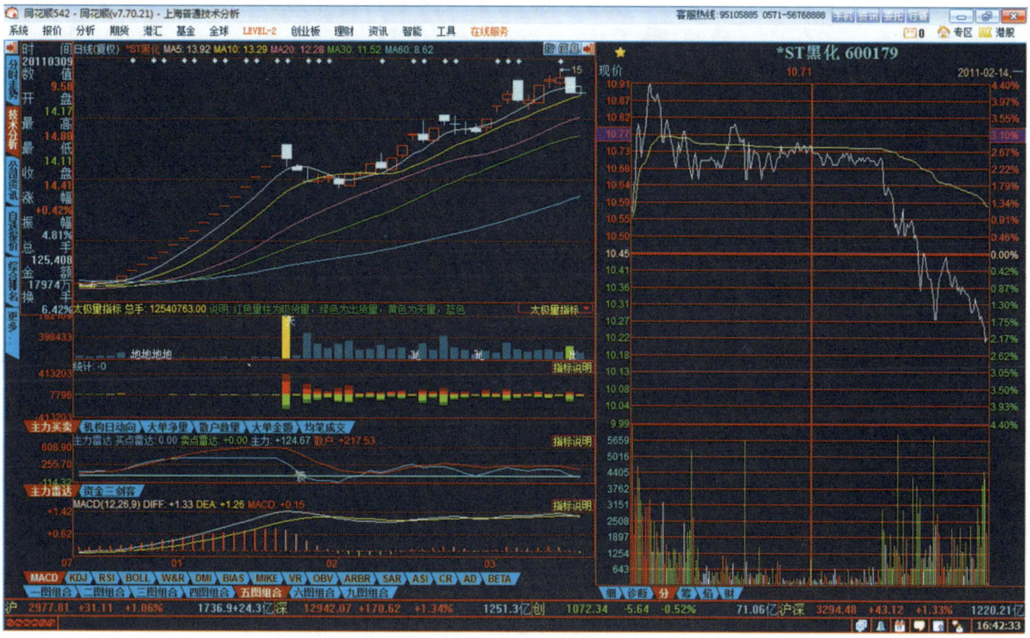

图例 91　尾盘走势恶心透顶

2011 年 2 月 15 日

盘面特点：

（一）集合竞价时间段，股价以 10.15 元小幅低开，开盘量 3701 手，属于巨量低开。

（二）早盘阶段，略微下探便翻身向上，两波攻击，随后快速回落，和昨天早盘的走势基本相同，参见图例 92 所示。这种走势说明，操盘手的习性是很难改变的。

（三）随后，在前收盘价附近止跌，再度上攻，之后，一直运行在均价线之上。

（四）下午 14 时，攻击发起了，股价快速飞升，价升量增，两个长波快速拉到涨停。

（五）尾盘阶段，涨停板上反复放出大量，说明有人在借机大肆出货。

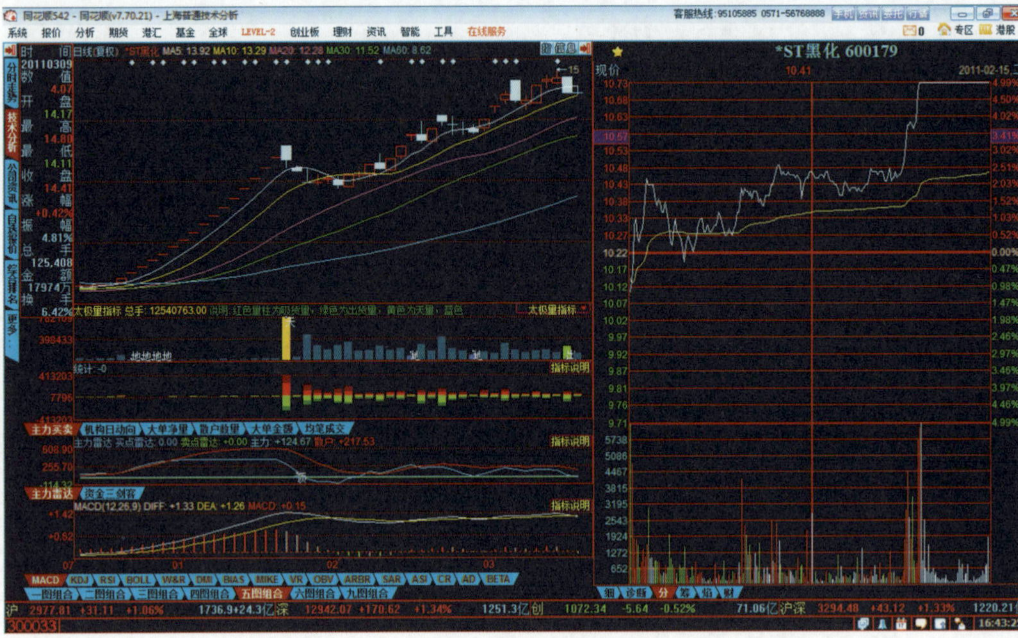

图例 92　两长波快速拉到涨停

2011 年 2 月 16 日

盘面特点：

（一）集合竞价时间段，股价以 10.80 元小幅度高开，开盘量 1445 手。

（二）早盘阶段，股价先是快速上升，遇到抛压，快速回落，参见图例 93 所示，迅速击穿均价线，击穿前收盘价，说明有人出货心切，不顾一切甩货，但成交量不大。

（三）上午 10 时，股价再次上攻，长短波形结合使用，手法娴熟。

（四）上午 10 时 30 分，直奔涨停板，却没有能够封住，抛盘蜂拥而出。

（五）上午 11 时 18 分，再次封住涨停板，成交量开始萎缩。下午开盘后，又一次放出巨量，说明已经有人经受不住刺激，开始大肆出货。

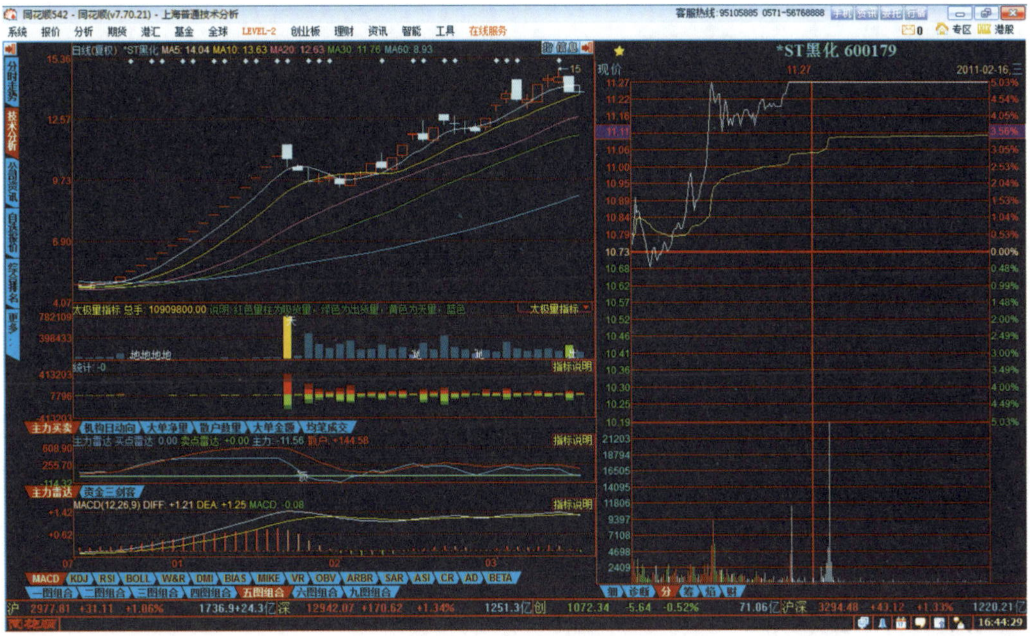

图例 93　下午有人大肆出货

2011 年 2 月 17 日

盘面特点：

（一）集合竞价时间段，股价以 11.75 元跳空高开，开盘量 4788 手，很有意思的开盘量，如此巨量高开，说明有大资金参与集合竞价。同时，如此巨量也说明，杀鸡用牛刀，不妙了。

（二）早盘阶段，股价直接飞升，直奔涨停板而去，牢牢封死。

（三）但是，涨停之后，却反复放出大成交量，不妙啊，说明有人在开溜。

（四）从空间位置来看，此处已经触及前期高点，抛压比较重。

（五）从盘口来看，游资的决心不变，出货部分应是一些获利机构所为。

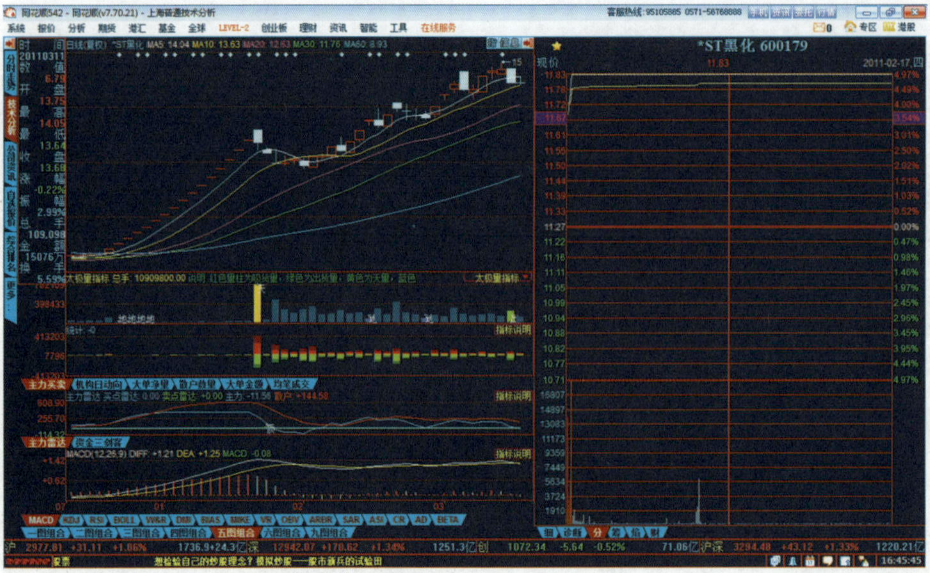

图例 94　前期高点附近压力比较大

2011 年 2 月 18 日

盘面特点：

（一）上午 10 时 30 分复牌后，股价以 11.83 元平开，开盘量仅有区区的 130 手。

（二）随后几笔大单快速推高，牢牢封住涨停板，参见图例 95 所示。

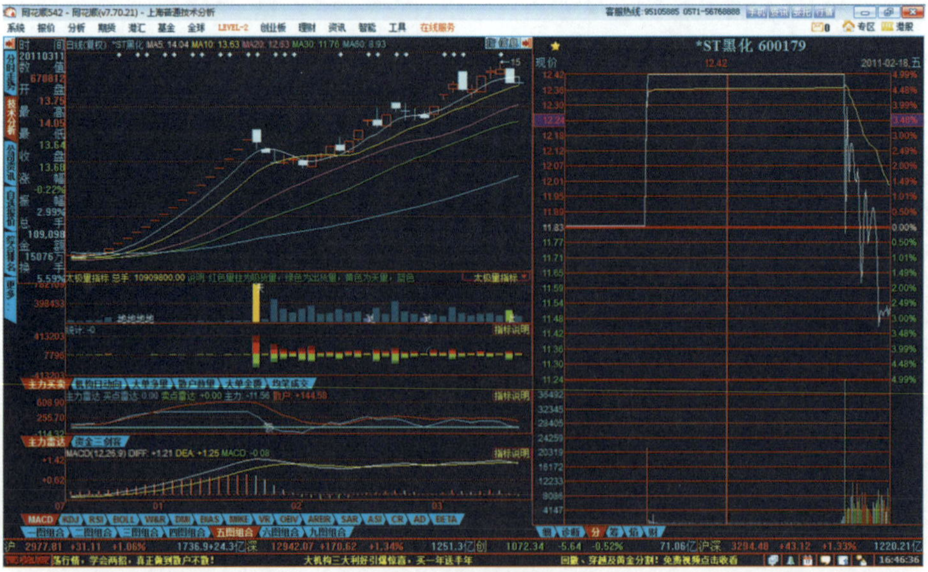

图例 95　尾盘诡秘杀跌

（三）涨停后，大部分时间筹码稳定，成交量稀少。

（四）下午 14 时 30 分，涨停板突然被打开，股价垂直下跌，同时释放出巨大的成交量，一直打到前收盘价。几经反抽之后，再次垂直下跌，直接跌穿前收盘价。

（五）尾盘阶段，股价再次下跌，成交量放大。

从全天的走势来看，走势诡秘、无常，游资操盘的特点显露无遗。

第三节　华泰证券绍兴上大路证券营业部实战案例

华泰证券股份有限公司绍兴上大路证券营业部简称华泰证券绍兴上大，截至2011年3月18日，该营业部上榜次数389次，下边收录的是该营业部近来部分上榜数据。

日期	股票	营业部买入	营业部卖出	总成交金额	比例	排名
2011-3-2	天舟文化 300148	1811985.00	34099.00	8073 万元	2.28%	买入1名
2011-3-2	*ST 黑化 600179	12338105.00	0	71333.40 万元	1.72%	买入3名
2011-2-24	凯美特气 002549	2539206.19	4125.00	17947 万元	1.41%	买入4名
2011-2-23	中关村 000931	32911.00	9122324.39	85218 万元	1.07%	卖出3名
2011-2-23	中关村 000931	32911.00	9122324.39	85218 万元	1.07%	卖出3名
2011-2-23	中关村 000931	32911.00	9122324.39	85218 万元	1.07%	卖出3名
2011-2-18	南风化工 000737	6914662.00	48998.00	59104 万元	1.17%	买入5名
2011-2-18	南风化工 000737	6914662.00	42728.00	48728 万元	1.42%	买入3名
2011-2-9	钱江水利 600283	0	8136978.00	79392.08 万元	1.02%	卖出5名
2011-2-1	大智慧 601519	0	10799529.61	65451.24 万元	1.65%	卖出5名
2011-1-31	大智慧 601519	17718678.28	0	78227.96 万元	2.26%	买入1名
2011-1-31	大智慧 601519	0	20320027.74	78227.96 万元	2.59%	卖出1名
2011-1-31	大智慧 601519	17718678.28	0	78227.96 万元	2.26%	买入1名
2011-1-31	大智慧 601519	0	20320027.74	78227.96 万元	2.59%	卖出1名
2011-1-28	N 大智慧 601519	21310275.24	0	0.74 万元	2.879%	买入3名
2011-1-21	国恒铁路 000594	18741165.00	29539.00	51316 万元	3.65%	买入3名
2011-1-20	吉峰农机 300022	4965487.39	171500.00	27185 万元	1.88%	买入2名
2011-1-20	中国宝安 000009	45829498.22	171626.00	124629 万元	3.69%	买入2名
2011-1-19	银鸽投资 600069	4523913.00	0	22807.77 万元	1.98%	买入4名
2011-1-11	杭锅股份 002534	0.00	11840145.85	37447 万元	3.16%	卖出2名
2011-1-11	杭锅股份 002534	0.00	11840145.85	37447 万元	3.16%	卖出2名
2011-1-10	N 杭锅 002534	12803998.06	193283.00	91489 万元	1.42%	买入2名
2011-1-6	澳洋科技 002172	1202830.50	0.00	3423 万元	3.51%	买入1名

（续表）

日期	股票	营业部买入	营业部卖出	总成交金额	比例	排名
2010－12－27	＊ST 光华 000703	47960.00	3972440.00	18082 万元	2.22%	卖出 5 名
2010－12－24	深 鸿 基 000040	13541288.52	5860.00	30254 万元	4.47%	买入 1 名
2010－12－21	光正钢构 002524	310097.00	3635280.60	33089 万元	1.19%	卖出 3 名
2010－12－20	山东矿机 002526	8765.00	13014850.30	85255 万元	1.52%	卖出 2 名
2010－12－20	广州药业 600332	16937587.75	0	47776.46 万元	3.54%	买入 3 名
2010－12－17	N 矿机 002526	12596569.40	602785.00	132088 万元	0.999%	买入 4 名
2010－12－16	生 意 宝 002095	8488599.38	4441668.00	34908 万元	3.70%	买入 4 名
2010－12－16	生 意 宝 002095	8488599.38	4441668.00	34908 万元	3.70%	卖出 3 名
2010－12－16	美都控股 600175	13555185.48	0	49358.72 万元	2.74%	买入 3 名
2010－12－14	晋西车轴 600495	0	27176403.00	153185.32 万元	1.77%	卖出 2 名
2010－12－9	晋西车轴 600495	22343673.83	0	67757.55 万元	3.29%	买入 4 名
2010－12－9	晋西车轴 600495	22343673.83	0	56755.00 万元	3.93%	买入 2 名
2010－11－22	中航精机 002013	0.00	15174400.72	51834 万元	2.92%	卖出 3 名
2010－11－22	康强电子 002119	30482638.40	157723.00	51958 万元	5.89%	买入 1 名
2010－11－22	深华发 A000020	3930197.06	0.00	17599 万元	2.23%	买入 5 名
2010－11－22	深华发 A000020	3930197.06	0.00	17599 万元	2.23%	买入 5 名
2010－11－18	阳谷华泰 300121	12456.00	4044839.12	9645 万元	4.20%	卖出 1 名

经典实战案例解读：澳洋科技（002172）

相关数据

日期	股票	营业部买入	营业部卖出	总成交金额	比例	排名
2011－1－6	澳洋科技 002172	1202830.50	0.00	3423 万元	3.51%	买入 1 名

背景资料

澳洋科技（002172）2011 年 1 月 4 日晚间公告称，公司非公开发行新增的 3422.09 万股股份 1 月 6 日上市。本次发行价格为 8.10 元每股，扣除发行费用后，本次募集资金净额为 2.65 亿元。公司公告称，本次发行募集资金将用于“收购玛纳斯新澳特种纤维有限责任公司 60% 的股权”、“增资阜宁澳洋，用于人造纤维工程技术研发中心建设项目”、“增资阜宁澳洋，用于补充流动资金”三个项目。

炒作过程

澳洋科技（002172）截至2011年1月6日游资炒作部分数据

日期	席位	买入金额	卖出金额	占总成交额
2011-1-6	华泰证券股份有限公司绍兴上大路证券营业部	1202830.50元	0.00元	3.512%
2011-1-6	光大证券股份有限公司东莞运河东一路证券营业部	864326.90元	9300.00元	2.524%
2011-1-6	财达证券有限责任公司唐山南堡开发区证券营业部	806365.50元	0.00元	2.355%
2011-1-6	东兴证券股份有限公司福州杨桥中路证券营业部	594757.00元	0.00元	1.737%
2011-1-6	华泰联合证券有限责任公司深圳海德三道证券营业部	540440.00元	0.00元	1.578%
2011-1-6	华泰证券股份有限公司沈阳青年大街证券营业部	1842.00元	1180911.45元	3.448%
2011-1-6	光大证券股份有限公司广州林和西路证券营业部	255720.00元	1143443.20元	3.339%
2011-1-6	东吴证券股份有限公司昆山前进中路证券营业部	121696.00元	857400.00元	2.504%
2011-1-6	招商证券股份有限公司北京光明路证券营业部	0.00元	733936.90元	2.143%
2011-1-6	申银万国证券股份有限公司成都崇州市蜀州北路证券营业部	3704.00元	492341.00元	1.437%
2010-1-22	华泰证券股份有限公司绍兴上大路证券营业部	23334882.14元	28346.00元	7.318%
2010-1-22	机构专用	14811067.66元	0.00元	4.645%
2010-1-22	天源证券经纪有限公司深圳民田路证券营业部	5341254.32元	22500.00元	1.675%
2010-1-22	广发证券股份有限公司南京北京东路证券营业部	5195685.00元	0.00元	1.629%
2010-1-22	国信证券股份有限公司深圳红岭中路证券营业部	4299892.40元	171073.00元	1.348%

（续表）

日期	席位	买入金额	卖出金额	占总成交额
2010－1－22	信达证券股份有限公司天津新华路证券营业部	8922.00元	8175122.90元	2.564%
2010－1－22	中信证券股份有限公司苏州中新路证券营业部	11848.00元	5657615.09元	1.774%
2010－1－22	海通证券股份有限公司郑州经七路证券营业部	270740.30元	3334804.00元	1.045%
2010－1－22	国泰君安证券股份有限公司福州五四路证券营业部	12136.00元	3120199.72元	0.9786%
2010－1－22	华泰证券股份有限公司张家港杨舍东街证券营业部	1372448.00元	3091600.00元	0.9696%
2009－11－27	华泰证券股份有限公司绍兴上大路证券营业部	5966849.60元	14619.00元	2.681%
2009－11－27	国信证券股份有限公司深圳泰然九路证券营业部	2875101.00元	1424254.00元	1.291%
2009－11－27	财富证券有限责任公司深圳红桂路证券营业部	2586008.00元	2565825.00元	1.161%
2009－11－27	华泰证券股份有限公司江阴福泰路证券营业部	1725534.50元	394365.30元	0.7753%
2009－11－27	国泰君安证券股份有限公司上海水城路证券营业部	1707274.00元	397060.00元	0.7671%
2009－11－27	安信证券股份有限公司广州猎德大道证券营业部	347089.00元	11007923.90元	4.946%
2009－11－27	中信金通证券有限责任公司金华中山路证券营业部	38415.00元	8945567.60元	4.019%
2009－11－27	厦门证券有限公司厦门后江埭路证券营业部	0.00元	4146515.76元	1.863%
2009－11－27	齐鲁证券有限公司厦门厦禾路证券营业部	523006.84元	3957149.64元	1.778%
2009－11－27	安信证券股份有限公司上海世纪大道证券营业部	0.00元	3554791.92元	1.597%
2009－11－26	安信证券股份有限公司广州猎德大道证券营业部	13644001.30元	146313.00元	2.899%
2009－11－26	长江证券股份有限公司西安太白北路营业部	6215651.60元	31968.50元	1.321%

（续表）

日期	席位	买入金额	卖出金额	占总成交额
2009－11－26	中信金通证券有限责任公司金华中山路证券营业部	4692372.00元	1724437.50元	0.9972%
2009－11－26	海通证券股份有限公司济南泉城路证券营业部	4514613.98元	15750.00元	0.9595%
2009－11－26	国海证券有限责任公司上海宝源路证券营业部	4135423.48元	1690982.62元	0.8789%
2009－11－26	中信建投证券有限责任公司深圳市振华路证券营业部	0.00元	26766274.06元	5.688%
2009－11－26	东方证券股份有限公司杭州龙井路证券营业部	0.00元	15170815.57元	3.224%
2009－11－26	华泰证券股份有限公司武汉西马路路证券营业部	264258.00元	12975570.88元	2.757%
2009－11－26	华泰证券股份有限公司上海康定路证券营业部	10642.00元	11955154.71元	2.540%
2009－11－26	东方证券股份有限公司上海牡丹路证券营业部	2020477.93元	9161983.96元	1.947%
2009－8－7	机构专用	20351876.47元	0.00元	7.435%
2009－8－7	机构专用	14591765.28元	0.00元	5.331%
2009－8－7	中信证券股份有限公司上海巨鹿路证券营业部	12004923.65元	8358312.86元	4.386%
2009－8－7	光大证券股份有限公司乌鲁木齐市解放北路证券营业部	7924296.63元	7787620.67元	2.895%
2009－8－7	国信证券股份有限公司北京平安大街证券营业部	4071236.41元	152598.00元	1.487%
2009－8－7	机构专用	0.00元	20995105.03元	7.670%
2009－8－7	机构专用	0.00元	13003132.90元	4.750%
2009－8－7	财通证券有限责任公司绍兴人民中路证券营业部	132355.00元	10048539.37元	3.671%
2009－8－7	渤海证券股份有限公司深圳福中路证券营业部	144164.00元	9687235.40元	3.539%
2009－8－7	中信证券股份有限公司上海巨鹿路证券营业部	12004923.65元	8358312.86元	3.053%

2011 年 1 月 6 日

盘面特点：

（一）集合竞价时间段，股价以 9.25 元小幅度低开，开盘量 243 手。

（二）早盘阶段，股价快速上攻，在前收盘价附近遇阻回落，参见图例 96 所示。但在均价线附近得到支撑，再度上攻，但成交量很小，结果再度回落，整个上午如此反复很多次。

（三）下午的走势很揪心，也很刺激，但是，前半段的走势偏弱。

（四）尾盘阶段，股价非常奇崛地快速拉升，瞬间猛拉，随后缓慢回落。

（五）总体而言，全天的走势很平淡，没有什么亮点。但盘中出现了不少冲击波，说明有人在暗中建仓，吃进筹码，应密切留意。

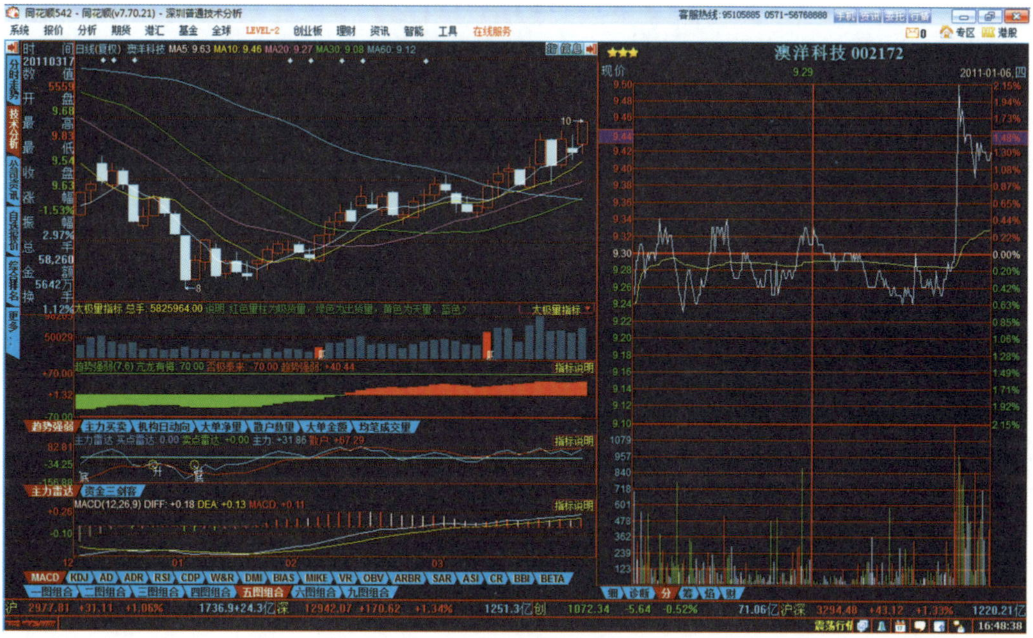

图例 96　尾盘瞬间拉升

从深交所发布的交易公开信息来看，今天有游资试探性建仓。

买入席位上，华泰证券绍兴上大路营业部买进金额 120 万元，属于很小的，说明是试探性建仓。而买二、买三、买四、买五买入的数量也很小，同样是试探性建仓。

这样的交易信息表明，游资操作也开始变得很谨慎了。

2011 年 1 月 6 日澳洋科技（002172）交易公开信息

席位名称	性质	买入金额(万元)	卖出金额(万元)	净资金流(万元)	净资金流占流通市值比例(%)	净资金流占总成交额比例(%)
华泰证券股份有限公司绍兴上大路证券营业部	游资	120.28	0.00	120.28	0.02	3.51
光大证券股份有限公司东莞运河东一路证券营业部	游资	86.43	0.93	85.50	0.02	2.50
财达证券有限责任公司唐山南堡开发区证券营业部	游资	80.64	0.00	80.64	0.02	2.36
东兴证券股份有限公司福州杨桥中路证券营业部	游资	59.48	0.00	59.48	0.01	1.74
华泰联合证券有限责任公司深圳海德三道证券营业部	游资	54.04	0.00	54.04	0.01	1.58
华泰证券股份有限公司沈阳青年大街证券营业部	游资	0.18	118.09	-117.91	-0.02	-3.44
光大证券股份有限公司广州林和西路证券营业部	游资	25.57	114.34	-88.77	-0.02	-2.59
东吴证券股份有限公司昆山前进中路证券营业部	游资	12.17	85.74	-73.57	-0.01	-2.15
招商证券股份有限公司北京光明路证券营业部	游资	0.00	73.39	-73.39	-0.01	-2.14
申银万国证券股份有限公司成都崇州市蜀州北路证券营业部	券商	0.37	49.23	-48.86	-0.01	-1.43
澳洋科技[002172]合计:		439.16	441.72	-2.56	0.01	-0.06

2011 年 1 月 7 日

盘面特点：

（一）集合竞价时间段，股价以 9.42 元平开，开盘量 159 手。

（二）早盘阶段，稍微快速下挫，旋即快速拉起，但在前收盘价附近嘎然止住。

（三）随后股价掉头向下，但成交量萎缩，参见图例 97 所示。

（四）上午 10 时 40 分，股价再次发起攻击，但成交量很小，结果再次无功而返。

（五）下午的走势很疲软，股价一路放量杀跌，除了杀跌还是杀跌，毫无抵抗。虽然尾盘阶段略有上翘，但已经于事无补，向下破位已经成为定局。

图例 97　尾盘杀跌

2011 年 1 月 10 日

盘面特点：

（一）集合竞价时间段，股价以 9.26 元平开，开盘量仅有区区的 6 手。说明这是彻底的散户行情，根本没有大资金参与集合竞价。看来今天的走势凶多吉少啊。

（二）早盘阶段，连一点反抗也没有，就直接下行，参见图例 98 所示。

（三）上午的走势非常疲软，股价一直受均价线压制，毫无抵抗，一路下跌。

（四）下午的走势更加恶劣，水银泻地一般，越盘越低，成交量越来越大。

（五）尾盘阶段，也毫无起色，直接以最低价收盘。

从近几天的走势来看，华泰证券绍兴上大路的游资已经无法获利出局。最终的结局是什么，我们无从得知，但从盘面来看，他们是以失败告终了。悲哀！

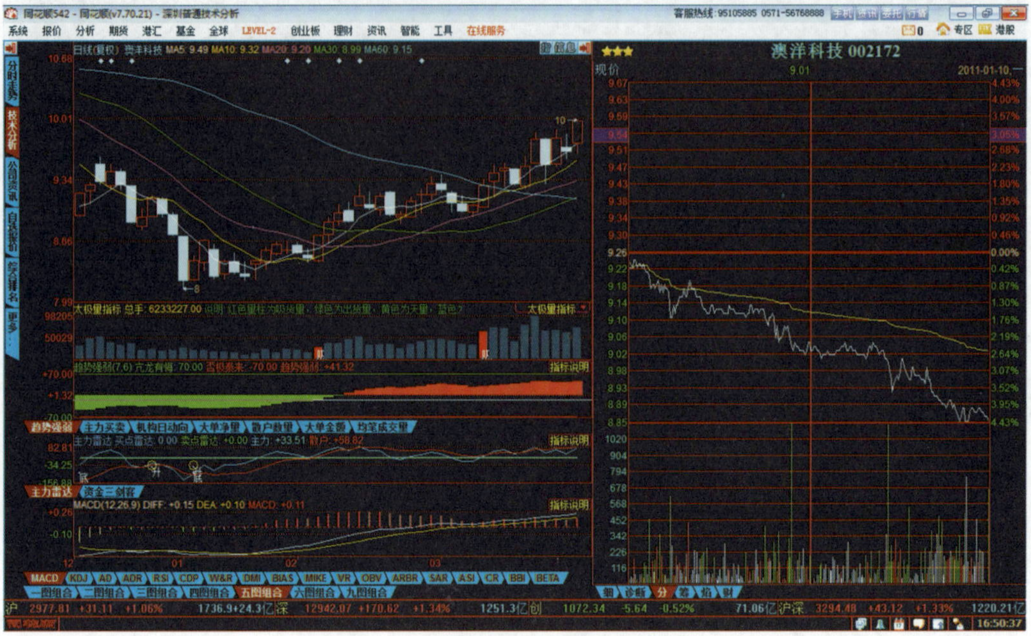

图例98　水银泻地一般的走势

后记 学好本领套“财”狼

经过长达一年多的写作，数易其稿，《游资操盘核心机密》（中册）终于完稿了，悬在心间的那块石头，终于落地了。望着窗外并不寂静的星空，并不宁静的车流，并不安静的街坊，再轻轻地抚摸并不平静的心房，突然间，感觉意犹未尽，还有很多话要说。

先说书稿。写书真是一件苦差事，尤其是证券类的，比如这本小册子，为了适合读者的阅读需求，光是图片，就更换了很多次，目的只有一个：选用最新、最鲜活的游资实战案例，以便满足读者的学习需求。虽然在选取图片方面耗费了不少时间，但是，于读者而言，能看到最新、最有代表性的案例，实在是一件惬意的事情。

再说书中的案例。为了使读者对游资的炒作有概貌性的理解，在案例选材方面，我在当前比较活跃的游资近年来的实战案例中进行精选，挑选出有代表性的几大流派，有激进型的，也有沉稳型的；有追涨型的，也有伏击型的；有成功套利的，也有败走麦城的。读者通过研读这些案例，可以对游资的操盘风格和操盘技术有一个概貌性的了解，在实战中能够做到心中有数，从容淡定，沉着应对。当然，由于篇幅的限制，还有更多更详细的研究细节，不能逐一写进来，这实在是一件十分遗憾的事。

最后，还想说一下如何正确认识游资。当今世界，游资就像游走世界的野狼，它们成群结队，为数众多；它们出没无常，行踪难测。客观地说，它们左右着整个经济领域的生态环境，也同时改造着经济领域的生态环境。它们的的确确强大地存在着，对全球经济的每一个角落觊觎着，虎视着，威慑着。这些游资的存在是不争的事实，不管人们是否愿意承认，是否愿意面对，它们都不以人们的意志为转移，它们依旧按照它们的原始习性，肆虐着，攻击着，并且每一次肆虐，每一次攻击，都表现出十足的狼性。

这就是无处不在、神出鬼没的野狼军团。

正如我在《游资操盘核心机密》上册的后记中所写的那样，它们演绎了许许多多的神奇故事。在这些故事的背后，有许多人发狂，有许多人欢笑，有许多人哭泣……

欣喜若狂者有之，痛不欲生者有之。

这就是游资出没的世界，容不得我们漠视，更容不得我们懈怠大意。

游资就是如此凶猛，我们应该怎样应对呢?

天行健，君子以自强不息。

面对诡谲的强悍的野狼军团，我们是闭关自守还是诱敌深入呢?

我们是卑躬屈膝还是以敌为师呢？我们是退而避之还是战而胜之呢?

我们是充耳不闻还是化而用之呢?

强者自强，弱者自弱。

物竞天择，适者生存。

真正的强者并不惧怕游资的存在，就像真正的高手并不惧怕对手强大一样。游资越强大，越凶猛，就越能激发我们的斗志，警醒我们的精神，强健我们的筋骨，促使我们不断地去学习、苦练，掌握更多真功夫、硬本领，从而战而胜之，为我所用。

因此，对待游资，我们的态度应当是，第一，我们正视现实，承认他们的存在。第二，我们不怕，我们是自己的主人，对于来势汹汹的游资，要敢于借力使力，借势用势，为我所用。第三，我们要自强，练好筋骨，打醒精神，苦练本领，“财”狼来了，我们有猎枪！不为其所伤，而反驯服之，驱使它们为我们服务，为我们的经济建设服务！这才是强者应有的态度。

陈铭逊

2011 年 4 月 28 日于广州总部